21世纪马克思主义与
新时代中国特色社会主义

纪念马克思诞辰 200 周年国际会议实录

宋 涛◎主编

人民出版社

编辑委员会

中共中央对外联络部部长宋涛作为中共代表在卷轴上签名留念

纪念马克思诞辰 200 周年专题研讨会参会共产党代表签名留念

出 版 前 言

　　2018 年是马克思诞辰 200 周年，也是中国改革开放 40 周年。在这样一个重要时间节点，为进一步全面学习贯彻习近平总书记在纪念马克思 200 周年大会上的重要讲话精神，更好地用马克思主义中国化最新理论和实践成果引领世界社会主义力量，中国共产党邀请来自 50 个国家和地区 70 多个共产党、工人党的 100 余位领导人和代表于 5 月 25 日至 6 月 3 日访华，出席在深圳举办的纪念马克思诞辰 200 周年专题研讨会，参加在"中国改革第一村"安徽省凤阳县小岗村举办的以"改革发展与国家治理现代化"为主题的第十九届万寿论坛，并在广东、北京和安徽等地参观考察。这么大规模地邀请以国外共产党、工人党为代表的世界社会主义力量访华是苏东剧变近 30 年来的首次。改革开放以来的首次，也是中共八大以来的首次，在中国共产党的对外交往史上具有里程碑式意义。

　　本书还原了与会代表在各个场合的发言，为读者和研究者全面了解当前各国共产党的所思所想所为、正确认识当前世界社会主义力量发展现状以及新时代中国特色社会主义的历史方位提供了重要参考。

人民出版社

目 录

全体会议

分组会议一

下篇　第十九届万寿论坛实录

开幕式

专题一　中国改革的实践与经验启示

专题二　深化改革与治理体系现代化

专题三　新发展理念与乡村振兴

闭幕式

上 篇

纪念马克思诞辰 200 周年专题研讨会实录

2018 年 5 月 28 日

2018 年 5 月 28 日，由中国共产党举办、各国共产党参加的纪念马克思诞辰 200 周年专题研讨会在深圳开幕。

开幕式

不忘初心、继往开来
矢志不渝践行和发展马克思主义

——在纪念马克思诞辰 200 周年专题研讨会上的主旨讲话

中共中央对外联络部部长　宋　涛

尊敬的各国政党领导人，

女士们，先生们，同志们：

　　大家上午好！首先我代表中共中央对外联络部对同志们表示热烈的欢迎！今年是马克思诞辰 200 周年，世界各地的共产党人都在以各种方式开展纪念活动。5 月 4 日，中共中央隆重召开纪念大会，习近平总书记在大会上发表了重要讲话。今天我们在中国共产党与世界政党高层对话会框架下举办由 50 个国家和地区、70 多个共产党领导人参加的纪念马克思诞辰 200 周年专题研讨会，习近平总书记专门发来贺信。这充分表明以习近平同志为核心的中共中央对马克思诞辰 200 周年纪念活动的高度重视，展示了以习近平同志为代表的中国共产党人，不忘初心，矢志不渝践行和发展马克思主义的坚定决心。正如习近平总书记指出："马克思给我们留下的最有价值、最具影响力的精神财富，就是以他名字命名的科学理论——马克思主义。这一理论犹如壮丽的日出，照亮了人类探索历史规律和寻求自身解放的道路。"我想这道出了我们每个人的心声。通过学习习近平总书记重要讲话精神，我愿借此机会与大家分享以下几点体会。

第一，要从时代性把握马克思主义的产生背景与现实意义。习近平总书记指出，"时代是思想之母"。当前，互联网、大数据、云计算、量子通信、人工智能迅猛发展，人类前所未有地联系在一起。同时，和平赤字、发展赤字、治理赤字，仍是人类面临的严峻挑战。近年来，世界上出现"马克思热"，马克思主义成为关注和回答重大时代和实践课题的有力思想武器。习近平新时代中国特色社会主义思想，就是以习近平同志为核心的中国共产党在深刻把握新的时代特征基础上，运用马克思主义科学理论、立场、观点和方法，对中国和当今时代面临的重大问题进行的深入思考和实践探索，不仅是当代中国的马克思主义，也是21世纪的马克思主义。

第二，要从科学性把握马克思主义的思想价值与真理信仰。习近平总书记指出，"马克思主义是科学的理论，创造性地揭示了人类社会发展规律"。中国共产党人结合自身国情不断推进马克思主义中国化，形成了习近平新时代中国特色社会主义思想这一最新理论成果。这一思想吸收人类先进文化成果，不断深化对共产党执政规律、社会主义建设规律、人类社会发展规律的认识，从理论和实践方面系统回答了新时代坚持和发展中国特色社会主义的总目标、总任务、总体布局、战略布局和发展方向、发展方式、发展动力、战略步骤、外部条件、政治保证等重大问题，就内政外交国防、治党治国治军、改革发展稳定等作出了深刻的理论分析和正确的政策指导，为更好坚持和发展中国特色社会主义提供了思想武器和行动指南，续写了马克思主义中国化新篇章，开辟了马克思主义新境界。

第三，要从人民性把握马克思主义的根本宗旨与力量源泉。习近

中共中央对外联络部部长宋涛在开幕式上宣读习近平总书记贺信并致辞

平总书记指出，"马克思主义是人民的理论，第一次创立了人民实现自身解放的思想体系"。作为马克思主义中国化的最新理论成果，习近平新时代中国特色社会主义思想最突出的特点就是以人民为中心。习近平总书记始终把人民作为历史的创造者，强调"时代是出卷人，我们是答卷人，人民是阅卷人"，要求充分调动人民的积极性、主动性、创造性，不断加强人民当家作主的制度保障。2017 年，习近平总书记在党的十九大报告中进一步指出，"人类前途系于各国人民的抉择。中国人民愿同各国人民一道，推动人类命运共同体建设，共同创造人类的美好未来"，引起广泛共鸣。

第四，要从实践性把握马克思主义的活的灵魂与道路选择。习近平总书记指出，马克思主义是实践的理论。实践是检验真理的唯一标准，中国特色社会主义是在改革开放 40 年的伟大实践中得来的，是在中华人民共和国成立近 70 年的持续探索中得来的，是在我们党领导人民进行伟大社会革命 97 年的实践中得来的，是在近代以来中华民族由衰到盛 170 多年的历史进程中得来的，是从中华文明 5000 多年的传承发展中得来的，是党和人民历经千辛万苦、付出各种代价取得的宝贵成果。实践证明，马克思主义为中国革命、建设、改革提供了强大思想武器，使中国这个古老的东方大国创造了人类历史上前所未有的发展奇迹，在世界上高高举起了中国特色社会主义伟大旗帜，科学社会主义在 21 世纪的中国焕发出强大生机活力。

第五，要从开放性把握马克思主义的创新发展与不懈探索。习近平总书记指出，"马克思主义是不断发展的开放的理论"，必须随着实践的变化而发展。40 年前，中共十一届三中全会作出把党和国家工作中心转移到经济建设上来、实行改革开放的历史性决策。正如习近平总书记

全体与会代表高唱国际歌

指出，改革开放是决定当代中国命运的关键抉择，是当代中国发展进步的活力之源，是党和人民事业大踏步赶上时代的重要法宝，是坚持和发展中国特色社会主义、实现中华民族伟大复兴的必由之路。对于各国共产党人来说，如何在全球化的时代环境下以改革开放的态度坚持和发展马克思主义，是摆在我们面前的重要课题。

第六，要从纯洁性和先进性把握马克思主义政党的根本要求和组织保障。习近平总书记指出，要永远保持共产党人的纯洁性和先进性，强调要坚持党要管党、全面从严治党，并以加强党的长期执政能力建设、纯洁性和先进性建设为主线，以党的政治建设为统领，以坚定理想信念宗旨为根基，以调动全党积极性、主动性、创造性为着力点，全面推进党的政治建设、思想建设、组织建设、作风建设、纪律建设。日前，习近平总书记带领中共中央政治局全体同志一道重新学习了《共产党宣言》，指出党要领导人民推进伟大社会革命、实现民族伟大复兴，就必须发扬自我革命精神，必须以党的自我革命来推动党领导人民进行的伟大社会革命，把党建设成为始终走在时代前列、人民衷心拥护、勇于自我革命、经得起各种风浪考验、朝气蓬勃的马克思主义执政党。这代表着中国共产党的所思所想，也为我们开展党的建设这一"伟大工程"指明了方向，提供了遵循。

女士们，先生们，同志们！

中国共产党愿与各国政党开展各种形式的对话和交流合作，建立求同存异、相互尊重、互学互鉴的新型政党关系，搭建多种形式、多种层次的国际政党交流合作网络，共同建设人类命运共同体和更加美好的世界！

预祝研讨会圆满成功。谢谢大家！

捷克和摩拉维亚共产党主席、捷克众议院副议长
沃伊捷赫·菲利普的致辞

今天我们的大会是出于这样的一个目的，2018 年 5 月 5 日，我们纪念了共产主义思想的奠基人，杰出的经济学家、社会学家、哲学家、思想家、革命家卡尔·马克思的 200 周年诞辰。1999 年，英国广播公司（BBC）将马克思评为人类第二个千年里最伟大的思想家。马克思主义是现代社会主义和共产主义的基石，也成为 19 世纪末期掀起高潮的社会主义革命和 20 世纪最具影响力的政治主张所遵循的主要哲学。迄今为止，马克思的思想仍是人类社会消灭剥削实现自我解放的工具，证明了建设社会主义国家的必要性。

马克思主义哲学主要围绕《政治经济学批判》一书中形成的历史唯物主义展开，马克思认为，经济基础决定政治、法律和道德等上层建筑，社会存在决定社会意识。每个时代的道德、政治和法律意识都是生产方式的衍生物，因此它们是具有历史关联性的。马克思研究了哲学家黑格尔的思想及辩证法，但摒弃了唯心主义，做出了唯物主义诠释，指出人类社会最大的矛盾是生产方式与生产关系不相符而产生的矛盾。

当今世界秩序正陷入毁灭性的状态，二战以来一直保障人类文明和平发展的联合国正在走向退化，用以保卫和平的国际法遭到动摇，正在走向没落。取而代之的是强者法则，这个强者法则是由美国主导的。联合国秘书长古特雷斯也呼吁联合国安理会改革，因为在他看来联合国陷入了严重危机，联合国安理会已经无法正常运行。现在已经不是曾经那样由美苏统治全世界，两大对抗阵营已经不存在了。只有通过联合国安

捷克和摩拉维亚共产党主席、众议院副议长菲利普在开幕式致辞

理会改革才能阻止联合国的分裂、倒退以及国际法的崩溃，目前西方与俄罗斯的关系比冷战时期更糟，双方缺乏有效的沟通渠道以及对国际法的尊重。

今天，俄罗斯和西方的关系受制于西方极端的恐俄情绪，它将使正在发生的西方和俄罗斯之间的第二次冷战演变为以毁灭俄罗斯为目的的热战，因此捷克和摩拉维亚共产党支持俄罗斯国家杜马的观点，要求恢复联合国及其安理会在一切国际安全问题中的合法地位，并且反对那些不顾一切代价想要称霸全球的国家，为此，我们哪怕是付出血的代价也在所不惜。

2017 年 11 月 30 日至 12 月 3 日，中国共产党在北京举办了 120 多个国家近 300 个政党和政治组织参加的中国共产党与世界政党高层对话会，中共中央总书记习近平在会上通报了中共十九大成果，指出中国正成功地推进中国特色社会主义建设，中国共产党愿同各国政党合作，共同构建人类命运共同体，建设美好世界。会议通过了成果文件《北京倡议》，呼吁世界各国政党同中国共产党一道维护世界和平，推动全球发展，维护国际秩序，践行和遵守联合国宪章的原则，确保国际法的公平性和一致性。《北京倡议》体现了马克思主义的辩证唯物主义思想，彰显出其对 21 世纪世界社会主义运动和工人运动的当代价值。我们也高度期待今年 11 月举行的第 20 届世界共产党和工人党国际会议。

毋庸置疑，过去 40 年里，中国取得了巨大进步，它战胜了贫穷落后，成为全球经济和科技发展的领军力量，中国取得的这一系列成就是马克思主义的成功。现在世界上最大的矛盾仍然是生产关系和生产力的矛盾，始终是社会上压迫阶级和被压迫阶级的矛盾。如果不学习马克思主义，我们就无法理解现代世界，只有那些不愿意看清事实的人才看不到这一点。谢谢大家。

越南共产党中央书记处书记、胡志明国家政治学院 院长、中央理论委员会主席 阮春胜的致辞

尊敬的宋涛部长，尊敬的各位代表，非常荣幸在马克思诞辰 200 周年之际来华出席"21 世纪马克思主义与世界社会主义未来"专题研讨会。本次研讨会是像我们这样的马克思主义者，向卡尔·马克思这位推动人类进步的思想家表达敬意的机会，同时也使我们有机会分享理论和实际工作经验、不断深化认识、坚持马克思主义学说，坚持我们所选择的思想意识形态，在 21 世纪坚定走社会主义道路的信心。

专题研讨会开幕式前宋涛部长与越共中央书记处书记阮春胜握手

同志们，马克思主义诞生于 19 世纪 40 年代，如果从 1848 年《共产党宣言》诞生的日子算起，马克思主义已经发展了 170 多年，马克思为我们留下了一个丰富的理论知识宝库，他提出了辩证唯物主义哲学、历史唯物主义哲学和科学社会主义。虽然经历了世界风云变幻，经历了敌对势力的攻击破坏，但是马克思主义不断存在和发展，并且得到一代又一代马克思主义者的补充和丰富。随着辩证唯物主义和历史唯物主义的诞生，马克思主义在理论界、哲学界掀起了一场革命，它从物质生产的规律出发，在人类历史上第一次客观而科学地揭示了生产与发展的关系。

马克思提出了辩证和发展的科学学说，马克思主义哲学把理论和人的活动紧紧结合在一起，它不仅用于解释这个世界，同样用于指导改造这个世界，为人类服务。在分析资本主义社会的时候，马克思揭示了商品生产的背后是人与人的关系，同时发现了剩余价值规律，指出了资本主义的矛盾是生产社会化和生产资料私有制之间的矛盾。资本主义越发展，这个矛盾就会以不同的形式日益凸显出来，现在有充分的事实证明，各个资本主义国家越发展，其内部的经济社会危机和政治危机就会越升级。

在经济全球化和贸易自由化背景下，各个资本主义国家间的矛盾无法调和，由资本主义国家确立的国际治理体系已经很难解决包括环境污染和气候变化在内的世界性问题，这更加证明马克思主义关于资本主义和社会主义的观点是完全正确的。

马克思主义是我们用于反抗剥削和压迫的一把利剑，工人阶级是唯一可以联合起来并团结其他阶级来完成反抗压迫这一历史使命的阶级。想实现这一点，工人阶级首先要实现自我解放，马克思把社会主义从空想变为了现实，对于社会主义的发展作出了巨大贡献。

各位同事，马克思是一个天才，但他仍然受时代的局限，我们不能要求马克思代替后人去思考他那个时代并没有出现的问题。恩格斯也指出，我们的理论是发展的理论，并不是要死记硬背的教条。我们马克思主义者必须懂得从时代的实践中提取出新的理论，并且结合各个国家和民族的实际情况进行创造性的运用和发展。

列宁从时代的具体实践出发，特别是在俄国从自由竞争资本主义转向帝国主义阶段的背景下，进一步丰富发展了马克思主义理论，形成了列宁主义。俄国十月革命的胜利使马克思主义从学说成为现实，从一个国家的现实成为一个世界体系的现实，并带来了一系列巨大的成就。

苏联东欧的崩溃和解体不是社会主义的崩溃和解体，也不是马列主义的崩溃，它只是教条主义脱离群众、脱离马列主义基本原则的社会主义模式的垮台。正因为如此，越南共产党认为，世界社会主义有条件和

专题研讨会开幕式现场

能力取得新的发展，中国、越南和其他一些国家的社会主义力量拥有 15
亿人民，囊括了世界 20% 的人口，这是马克思主义学说实际价值和当代
社会主义强大生机活力无可辩驳的明证。越南共产党根据越南实践创造
性地运用了马克思主义理论，马列主义和胡志明思想成为越南共产党的
思想基础，也是越南革命的指南。越南革命取得的一系列巨大成就再次
证明，越南在建设具有越南特色的社会主义、推动越南到 21 世纪中叶
成为现代化繁荣的国家过程中创造性地、正确地运用了马克思主义。

我们此次研讨会在深圳举办很有意义，因为这里是中国在改革开放
和建设中国特色社会主义进程中最早运用并发展马克思主义的先行区。
深圳神奇的发展源于其对新模式的渴求、努力探索和大胆的运用，既具
有中国特色，也符合人类社会客观的发展趋势。我们相信在实现马克思
主义中国化的道路上，在以习近平同志为核心的中共中央领导下，新时

代中国特色社会主义将在中华大地上不断开花结果。

尊敬的各位同志，马克思已经离我们远去，但是他的思想将与人类共存，马克思主义科学理论仍具有重要的指导性。马克思主义的理论价值将永世长存，包括他的唯物辩证法、历史唯物主义、社会经济形态学说、人文主义和社会主义等学说将长存。实践证明，通过现代生产力的发展，特别是科技革命的发展，世界正在汇集起社会主义最美好的人文本质和价值，如确保可持续发展，人的全面发展，不让任何一个国家落后等，马克思的学说仍然是最令人信服的科学学说，一直在鼓舞我们建设一个为了人民，以人民为中心，解放人民，具有共同价值的人文社会。

我们要以科学客观的精神学习前辈们对马克思主义创造性地运用，学习前辈们建设21世纪社会主义的愿景和设想，我们有责任进一步传播马克思主义，传播其改造世界的学说，传播其解放人民的学说。我相信此次研讨会将收获各位代表和专家的真知灼见，也祝各位同志健康幸福成功，祝此次大会取得圆满成功，谢谢！

南非共产党政治局委员
安东尼·马丁斯的致辞

尊敬的中联部宋涛部长，中国共产党的各位领导同志，来自各政党的朋友们，大家好！

首先，请允许我代表南非共产党向各位表示祝贺。种族隔离已经被联合国定义为反人类罪，马克思的教导在今天看来仍然意义不减，使南非工人阶级的战略获得科学的思想和政治指导。20世纪50年代，南非当局依据反共法案对南非共实施了党禁，但南非共之后又重新组织起来。作为马列主义政党，我们在清醒认识南非和非洲大陆现实的基础上不断推动工人阶级团结。恩格斯在评价马克思的时候曾经说，在马克思之前世界上有很多进步的思想，但是马克思对社会主义的独特贡献就是创立了科学社会主义。

马克思创立了科学社会主义，但是并没有提出在不断改变的物质条件下应该采取怎样的解决方案。在过去的200多年时间里，世界发生了巨大的变化，但是马克思和恩格斯所提出来的一些重要原则仍然具有当代价值。特别是在当今看来，显得尤为符合实际。这些原则在各个时期在世界各地都会有各自的表现，中国共产党在中国特色社会主义理论的引领下，对于中国的现实保持着清醒的认识，领导中国工人阶级实现了民族解放与社会发展。

南非共也是以马克思列宁主义为指导的政党，我们也在历史斗争当

专题研讨会开幕式现场

中证明了我们的理论，工人阶级应该采取革命行动来推翻资本主义，建立社会主义社会。一切受到马克思主义影响的政党都知道，马克思是现代社会科学的重要奠基人和设计师，他在《德意志意识形态》中提出，资本主义终将在国际工人阶级有组织的行动中灭亡。在中共十九大上，习近平总书记提出的理论不仅对中国有着重要意义，对于全世界也有着重大的意义。中国现在所面临的是人民不断增长的对美好生活的需求和不平衡不充分发展之间的矛盾。在不断分化的世界当中，习近平总书记呼吁各国联合起来建立人类命运共同体。马克思的遗产就是科学社会主义，这种影响是世界范围内的。

我们现在所面临的挑战就是将社会主义的理念纳入 21 世纪的现实之中，进一步团结世界工人阶级。谢谢。

古巴共产党国际部欧洲司司长
涅维丝·埃尔南德斯的致辞

宋涛部长，各位尊敬的与会代表，女士们，先生们，大家好！

我非常赞赏之前各位发言人的观点，所有人都以合理的方式表达了对中国共产党以及中国政府所取得的一系列成就以及中国人民的艰苦努力的赞赏。首先，我想重申古巴共产党中央委员会之前的表态，预祝中国共产党在贯彻落实十九大精神的进程中取得经济社会建设的更多成就，进一步实现十九大所确立的一系列目标。

我们相信中国所倡导的改革开放具有强大的生机活力，能够进一步促进经济社会平衡、稳定、可持续发展，满足人民日益增长的需求。中国同时强调将进一步发展中国特色社会主义。中国共产党这一英雄的政党在长期的奋斗中经过不懈努力建立了中华人民共和国，这是 20 世纪的伟大壮举。

中华人民共和国有着牢固的经济基础，在 40 年改革开放的历程当中，中国采取了非常有效的措施，在建设社会主义的过程中不断探索取得了一系列成就。中国有着广阔的内部市场，数千年的文化，并且在不断坚持建设一个公平的社会，在依法治国、提升人民福祉等方面不断取得进步。

在中共十九大上，习近平总书记从中国现实出发，提出严惩腐败，加强党对军队的绝对领导，进一步阐述了"一带一路"倡议。他强调党的工作的重中之重应该是使经济社会发展成果由全体人民共享，并且加强基础设施建设和区域间联系，一方面注重长期发展，另一方面也注重"两个一百年"奋斗目标的实现，旨在把中华人民共和国建设成为一个社会主义现代化强国。在此过程中应该坚持一系列根本原则，如中国共产党的领导，不生搬硬套外国的民主体制，坚持人民代表大会制度，等等。

同时，古巴也高度赞赏中国在保持繁荣稳定，实现经济和社会平衡发展方面取得的一系列成就。古中两国政党开展对话合作十分重要，我们期待就社会主义建设经验等进一步加强磋商，我们认为这是两党两国政治互信以及双边关系高度成熟的表现，同时还应进一步加深我们的友谊，以更加互利、平衡、可持续的方式发展双边关系，造福两国人民。

女士们，先生们，社会主义建设不是乌托邦，它是一个充满了复杂性和困难的道路，但毫无疑问它是我们唯一的选择，只有坚持这一选择我们才可以解决当前面临的严重问题，并且取得进一步发展，我们对此深信不疑。对于古巴人民来说，最重要的是清醒认识到我们应该做的和能够做到的事情，从而进一步巩固社会主义，这并不否定或者影响我们之前在社会主义建设中所取得的一系列成就，而人民在这一系列成就中始终是主角，并且在社会转型中发挥了十分重要的作用。青年一代是我们政治发展的重中之重，也将为我们的社会发展贡献更多的力量。我们并不惧怕出现的一系列困难。过去 60 年，我们不断突破这些困难，并且取得成就。与此同时，我们致力于寻求一个新的经济社会发展模式，正如古巴领导人对革命的定义一样，革命是这个历史时期应该进行的变革；它意味着争取人的完全自由，意味着人民被当作真正的人来对待，意味着要解放思想，推翻强权统治；革命还意味着要坚持自己的价值观，勇于付出，慷慨无私，谦虚谨慎；革命还意味着利他主义，团结一致。它不应该否定其他任何民族的原则，同时深信在我们的世界，我们有力量来追求真理。

女士们，先生们，请允许我代表古巴共产党预祝此次大会取得圆满成功。未来，我们应进一步加强在政治理论方面的探索，这些理论同时也应该符合我们每个国家的具体国情，非常感谢大家。

俄罗斯联邦共产党中央主席团成员、奔萨州委 第一书记、奔萨州立法会议俄共议员团主席 吉奥尔吉·卡姆涅夫的致辞

尊敬的各位代表，请允许我代表俄罗斯联邦共产党感谢中国共产党举办此次会议。尊敬的同志，伟大的学者和革命家，共产主义理论的奠基人马克思诞生已经 200 周年了，马克思在历史上的作用是不可估量的，这涉及的不仅仅是得益于历史唯物主义和辩证法而获得极大推动力的社会科学，也不仅仅是由于资本主义生产理论领域的重要发现丰富起来的经济学，最为重要的是，马克思的思想在许多民族和国家的历史上

真正发挥了决定命运的作用，这些思想开辟了人类社会从剥削中解放出来的新纪元，证明了社会主义胜利的必然性。

马克思主义学说的创立，不仅仅是一个学者和政治家为人类造福的行动，而且是一个生活在贫困中的伟大思想家日日夜夜的贡献。马克思主义学说的影响并未仅停留在 19 世纪，更是对 20 世纪的历史产生了决定性影响，而且其意义在未来也不会丧失。马克思和恩格斯颠覆了人类对于自然与社会发展规律的认识，他们证明产生社会矛盾的最重要原因并非一些资产阶级思想家所说的那样，与文化语言和地理差异有关，他们雄辩地证明，社会的发展首先取决于生产资料掌握在谁的手中、所有者如何使用这些生产资料、以及劳动创造的财富是否能够公正分配。有关数据显示，2017 年，全世界新产生的财富的 82% 掌握在 1% 的人口手中，而世界上饥饿人口数量增加了 1100 万，世界失业人口数量打破了世界纪录，达到了 1.93 亿人，仅 2017 年失业人口数量就增长了5.6%，即 2600 万人。在《资本论》中马克思描绘了资本原始积累的画面，其中始终伴随着一些民族遭到种族灭绝的悲惨遭遇。资本主义的罪行并没有随着殖民主义的解体而结束，取代在中国发动鸦片战争的是当代对伊拉克、利比亚的武装干涉。以武力相威胁的外交仍在继续，战争的源泉是帝国主义强国及其背后的跨国公司重新瓜分世界。货币贸易战争不可避免，全世界都可能成为贸易战争的舞台。列宁提出了帝国主义理论并发展了这一思想。资本主义在瓜分世界的同时，引发了两场世界大战和法西斯主义的出现。当今世界不少地方成为新的冲突策源地，资本在这些冲突中依靠的是最没有人性的力量，包括宗教极端主义。马克思揭示了资本主义的罪恶，指出资本主义道德低下，产生了毁灭性的影响。马克思主义在列宁的著作中也得到了进一步发展，列宁不仅接受了马克思主义和恩格斯的理论，还根据时代变化创造性地发展了马克思主义。列宁最重要的成就就是分析帝国主义，发现资本主义发展不平衡的规律和得出革命和社会主义可能首先在一个国家取得胜利的结论。

历史事件证明，这些思想是正确的，列宁缔造的党领导了俄国无产阶级的斗争，并且实现了十月革命的伟大胜利。社会主义建设成为马克思主义理论的实践体现，证实了马克思主义的天才预言，苏联发展成为最强大的社会主义国家，实现了工业化和文化革命，苏联社会的社会主义性质使得粉碎法西斯成为可能。

那些马克思思想的当代批评者制造了一个假象，声称最近 150 年来资本主义已经发生了根本变化，今天的马克思主义没有任何现实意义了。要揭穿类似的谬误说法，看一看中国就够了。中国已经成为世界最大的工业强国，居住着世界 1/5 的人口，它战胜了贫困和落后，走上了全球经济和科学发展的领先地位，中国做到这一点并不是违背而恰恰是得益于马克思的理论遗产。中国共产党和国家领导人不断强调马克思主义对于当代和未来中国的重要意义，习近平总书记在纪念中共成立 95 周年大会上曾经指出，理想信念动摇是最危险的动摇，中国共产党成立 95 年以来，能够办成以前不可能办成的大事，正是因为坚持和实践马克思主义，不断完善马克思主义。

对于社会主义运动的意识形态和实践而言，最重要的一个问题仍然是关于无产阶级斗争中的同盟者问题。无产阶级的同盟者可以是农民、公务员、知识分子，资本主义对其压迫极其残酷，联合各阶层劳动者是左翼力量的行动指南。各国无产阶级有一个共同的敌人就是剥削体制，共产党人面临的任务就是为自己的权利而斗争，为培养工人的社会意识而斗争，为坚决抵制资本主义而斗争。

全体会议

阿根廷共产党总书记
维克多·科特的发言

首先要感谢中国共产党邀请我参加今天这样一个非常重要的研讨会。伟大的卡尔·马克思诞辰已经 200 周年了，马克思的思想是我们一直致力于研究和实践的重要精神成果。在世界范围，我们已经看到了古巴革命、中国革命和很多国家的社会主义革命都取得了成功。我们认为，马克思主义不仅在马克思所处的时代是有用的，而且在当前全球化浪潮当中、在新的社会现实和文化状况下，仍然有着自己的理论和实践意义。2016 年，我们召开了党的第 26 届代表大会，阿根廷共产党人一致认同，应该在新时代继续倡导共产主义思想，反对资本主义，反对帝国主义，反对富权制，继续进行我们的革命。

资本主义本身有很多弱点，它会在金融、能源、文化、经济、人文、环境和粮食等方面造成各种各样的危机，资本主义理论本身就是有危机的，卡尔·马克思早就指出了这些，我们要加深这一认识。同时我们也要清楚，资本主义虽然有危机，但它自身不会自然消失，而是需要我们通过长期的斗争去击倒它，我们要利用这样的契机让共产主义思想进一步深化，推动社会主义过渡到共产主义。21 世纪是一个由社会主

全体会议

义向共产主义过渡的良好时机，也是我们在以往经验基础上更好地发展共产主义的时期，当然这也是我们面临的一个挑战。

我们可以在许多国家推动资本主义向社会主义过渡，在这方面我们有很多的工作可以做。尽管在社会主义发展史上，我们遭到了资本主义的很多打击，我们自身的发展道路也不是一帆顺风，但是我们一直处于一个自我完善的阶段和不断探索的过程中。在世界范围内，在不同文明、不同文化的国家中都进行着这种探索。我相信这些经验在我们未来的斗争中是非常重要的，我们不能够容忍一个少数阶层控制的霸权社会。

非常感谢诸位的聆听，谢谢。

孟加拉国民族社会党（伊努派）联合总书记
乃姆·阿桑的发言

主持人，中共中央对外联络部的领导，女士们，先生们，各位同志，大家早上好！首先请允许我代表孟加拉国民族社会党（伊努派）向大家表示祝贺，同时我要感谢中共中央对外联络部邀请我们参加这一非常重要的专题研讨会。

我也想借此机会，向中共中央总书记习近平表示敬佩和敬意。习近平总书记说过，马克思主义历史悠久，但是它对于当今世界仍有着非常重要的意义，特别是对于各国经济发展有着特别重要的现实意义。

马克思主义是建立在对历史的科学解释基础之上的，同时对经济、政治和人类社会也进行了科学的阐释，伟大的哲学家马克思向我们阐释了历史发展的规律、资本主义体系运作的方式和资本主义的内部矛盾。

要学好马克思主义，应该从人类社会发展的视野来认识，应该从生产关系和生产力的角度来认识，必须研究人民民主，在文化变革的视野中学习马克思主义，同时也要对社会进行研究，将马克思关于人与自然关系的理论加以应用。要学好马克思主义，必须研究和运用马克思主义关于世界历史的观点，应该学习和应用马克思主义关于无产阶级政党自身建设的理论。作为社会主义和共产主义政党，我们应该认真学习马克思的哲学思想，全世界工人阶级应该在 21 世纪团结起来，非常感谢！

英国共产党总书记
罗伯特·格里菲斯的发言

　　同志们，资本主义创造了一支特殊的产业后备军，即那些没有就业机会的工人。在当今科技发展的同时，这支队伍的数量会变得越来越庞大，由于对劳动力市场的监管缺失和技术进步，以及帝国主义战争等造成的大量人口流动，这支庞大队伍的数量还会不断增长。我们应该把他们纳入我们的工会，并且使他们进一步加入到我们集体谈判的行动当中，使他们的劳动条件和收入有所保障。世界各国的工会以及进步的左翼政府应该建立一些特殊的政策和制度来保障人工智能、机器人等自动化设施的发展不是单纯为了增加企业利润。中国的经验告诉我们，加强经济规划，特别是在一些关键核心领域坚持国有制，能够保证这些新技术的应用有利于工人阶级福祉，而不会造成严重失业。

　　马克思曾向发出警告，有一种虚拟资本，其市场价格并不是由劳动价值所创造的，其不断增长的投机行为将给金融证券业带来危机。马克思的剩余价值理论认为这种投机行为将最终受到工业资本的限制，但这在 2008 年国际金融危机中并没有出现。正如列宁指出的那样，银行资本和工业资本联袂形成了金融资本，其本身日益具有寄生性，且在促进投资和发展生产方面没有发挥任何积极作用，这在今天的伦敦显而易见。导致金融衰退和危机的因素包括"去管制化"、资本过度积累和过度投机等，这些都是系统性问题，资本主义的下一场危机将无法避免。

　　现在唯一的替代方案是实施一套建立在永久的、战略性金融业社会所有制基础上的管制体系，这一方案在英国势必遭到资产阶级统治者的抵制，但这进一步使我们更加确信必须为了夺取国家政权和实现社会主义进行革命斗争。垄断的发展给人民带来了压迫和奴役，这在21世纪仍然是真实的。如果我们深入思考现代社会所出现的所有不安全感和不公正问题，所有这些都应该归咎于资本主义生产方式和帝国主义。马克思也预见到了，工人阶级的抗争一定会不断增长，这就需要一个有纪律、团结的工人阶级来反抗资本主义的生产方式，这正是马克思在《资本论》当中所提出的。今天世界上有26亿工人阶级，其中有2800万人在有组织的工会当中参加工人运动。马克思相信，所有的工人阶级应该认识到资本主义理论是建立在垄断和剥削基础之上的，打败资本主义的生产方式就能解决我们所面临的一系列问题。

光明日报社总编辑
张政的发言

尊敬的各位领导，各位国际友人，5月4日，中共中央在北京隆重举办了纪念马克思诞辰200周年大会，习近平总书记作了具有跨时代意义的重要讲话；24天后的今天，我们在中国改革开放的排头兵和社会主义现代化建设的试验田——深圳市——出席由中共中央对外联络部主办的纪念马克思诞辰200周年的专题研讨会，我们和在座的各位政党领导人共同研讨21世纪马克思主义与世界社会主义未来这一重要主题。

我所服务的单位是光明日报社，《光明日报》是中共中央主管主办的中央党报，也是一张主要面对知识界的思想文化党报。深入学习马克思给我们留下的最具有影响力的精神财富——马克思主义，深入学习宣传马克思主义中国化的最新成果——习近平新时代中国特色社会主义思

光明日报社总编辑张政发言

想，深入推动马克思主义的大众化是我们当前的首要任务，也是我们的重要使命担当，下面请允许我谈三点体会。

一是彰显理论特色。推动马克思主义大众化，做好创新理论宣传，《光明日报》有优良传统，有厚重积淀，也有独特优势。我们将进一步突出理论特色，注重引导广大党员干部在真学、真懂、真信、真用上下功夫，在认识上有新提高、在运用上有新收获。我们既讲怎么看，又讲怎么办，努力用通俗易懂的方式，帮助人们划清大是大非的界限，真正使马克思主义大众化理论入脑入心、外化于行。

二是锐意改革创新。推动马克思主义大众化的重要途径，就是要通过锐意改革创新，增强理论宣传的感染力、渗透力和影响力。我们的马克思主义理论宣传，要有的放矢，言之有理，既有逻辑的科学性，又注重呈现的生动性。多用鲜活语言，多用身边事例，多用群众喜闻乐见的形式，深入浅出，简洁明快，动之以情，论之有据，使逻辑的力量同情感的力量结合起来，以真理服人，以事实服人。

三是推动融合发展。习近平总书记强调，"要适应分众化、差异化传播趋势"，"要推动融合发展，主动借助新媒体传播优势"。截至 2017 年 12 月的统计数据，中国的网民规模已达到 7.72 亿，互联网普及率达到 55.8%，超过亚洲和全球的平均水平。这是我们推动马克思主义大众化所面临的崭新变化和现实环境。人民群众在哪里，我们的理论宣传就应该在哪里；读者群在哪里，我们的理论服务就应该在哪里。在互联网技术裂变式发展的新时代，我们的马克思主义理论宣传要主动适应媒体融合发展的大势，及时运用新技术，主动占领新阵地。

我们期待能够通过本次的研讨会与各位政党领导人一道，就如何深入推动马克思主义大众化开展交流对话，推动构建人类命运共同体，携手建设更加美好的世界。谢谢大家。

巴勒斯坦人民斗争阵线总书记
艾哈迈德·马吉达拉尼的发言

中国共产党的各位同志，尊敬的与会嘉宾，首先请允许我以个人名义向中共中央对外联络部的同志们表示衷心的感谢和敬意，对中联部向我党发出邀请表示感谢。以纪念马克思诞辰 200 周年为契机，从马克思思想中获得启示在当前很有意义。

受全球化的影响，马克思主义的前景在当今社会变得更为广阔。苏联式的马克思主义与经典的马克思主义有很大区别，正如 19 世纪马克思所做出的结论与 1989 年柏林墙倒塌前后的马克思主义有很大不同一样，21 世纪的马克思主义又有了新的发展和变化。习近平新时代中国特色社会主义思想是马克思主义中国化的最新理论成果，它将中国的社会实际与马克思主义思想相结合，解释了在新时代中国将建设什么样的社会主义，以及如何建设社会主义的问题，这一思想与邓小平理论、"三个代表"重要思想、科学发展观共同构成中国特色社会主义理论体系。中国在这一思想引领下将在国际社会发挥更大的领导作用。

亲爱的同志们，巴勒斯坦人民斗争阵线高度赞赏中国改革开放的经验，并从中深受启发。中国经验证明，市场经济和计划经济是经济运行的两种不同手段，社会主义国家也可以建立市场经济，在借鉴资本主义国家的一些经验的同时，确保市场经济服务于经济振兴与社会发展的最终目标。同时我们认为，随着改革开放的不断深入，中国进入新的发展阶段，社会主义市场经济体制不断完善，为中国更好在国际舞台上发挥作用注入了新的动力。

中方参会代表集体合影

　　国家必须不断推动经济社会的发展，这对实行市场经济的经济强国而言尤为重要，经济越发展，民主水平也会越高。中国的政策在"四个全面"战略布局下将更加完整。而且中国的发展是独立自主的，不受制于其他国家的压力和干扰。中国所取得的发展成就使其成为目前国际社会最重要的一支力量。但在巴勒斯坦，非常缺乏这样的环境和条件来推动发展。

　　我们与中国的双边关系进入了一个新的阶段，阿拉伯国家是"一带一路"沿线重要的支点国家，处于陆上丝绸之路和海上丝绸之路的交汇点。未来巴中双方必将携手推动共同发展，实现共同进步。就我们党自身而言，我们发现自己缺乏对理论的更新和学习，为此我想提两点建议：首先，我们必须团结所有的进步和左翼力量，投入到社会改革和发展当中；其次，我们认为有必要将中国共产党与世界政党高层对话会这一机制延续下去并实现机制化。谢谢大家。

芬兰共产党主席
瓦萨宁的发言

　　同志们，几周之前，我在俄罗斯参加了庆祝马克思诞辰 200 周年的论坛。俄罗斯联邦共产党主席久加诺夫指出，马克思主义是国际工人的理论武器。我们这些共产党的书记在组织党员的时候，必须鼓励我们的同志掌握这一斗争利器，并且将更多的人吸引进来，从而建设一个全新的社会。

　　同志们，芬兰政治中有很大一片盲区。议会中所有政党和政治精英都接受了新自由主义，议会中的左翼政党虽然也使用工人阶级的语言，但他们一旦和右翼政党组建了联合政府，就会联手推出反工人、反人民的紧缩政策。从工人阶级的视角来看，必须成立一个真正的无产阶级政党与资产阶级理念做斗争。必须有一个马克思主义和列宁主义的政党，这就是芬兰共产党存在的意义。

芬兰作为独立国家的历史并不长，我们一直奉行人道主义原则和女权主义原则，我们认为社会进步的最终目标是推动所有人的进步，不管男女，都要实现他们的解放。所以我们要推动实现所有人的权利，包括充分就业权、平等权，无论其性别是什么。此外还要推动实现公正和持久的和平。

简而言之，芬兰共产党认为必须奉行马克思主义理论，开展马克思主义的辩论，这是各国政治中所必须的，这样才能推进工人阶级的利益。最后我想自我介绍一下，我是芬兰共产党主席，我从 2013 年起担任这一职务，我同时还是一名艺术家，我本身就是把马克思主义与现实结合的一个鲜活例子。

我们将马克思主义和艺术作为唤醒公众的工具，我们的使命是让人民具有阶级意识，我们梦想着有朝一日到各国诵读马克思主义经典著作，我们的目标不是局限于一国的，而是国际性的。

我们是怎么做的呢？我们在大街上摆上两张桌子，上面铺上红布，我们围坐在桌子周围，开始读《资本论》并进行讨论或者辩论。其他人会过来围观，问我们在干什么。然后我们就会和感兴趣的群众一起讨论问题，把他们吸引到马克思主义的思辨中来。我们认为我们所做的是一种政治艺术，我们的观点是清晰的。马克思主义并不只属于经济学家，而且属于千百万可能被机器人抢走工作和社会保障的人。我们也赞同习近平总书记发出的将学习马克思主义作为一种习惯的倡议。

印度共产党总书记
雷迪的发言

各位同志，首先请允许我祝贺中联部组织了这一次非常重要的专题研讨会，全世界都在纪念这一现代最伟大的思想家的诞辰，马克思改变了我们思考和认知世界的方式，并且使我们对自然界和人类社会的改造有了新的指导，还向我们展示了人类社会未来发展的路径及其内部逻辑。

对于人类世界来说，资本主义并不是最终解决方案，我们应该有社会主义和共产主义的方式。马克思对资本主义的生产方式进行了无情的批判，特别是提出了剩余价值这一重要理论武器，同时对宣传方式也进行了深入分析，为我们创造了理论和现实斗争的重要武器，使我们有能力能够改造世界。

《资本论》是马克思最重要的著作之一，在短暂的一生当中，他还撰写了大量的著作。他首次让全世界工人阶级成为了历史的主角，他向我们展示了是劳动创造了我们的社会，其中包括社会主义社会。此外，值得期待的是，工人阶级将创造新的社会主义社会，在这个社会里，没有剥削。贫困是有社会经济代价的，它不会永远存在，社会主义和共产社会主义的建立将使得贫富差距消失。

马克思主义理论在 200 年之后的今天仍然焕发出生机活力。马克思主义对于当前我们认识和改造社会仍然有着非常重要的启迪意义。今天，我们不要忘记"资本聚集"是马克思提出的一个重要概念，对资本主义的这种分析在今天看来也非常真实并有意义，可以帮助我们了解资本主义和帝国主义的运作机制，以及他们如何导致危机。2008 年，以美国为首的西方资本主义陷入了一场危机，我们注意到西方国家的领导人也开始反思资本主义和思考马克思主义理论，来寻找资本主义社会最深层次的危机原因。

我想这从一个侧面也反映出马克思主义的价值，马克思在历史上留下了伟大的印迹，为社会主义建设者提供了启迪，马克思和他的终身合作者、伟大的朋友恩格斯一道组织了国际共产主义运动，并且创建了在科学社会主义理论基础之上的工人运动，帮助建立了第一国际，在无产阶级斗争当中发挥了非常重要的领导作用。

也许我们会思考马克思的潜力是否已经发挥尽了，毫无疑问并不是这样的，马克思主义焕发出了勃勃生机。特别是在马克思诞辰 200 周年的今天，我们仍然在讨论和运用他的理论，他的革命和建设理论不断得到世界各国共产主义政党的应用，马克思的活力会持续下去。

最后我想说，习近平同志在中共十九大上提出的理论是对马克思理论最为重要的总结，让全世界的无产者和工人阶级团结起来！

吉尔吉斯斯坦共产党人党主席 马萨利耶夫的发言

大家上午好，150 多年前，社会主义从空想变成了科学，卡尔·马克思用自己的基础性著作向全世界解析了资本主义生产的曲线，论证了资本主义失败的必然性以及建立社会主义社会的必要性。马克思从分析商品着手，解释了商品作为资本主义基础细胞的二重属性，即具有使用价值和价值，它还证明了劳动本身的二重性，劳动既是具体的也是抽象的，最终发现了重要的经济规律，揭开了剩余价值的实质。

马克思发现，剩余价值是劳动价值与工人工资之间的差额，追求剩余价值决定了资本主义生产的一切运作方式和逻辑，促使资本家扩大生产，在生产中运用科技成果等方式使生产革命化，而这一切都强化了生产的社会化属性，由于生产扩大，社会劳动分工得以强化，联合生产得到发展。这就是资本主义的主要矛盾，这一结论至今没有被任何人推翻过，资产阶级追求最大利润化，导致对工人的剥削程度强化，引发失业并加剧劳动与资本之间的矛盾，迫使无产阶级同资本家斗争并完成他们的历史使命，即消灭资本主义，建设社会主义社会。

列宁提出了新的历史条件下的帝国主义理论，继承并发展了马克思主义。通过列宁的不懈斗争，社会主义从理论变成了现实，建成了新型国家即苏联，马克思设想的社会主义国家成为现实。苏联的解体源于国家最高领导人对马克思主义的直接背叛，以及向人民灌输小资产阶级的价值观。在外国顾问们的直接协助下，苏联人民的财富被掠夺，更为危险的是极端宗教势力上升，人民变成资本的奴隶。

举例来讲，吉尔吉斯斯坦 300 万成年人口当中，有 100 多万人在国外打工，我们在政治和经济上对外国有很强的依赖性，农业重返最简单的自然状态，生产出什么就吃什么。简单地说，150 年后，我们又重回到老路上寻求"怎么办"这样一个简单问题的答案。令我们非常欣慰的是，中国共产党人找到了在当代减少危险和风险、建设中国特色社会主义的方法，中国的成就再次向我们证明，理论要变成现实，必须尊重现实。

成立世界共产主义和工人政党联盟及其日常工作机构的想法是当今的需求，我们需要的是理论的统一。我们在这次会议上经常听到这样的呼吁，我们需要在实践中相互支持，否则我们就会被一个个消灭掉，因为社会主义的敌人为达到这些目的，在选择打击方式时毫不留情。让全世界无产者团结起来吧。非常感谢。

埃及共产党总书记
萨拉赫·阿德利的发言

各位亲爱的同志，大家好，今年 5 月 5 日恰逢马克思诞辰 200 周年，马克思提出了颠覆人类思想的以历史唯物主义为基础的革命理论，以及更为科学的自然辩证法和科学辩证法。马克思还提出了揭示资本主义内部不可调和矛盾的剩余价值理论，明确工人阶级在解放全人类进程中发挥的革命作用以及人类由必然王国走向自由王国的历史转迹。《共产党宣言》发表 170 年来的历史进程表明，马克思主义在 21 世纪仍然具有强大的生机和活力，仍在为解决当今世界面临的问题提供方案。

当今资本主义正处于最具侵略性和野蛮性的全球化时代。马克思主义仍然是各国人民反对资本主义斗争中可以运用的强大武器，埃及共产党认为，21 世纪的马克思主义必须考虑几十年来全球范围所发生的变化，特别是资本主义在全球化时代经历的快速发展，以及苏联东欧国家的解体和崩溃。

20 世纪 90 年代，世界似乎进入了单极化时代，如今全球正在走向多极化时代，但人类仍面临着严重的危险与挑战。资本主义国家经济危机持续发酵，地区热点问题层出不穷，特别是在阿拉伯地区，强权政治、外来干涉层出不穷，恐怖主义威胁和军备竞赛持续加剧，各国面临着复杂的安全威胁，安全和发展仍然是世界面临的艰巨任务。

埃及共产党认为，世界革命仍然是推动资本主义向社会主义过渡的方式，这一历史进程将持续数十年。各国各个地区将呈现不同的特点，各国社会面临的矛盾虽有所不同，但本质上都是反对帝国主义，推动实现社会发展和公平正义，不断走向社会主义。

埃及共产党赞同习近平同志所讲，当今世界已经进入新时代，世界正发生翻天覆地的变化，但是和平与发展仍然是这个时代的主题。殖民时代已经终结，任何国家或者国家集团无力单独掌控世界事务，世界多极化正在形成，世界力量对比正朝着有利于和平发展的方向倾斜。

各国之间的联系和依存前所未有，人类命运共同体的理念也在不断深入人心，中国的发展为世界提供了独一无二的经验。新自由主义和华盛顿共识不利于贫穷国家的发展，只会导致这些国家民族经济的崩溃，并引发金融危机。而中国用改革开放政策实现了光辉的成就，为世界树立了典范。

中国力求在发展社会主义的同时吸收资本主义的积极因素，实现了计划与市场、公有制与私营及外资经济的有机结合。中国运用先试点后推广的方法，推动国家实现了全面改革发展，积累了独一无二的宝贵经验，与此同时，中国还保留了社会主义的根本特征：计划性、政府对支出的控制以及不断改善的医疗教育水平。

在此，我要感谢中联部给予我们的盛情邀请和接待，为各国共产党提供了这样一个相互交流学习的平台，谢谢你们。

西班牙共产党主席
森特利亚的发言

各位同志，首先我想代表西班牙共产党向各位兄弟党代表团问好，尤其向组织此次重要活动的中国共产党的同志们表示我们的敬意。同志们，我们今天聚集一堂是为了纪念马克思诞辰 200 周年，马克思剖析了资本的特征，和恩格斯一起发现了改变现实的科学方法，而现在我们越来越明显地发现，马克思所批判的资本主义制度不仅不能解决人们的问题，而且其本身就是一个问题。我们要建立一个让人们和平共处的和谐社会，建立一个比资本主义更加公正团结的经济和社会制度，这个制度正是社会主义制度，而社会主义不会自己向我们走来。

因此，我们这些政党面临的挑战是建设社会主义制度，为此要剖析现阶段社会主义发展的基本特征，社会主义在不同的地区和社会发展阶段可能会表现出不同的特征，他们之间也会有一些共性，将其同资本主义区别开来，首先要改变的是资本主义生产的经济逻辑，因为它是一种使人类臣服于自由经济政策的逻辑。我们要把另一种替代性的逻辑引入进来，即通过经济发展来改善人类生活的逻辑。这种财富的生产、分配和消费必须能促进人们更加公正、平等地获得教育、住房、健康、食品和工作，并且要致力于建立两性平等的观念。

国际组织应该把和平作为国际政治发展的目标，促进各国之间发展公平和公正的关系。说完这个关键问题之后我还要提出另外一个问题，必须要充分意识到资本主义的力量总是聚集在一起，他们会制定一些规划计划，并为这个计划采取实质性行动。相比之下我们做了什么来捍卫社会主义呢？实际上是比较少的。我们会进行对话讨论，但并没有在真正意义上制定一个共同规划，也没有协调一次行动，形成一个联盟，没有联合其他的进步力量。要寻找一些新的方法来集中我们的力量，让我们能够协调一致地行动，我们需要让数以百万的人民了解建设一个没有饥饿、和平、进步的世界是有可能的。为实现这个目标，我们必须努力找到这样一个空间和平台，来聚集我们的努力和我们的力量，我相信，同志们，我们一定会找到这样一个平台！

同志们，让我们继续为社会主义事业而战斗。我要再次祝贺中国共产党成功组织这次的研讨会，祝贺中国共产党在中国建设中所取得的辉煌成绩。非常感谢。

塔吉克斯坦共产党主席
阿卜杜洛耶夫的发言

尊敬的同志们，亲爱的中国朋友们，请允许我感谢中方邀请塔吉克斯坦共产党出席如此高规格的纪念马克思诞辰200周年专题研讨会。

众所周知，当代世界复杂而又充满各种全球性的矛盾，正如许多专家所说的，一系列社会动荡的主要原因在于单极世界的形成，在于资本主义的侵犯，首先是对马克思列宁主义学说的攻击。今天我们完全可以充满信心地说，全世界都看到了伟大的中国取得了怎样的成就，中国的迅速发展特别是在经济社会领域的发展、在科学文化和国民经济其他领域的惊人成就，展示了中国共产党的现实成就，并证明社会主义是一个真正进步的制度，如果能够创造性地运用马克思主义将给人民带来幸福。

通过我们党的刊物，我们十分注意研究马克思主义和中国特色社会主义理论，刚刚出版的塔吉克斯坦共产党党报上特别指出了学哲学用哲学的意义，证明了中国共产党在创造性地运用马克思关于社会主义必然胜利的学说以及忠实于劳动人民和社会主义事业等方面的经验。

今天，全人类的进步力量都在纪念伟大的学者、人道主义者、国际共产主义领袖马克思诞辰 200 周年。民意调查显示，马克思仍然享有应有的国际威望和超乎寻常的知名度，尽管很多帝国主义国家不希望如此。

我们相信，马克思学说及其创造性的遗产将永远被人们所需要，因为它致力于为劳动人民争取合法权益并积极改造世界，它鼓舞着全世界被压迫人民的智慧和心灵，我们越来越坚信，社会主义是世界的未来，因为社会主义的口号就是社会公正和给人民提供体面的生活。

请允许我代表塔吉克斯坦共产党向所有在座的嘉宾祝贺马克思诞辰 200 周年。我想特别指出的是，塔吉克斯坦与中华人民共和国之间平等互利的关系和富有成效的合作已经结出了重要成果，正造福两国人民。非常感谢。

美国共产党全国主席
约翰·巴切特尔的发言

同志们，我代表美国共产党向各位来宾表示热烈的祝贺，并且向中国共产党表示真挚的感谢，谢谢你们邀请我们参加此次论坛。马克思诞辰 200 周年提醒我们，马克思的革命思想并没有随着他的逝世而消失，马克思主义一直存在并且在 21 世纪不断发展，仍然在不断解决 21 世纪的问题。

马克思提出，资本主义将被更高级别的社会发展阶段所取代并超越，他的理论是工人阶级自我解放的重要工具。马克思提出，资本主义的危机将会愈演愈烈，而资本主义本身将无法解决这些危机，并会带来更多极端的情况，全世界最富有的 8 个人的财富和世界上一半人口的财富相当。当前我们还面临着气候变化和核战争的威胁，这些危机的直接原因是资本主义的逐利性，它导致了对生产环境的破坏。气候变化会影响海平面上升，带来沙漠化、极端气候、海洋退化以及物种灭绝，这已经成为长期的问题。要应对气候变化危机，必须转变我们的生活方式，实现可持续发展，推动全球合作，节约并重新分配资源，推动工业化升级，实现社会和自然和谐共存。中国的经验表明，一个社会可以非常快速地实现转型，成为一种可持续的发展模式。

世界正在经历多极化趋势，但美国还拥有大量的核武器，特朗普手中的核按钮是非常可怕的，他本身也是应对气候变化努力的一大障碍，他代表了右翼势力和法西斯主义的上升，特朗普和他所代表的法西斯分子对民主和平都构成了前所未有的威胁。而且他强调要推动美帝国主义的复兴，让美国成为世界的超级大国，所以他在中东发动了大规模的战争。我的观点代表了美国大多数人：现在要在美国国内构建一个反对特朗普的统一战线，推翻极右势力的统治，这种对特朗普大规模的抵制是前所未有的。

各国要实现发展都要走自己的道路，美国的社会主义道路就是要努力遏制社会和公众环境的恶化，在马克思主义的指引下，坚持和平、可持续发展的社会主义思想，人类必将会拥有更光辉的未来！谢谢。

土耳其爱国党副主席
耶尔德勒姆的发言

尊敬的各位朋友，在科学社会主义形成过程中，马克思是非常重要的贡献者。他指出，人们首先必须吃、喝、住、穿，然后才能从事政治、科学、艺术、宗教等等。他还创立了剩余价值理论，所有这些伟大的发现对于人类文明进程都是非常重要的。在科学社会主义理论引领下，特别是通过中国的实践，我们看到了社会主义和马克思主义发展的光明前景。在 21 世纪，中国对世界经济增长的贡献率达到了 30% 以上，同时还致力于推动缩小南北差距。而且我们也注意到，中国倡导每个国家都应该走符合自身国情的发展道路，这种理论和实践的结合非常重要。

国家的独立是实现发展非常重要的前提，在马克思诞辰 200 周年之际，我们看到，社会主义在中国展示出光明的前景。它表明，不管你来自什么地区、宗教和民族，不管你面临怎样的客观条件，党的领导是非常重要的。现在，民族民主革命的时代还没有完结，我们也要为社会主义发展开辟道路。未来 15 年，政治上的挑战主要是来自民族分裂主义和宗教极端主义，我认为有必要重申上海合作组织的精神，这对于各个国家的民族政党至关重要。

各位尊敬的来宾，世界各国都注意到，中共领导人提出了新时代中国特色社会主义思想，我们对于这一思想非常赞同，中共创立了中国特色社会主义理论，并且用实践证明了这一理论的正确性。中国共产党提出，中国现在还处于社会主义初级阶段，需要基于对现实的分析来制定经济社会发展规划，世界上许多国家的人民已经从中国倡导的发展理念中获得了好处和启迪，我们需要一个更为活跃的中国，为世界和平、稳定、繁荣、发展作出贡献，我们要迎接一个新的欧亚世纪的到来。

21 世纪，中国的发展为我们提供了巨大的经济助力，除了物质支持之外，更为重要的是在思想和理念上的支持。我们必须认真学习习近平总书记在中共十九大上提出的重要思想，习近平总书记指出，社会是在矛盾运动中前进的，有矛盾就会有斗争。21 世纪，各国人民所要进行的重要斗争是避免我们成为帝国主义和封建主义剥削的对象。资本主义仍然处在帝国主义阶段，我们的革命斗争很大程度是在各国国内进行的。我们党党主席曾提出，我们反对帝国主义的斗争，不仅要在国内开展，也要和各国反对帝国主义的人民联系起来，要对帝国主义发起斗争，打破民族国家界限，推动建立一种国际主义的全球化，所有这些仍然要以马克思主义为指导，这是我们崇敬并感激马克思的原因。谢谢大家！

白俄罗斯共产党第二书记
阿塔曼诺夫的发言

尊敬的各位同志，在国际共产主义和工人运动中，卡尔·马克思占有特殊的地位，恩格斯在纪念自己的朋友和战友时发出这样的预言，他的英名和事业将永垂不朽。一个半世纪以来，这位伟大革命者和思想家的名字和学说一直处于社会思潮的关注中心，马克思和恩格斯创造的历史唯物主义方法论，以及列宁关于帝国主义时代的无产阶级革命和组织无产阶级政党的理论具有独特贡献，他们的观点和斗争曾经是、现在依然是鼓舞和指引工人阶级完成自身革命使命、推翻资本主义、建设社会主义社会的强大思想武器。尽管资产阶级一直对马克思的学说讳莫如深，不停地发动自由主义的批判，对马克思主义进行各种曲解，但马克思的思想在今天仍然是不可动摇的，并在分析当代资本主义危机和阶级斗争中继续发挥着不可替代的作用。

列宁是马克思事业的继承者，他在新的历史条件下发展了马克思主义。马克思主义对资本主义体系的国际合法性造成了沉重打击。西方政治家及其走狗几十年来将美国的自由市场变成了全球规模虚张声势的手段，资本家的银行控制着世界，金融资本将工业资本践踏在了脚下，股市取代了商品交易所，资本竞争代替了商品竞争，国际货币基金组织变成了国际影子政府，将联合国排挤到次要位置。帝国主义原来是在世界上瓜分殖民地，现在则是将世界划分为各个货币区，掌握印钞机的人攫取了发行货币符号的所有好处。发行美元变成了新殖民主义者最重要的杠杆，当代金融危机只是全球性危机的一个方面，全球性经济危机即资本主义的系统性危机，富人们为了自己的利益重新瓜分世界，损害了那些用才干创造精神财富的人们的利益。这种重新瓜分导致社会两极分化日益增强，其结果就是社会紧张。在西方，包括形式上最富裕的美国在内，已经有人开始讨论阶级矛盾和阶级斗争，因为人们感觉到世界正处于一个转折点，社会政治和经济的变革是可能的，即将发生新一轮重新分牌，这令某些人惴惴不安。

国际法准则被肆无忌惮地践踏着，美国宣布全世界都是自己的势力范围，并谋划打一系列的局部热战。无论世界形势如何发展，马克思主义在任何情况下都仍具有现实意义，各国共产党需要联合起来，做出切切实实的成就，在世界范围内用社会主义取代资本主义。

分组会议一

奥地利共产党联邦委员会、主席团成员
米夏埃尔·格拉贝尔的发言

同志们，首先我要感谢中国共产党邀请我们来参加这次会议。我来自维也纳，马克思曾经在维也纳待过两个多星期，那是 1848 年革命时期，这件事很多人不知道，但是他却给后来的奥地利工人运动留下了深刻的印记。

他当时曾经发表过一篇演讲，主要是涉及劳工与资本问题，马克思对奥地利的工人运动一直发挥着重要的作用。过去，奥地利的市政厅也印着马克思的名字，这说明工人阶级对马克思主义的信仰。维也纳也是西方唯一一个能够在公共场合见到马克思雕像、重要建筑上刻着马克思名字的首都，这一建筑是不可以拆除的。

同志们，我们今天在这里纪念马克思诞辰 200 周年，反映出马克思本人的伟大人格以及马克思著作的重要影响。马克思对资本主义进行了批判，而且他也对今天的全球化趋势做出了预见。他最重要的发现是剩余价值，指出对剩余价值或者对利润的追求是资本主义扩张的根本动力。马克思主义同时也对人类解放事业的实践做出了重要指导，希望在世界范围内，马克思的影响都能继续下去。现在 100 多个跨国大企业控

制着全球资本，很多富人控制着全球财富，马克思主义者和国际主义者比历史上任何一个阶段都更需要来为此进行斗争并同时取得胜利。

哈萨克斯坦共产人民党中央书记
廖赫基的发言

同志们，首先我想代表哈萨克斯坦共产人民党对中国共产党组织此次高规格的国际会议表示感谢。

在纪念第一国际创始人马克思诞辰 200 周年的日子里，人们在思考：马克思主义在过去发挥了怎样的作用？为什么共产主义越来越有重大的意义？马克思主义的批评者一直很多，1991 年苏联解体以来，他们把大中小学教学大纲，把《共产党宣言》《资本论》等马克思恩格斯的著作束之高阁。20 世纪 90 年代，后苏联国家的学者们，依据索罗斯基金会资助出版的教科书，开始一个个极力否认或远离马克思主义。很快，人们清楚地看到，占领意识形态阵地的，不是资产阶级的欢欣鼓舞，就是宗教狂热，更常见的是假宗教狂热。这里我们不应忘记《共产党宣言》的两位作者指出的，资产阶级最终把律师、教育家、学者等都变成了他出钱招聘的雇佣劳动者。当时，在社会上称自己为研究马克思的人和无神论者都需要相当的勇气，这实在令人沮丧。在去年纪念十月革命 100 周年之际，同样有一批人企图给我们贴标签，说马克思的思想把人引向了死胡同，而西方却始终繁荣。但每当有人举中国革命的成功例子，批评者们就立刻不说话了。

我们不要忘记毛泽东的话：十月革命一声炮响，给中国送来了马克思列宁主义。这就意味着马克思主义仍有未来。很长一段时间内，与恩

专题研讨会分组会议—全体代表合影

格斯的教导相反，一些马克思主义的支持者或批评者，都没有将其视为一种研究方法，而是将其视为不可动摇的学说。显然，现成的教条在 21 世纪已不符合现实，中华人民共和国的社会主义建设经验说明了这一点。在中国共产党第十九次全国代表大会上，习近平总书记明确指出：中国正在建设社会主义，但这是中国特色的社会主义，这确实十分重要。中国梦不仅涵盖了社会主义的基本价值观，也包含了中华文明的最优秀成果。

哈萨克斯坦在马克思主义问题上采取了怎样的立场，党的章程给出了明确的答案，哈萨克斯坦共产人民党的行动基础是马克思列宁主义创造的科学的、丰富的、进步的社会主义思想。

孟加拉国共产党主席团成员
阿尼鲁达·达斯的发言

同志们，今天我们在这里纪念马克思诞辰 200 周年。经常有人会说，马克思主义是错误的，已经没有现实意义了。那为什么在这样的情况下，统治阶级仍然花费大量的财力和精力来攻击一个死去的理论？答案是非常简单的，因为这个理论并没有消亡。实际上，自从马克思揭露了资本主义的真相，资本主义社会统治阶级就试图将真相掩盖起来，所以马克思主义对现实仍然具有重要的影响力，特别是其对资本主义的揭示。

在金融危机中，我们看到各种不平等和不平衡，马克思当年就对此做出了预言，马克思用辩证唯物主义的方法预示了未来的发展趋势，揭示了人类历史发展的方向，他还提出，生产方式的变化将会推动社会形态的变化。也就是说，人类社会在不同的运动过程当中，最终将进入自由人联合体的状态。同时马克思主义也就如何建设一个新的社会主义社会提出了指导性的意见。

我们要在全世界的不同地方扩大自己的声音，让更多的人听到马克思主义的科学原理，我们应当以更加协同的方式推进马克思主义的科学理论，全球的左翼和进步力量应当继续推进马克思主义。

孟加拉国共产党（马列主义）政治局委员
莫哈迈德·拉哈曼的发言

主席先生，尊敬的朋友们，我来自孟加拉国共产党（马列主义）。我的发言主题是"在当前条件下，马克思主义仍然是有意义的"。

马克思出生于 1818 年 5 月 5 日。马克思一生提出了对传统社会体系的挑战，指出应当以某种方式为无产阶级和所有被压迫人民谋求解放，使他们能够享受到自由、人性和民主。在这个庄严的时刻，全世界工人阶级和共产主义者都在庆祝马克思诞辰 200 周年，所以我想代表我所在的党，向中国共产党表达最衷心的感谢和祝贺，感谢你们组织了这样一次盛会，让我们更好地研讨伟大导师马克思所提出的马克思主义。

尊敬的各位来宾，代表团的各位成员们，我想简单地讲一讲马克思主义在 21 世纪的现实意义。马克思主义是整个世界最出色的学者，他提出了一种意识形态，成为我们建立自由人联合体的武器，我们坚信马克思的意识形态指明了一条正确的道路，能够让我们彻底地消灭剥削、不公正和统治阶级的残暴。

我们知道，在过去 200 年当中，世界发生了重要的变化，科技进步使得人类社会生产方式和生产关系都发生了重要变化。在这样的一个背景下，很多东西都变了，但是马克思所提出的思想仍然具有现实意义，仍然是有作用的。马克思和恩格斯曾预言，资产阶级为了自己的生存，将去往世界各地，占领那里的市场，为了攫取利润而进行投资。马克思和恩格斯的预言是正确的。现在资本主义已经向前迈进了一大步，变成了帝国主义，因此剥削也越来越多地印上了国际化的烙印。工人阶级应当团结起来，继续斗争，摆脱帝国主义、资本主义、殖民主义，为建立一个没有剥削的社会而奋斗。

1917 年，在列宁的领导下，布尔什维克党彻底地打败了封建主义、资本主义和帝国主义。苏共在苏联执政 70 多年，在 1991 年失去了政权，主要原因是苏共并没有以创造性的方式将马克思主义与苏联现实情况结合起来。在毛泽东同志的领导下，中国共产党打败了国民党蒋介石，夺取了政权，毛泽东之后，从 1978 年开始，中国走上了一条马克思主义与中国实际相结合的发展道路。谢谢！

原中央编译局马克思主义理论研究部副主任
林进平的发言

尊敬的各位同志下午好，我向大家汇报的题目是"现代文明的良医马克思"。

在这个题目下，将介绍三个方面，第一个方面是"医者仁心"，渊博的医学知识；第二个方面是"中医诊断—西医疗法"，主要是马克思对现代文明的处理方式；第三个方面就是"现代文明的良医"。

关于马克思在医学方面的渊博知识，大家可能知道，因为马克思一方面是因穷致病，所以不得不跟医生、心理学著作、解剖学著作等打交道。据我们了解到的，马克思当时能看到的医学、解剖学、心理学的著作之丰富，让人误以为他是一位医学博士，他也为当时的医学著作做出了非常到位的点评。良医一般都要有仁心，马克思有人道主义的情怀，他不能忍受社会底层的痛苦，这种痛苦更多是不公的痛苦。

第二个方面是马克思主义的"中医诊断—西医疗法"。关于中医诊断，有中国传统文化功底的人可能不陌生，因为它强调整体性、过程性、相关性和辩证施治，这是中医诊断的方法。为什么说马克思有中医诊断的方法？马克思方法的很多方面来自黑格尔的辩证法。我们读过卢卡奇，知道黑格尔的辩证法强调整体性、相关性和过程性，另外黑格尔在哲学史中对道家给予了肯定。而中国的《黄帝内经》也是朴素的辩证法。从这里我们能够看到马克思的思维方法跟中医的思维方法有契合之处。

另外一个契合之处在于，马克思予以高度肯定的重农学派创始人魁奈对中国传统文化相当熟悉，他的整个思维方式也受有机体论影响。

关于西医疗法，尽管马克思对外科手术给予很大的批评，但他还是强调革命，他对革命的强调还是带有一定的西医自然科学的背景。

第三个方面，马克思是现代文明的良医，马克思看到现代文明表现在外面的一种症候，比如物化、两极分化，包括宗教在马克思看来都是现代文明的症候，这种症候不能够在外面医治，只能从社会生产方式方面去处理。谢谢大家！

武汉大学马克思主义学院教授
丁俊萍的发言

大家下午好！刚才各位代表用不同的语言，从不同的方面，围绕我们这个会议的主题进行了精彩的发言。我们这个阶段的主题是"马克思的历史贡献和马克思主义的当代价值"，我觉得他们在谈到马克思贡献的时候，不约而同地聚焦一个问题，就是马克思给我们留下的重要精神遗产就是马克思主义，包括马克思主义经济学、科学社会主义这样一些基本原理。运用马克思给我们留下的世界观、方法论和基本理论，我们可以分析资本主义社会，诊断人类社会的弊端。

这些思想影响了许多国家的工人运动、社会主义运动的发展，其中奥地利的同志还专门给我们透露这样一个史料，就是马克思曾在奥地利逗留两周，留下很深的印记。

马克思主义的当代价值在于其指出了社会主义的规律，使我们对人类社会的认识更加清晰。发言的同志都认为马克思的遗产，也就是它的当代价值非常突出，因为从马克思诞辰到今天 200 年了，人类社会发生了很多变化，但是一些基本的矛盾还在，人类追求的共同理想、要解决的问题还没有发生根本变化。所以我们要学习马克思主义，坚持马克思主义，同时还要实践马克思主义。应该怎样对待马克思主义？是教条式的？还是把它和今天的实践和各国的实践结合起来，使其本国化、大众化、时代化，使它内在的生机活力不断彰显，使它在各国社会主义运动中真正发挥指导作用？大家谈的这一点也比较突出。

还有一条，我注意到几位同志发言都谈到这个问题，就是我们要坚定对社会主义的信心，坚定对社会主义必然胜利的信心。当然这种信心还不够，还需要我们这些信仰马克思主义的、致力于社会主义发展的、致力于人类解放的人们付诸实践，像马克思那样，能够诊断社会疾病，能够做一个良医，能够系统地诊断，并且开出很好的药方。只有通过我们的努力和担当，才能真正实现马克思为我们描绘的人类美好社会的蓝图，这样我们才不会停留在口头上，而是脚踏实地，一步步向着远大的目标、远大的理想前进。作为共产党人、作为马克思主义信仰者，我们要为人类追求的共同理想、实现人类解放这一远大目标付出努力。

塞浦路斯劳动人民进步党政治局委员
斯蒂法诺斯·斯蒂法诺的发言

各位下午好！首先我代表塞浦路斯劳动人民进步党对应邀参加这次研讨会表示感谢！

马克思诞生已经过去了两个世纪，马克思主义面临的攻击和歪曲以及国际共产主义运动理论和实践中出现的错误，并不能否定或削弱马克思主义独特的地位。相反，时间的流逝进一步凸显了马克思主义的正确性和实践性，当代的马克思主义要比马克思所处的时代更有意义。

这并不是巧合，在经济全球化时代，马克思主义书籍的销量大幅上升，很多经济学家据此解释全球资本主义经济的现状。无论如何，马克思主义不可能是过去时，就像爱因斯坦的相对论、达尔文的进化论不会消失一样，它们可以也必须不断地获得发展和丰富。和任何其他学科一样，作为一种思想工具，马克思主义应该不断获得人们的反思和发展，这是国际共产主义运动的一项重要内容，它代表着迄今为止马克思主义最重要的发展。与此同时，他也说明了马克思主义始终同我们如影随形。

亲爱的朋友们，马克思被载入史册，他证明推翻资本主义生产体系，不仅是可行的，而且是必须的，马克思不是一个只解释世界的社会学家，他指出了改造世界的重要性。马克思的不同之处和无法超越之处在于，马克思主义的本质今天仍然是正确的，因为社会经济条件孕育了马克思主义，这样的条件今天仍然适用，并且更加适用。越来越多的财富聚集在了越来越少的人手中，生活本身以及过去两个世纪以来世界的发展提出了新的问题，这些问题马克思本人并没有回答，但是我们要运用马克思主义的思想工具进行分析，这些问题包括：环境灾难、气候变化问题如何解决，数字化、自动化和机器人化带来的危险和前景如何，如何反抗超国家组织或区域性资本家协会这无所不在的制度堡垒，国家层面的斗争如何与国际层面的组织联合行动，与马克思主义相比，制度在多大程度上能够操纵群众的意识等，不要忘记，当今的社交媒体和跨国企业正在操纵着群众意识。

最后我想指出，未来社会主义社会的吸引力，不是幻想，也不是乌托邦，而是一个可以实现的目标。尽管有曲折，但伴随着我们的斗争，历史终将不断向前。

以色列共产党前总书记、政治局委员伊萨姆·马霍勒的发言

亲爱的同志们，我们今天在此庆祝马克思诞辰200周年，但我们讨论的并不是共产主义革命任务的过去和历史，而是它的现在以及国际工

人阶级和全人类的未来。

资本主义的本质就是将现在的资本主义社会看成一个永恒体，并且认为它的行动准则是永恒的，可以普遍适用的。与之相比，马克思主义认为，当前的资本主义社会有其历史局限性和转型的必要性。

自苏东剧变以来，资本主义试图让我们相信，全球变革是不可能的，他们谈到历史的终结和意识形态的终结，尤其是在全球化时代，资本主义试图降低劳动力成本，资本与劳动之间的不平等矛盾日益激化。即使在一些核心资本主义国家，在 21 世纪很明显存在着巨大的经济社会不平等，贫困、战争、人际关系的商品化、社会关系网的破坏、生态灾难，这些可怕的情况呼唤着革命性的变化。以色列共产党认为，革命性的变化将发生在 21 世纪，面对 21 世纪工人阶级的敌人，面对日益增长的资本主义经济不平等，越来越多的人们寻求社会主义的替代方案。

应中国共产党的邀请访华后，我们知道这一革命性的变革是可能的，社会主义的本质就是实现工人阶级的自我解放，解放和发展生产力，消灭剥削，消除两极分化，最终实现全体人民的共同富裕。

各位同事，帝国主义总是敌视正义和民主，并且系统地抵制任何旨在摆脱全球资本主义的努力，帝国主义也拒绝任何解放政治、经济、商业的社会使命和愿望，尤其是在帝国主义时代，全球资本主义组织、一些帝国主义支持的反动政权，帮助各国资本压制企图摆脱对帝国主义霸权的依赖。这就是为何国际社会需要声援和支持任何进步和争取自由的力量。人们为了争取解放和维护权利而进行斗争，不仅是一个道义问题，也是一个革命的责任。

苏联解体之后，特别是"9·11"事件之后，美国开始追求其狂妄的目标，建立一个单极化的世界，并且阻止任何第二个世界强国的出现。美国聚焦以下战略目标来保证它的霸权：维护以色列安全，反恐战争，控制全球贸易路线，围堵俄罗斯和中国。中国特色社会主义取得的成功，俄罗斯战略性目标的取得，以及美帝国主义战争在叙利亚和中东的破产，都是多极化出现的标志。在马克思诞辰 200 周年之后，我们比以往任何时代都坚信，这是一个势在必行的任务。

意大利共产党中央政治局委员、国际部协调员
弗朗切斯特·马林焦的发言

尊敬的同志们，下午好！首先我想感谢中国共产党邀请我们来参加这次重要的会议，纪念伟大的思想家马克思诞辰 200 周年。

2008 年的经济危机使得人们再一次关注马克思的著作，甚至一些主流媒体也进行了报道，然而这并不意味着马克思主义在西方重新回归，他们实际上是将这位德国思想家进行了娱乐化，因为马克思确实预测到了资本主义所出现的曲折，但他们却没有能够意识到马克思作为一位伟大思想家所提出的政治经济学理论的重要意义。

在我看来，没有哪一位思想家的观点能够损害马克思主义理论的价值和意义。当然，在一些右翼政党，甚至左翼政党当中，很长时间以来，人们都在讨论马克思主义是否还具有指导意义，是否还能够指导实践，这种讨论一度导致意大利共产党影响力下降。

在意大利，出现了这样一种趋势，越来越多的共产党人开始接受一种以欧洲为中心的西方化的观点，这种观点与东方对马克思主义的研究是对立的。在这种政治哲学的影响之下，人们对列宁主义发起了猛烈的进攻，实际上这种进攻也将西方与东方的马克思主义联系起来了。现在马克思主义在意大利是一个少数学派，但是在历史上确实曾经达到过高

峰，特别是在一些著名的意大利共产党人的倡导下，马克思主义者曾经非常成功地发起一系列文化和政治活动。20 世纪 80 年代，意大利共产党走了下坡路，在那之后，意大利共产党解体了，我们现在所做的事情就是从文化和政治上对意大利共产党进行重建。

在这种困难的背景下，过去 40 年内，意大利一直有人在攻击马克思主义，但是我却想到了另一位非常重要的意大利共产党人，他在自己的一本书中写到，每一次失败都会造成巨大的思想混乱和道德无序，但越是在黑暗的深渊，越应该保有信心和乐观主义情绪。

现在我们的主要任务是重建基本的马克思主义和共产主义文化，并且加强共产主义思想的传播。已经有一些积极动向，我们看到了国际共产主义运动出现的一些新动向和取得的成绩，特别是中国、越南和古巴在社会主义建设方面都取得了一些新的成就。此外，金砖国家所取得的成就对意大利共产党也是一种鼓励。在比较西方和东方共产主义的过程中，我们应该时刻注意从历史中吸取教训。

意大利的马克思主义现在面临着挑战。而庆祝马克思诞辰 200 周年，对我们在意大利加强马克思主义研究具有重要意义。

摩尔多瓦共产党人党中央委员会书记
博德娜连科的发言

感谢中方提供这样一个好机会，让我们参加今天的重要会议。

200 年过去了，马克思的批评者换了一代又一代，但是马克思的哲学和学说依然影响着人们的生活，因为生活正在继续，它证明了马克思的学说是多么重要。

　　大家知道，检验真理的唯一标准是实践。我们在分析资本的运动和资产阶级运动时，可以看出，马克思所做的预言是非常正确的。根据马克思的学说，市场的可怕作用必然会导致经济危机，一系列经济危机必然会引起大萧条，这个预言在资本主义大萧条中得到了证实，2008 年起延续至今的国际经济危机也证明了这一点。马克思非常有力地证明了帝国主义阶段的不可避免性，垄断资本不断同银行资本相结合，同政治和国家政权相结合。工资与收入的增长不成正比，所以毫不偶然，1997 年，美国月刊《纽约客》把马克思称为 20 世纪最伟大的思想家，他们引用了一个著名银行家的话，我在华尔街工作的时间越长，我越清楚地看到马克思说的是对的。而且罗斯福总统也说过类似的话。当有人问他拿《资本论》该怎么办时，他说，如此聪明的著作，我们不会光让共产党人去使用。我们摩尔多瓦共产党人党在自己的运动中非常支持人民的运动，我们的国家处在贫困中，我们反对自由主义和寡头政治的欺骗，这就是我们的政策。我们通过现代化和公平的教育、医疗，对上层建筑，也就是摩尔多瓦的政治体制进行现代化改造。

　　有人将罪名强加于 200 年前出生的伟大政治思想家，但是我们想，就像我们不可能终止时间和一年四季变化一样，也不可能终止马克思伟大预言的实现。中国共产党在不久前召开的中共十九大上确定的所有宏伟目标，都将在习近平总书记的领导下逐步落实，我们非常希望学习研究中共同志们的观点。考虑到当前国际共产主义运动的特点，我们也希望中共同志能够找到合适的办法和途径来进一步统一国际共产主义运动。

尼泊尔共产党中央常委、前副总理
施雷斯塔的发言

同志们，首先我想代表我党并以个人名义，向大家表示问候。

尼泊尔共产党是在两个政党合并之后出现的新党。我们在两个领域进行斗争，终于携手并进，最终进入了和平进程，举行了大选，制定了新的宪法。我们还提出了一个新的民主模式，这就是社会主义。我们认为，这也就是人民民主，我们建立的人民民主社会主义非常具有原创性，是马克思主义在尼泊尔本地化的一种表现，是一种创新，是尼泊尔特色的社会主义。

在两党合并之后，我们在全国 7 个省当中获得了 6 个省的执政权，但同时我们也面临着重大挑战。同志们，一方面我们面临着很多机遇，可以为社会主义打下基础，但是我们并不能一下子跳到社会主义，我们现在的主要工作或者说核心工作就是进行社会主义革命，也可以说社会主义改造，来促进经济和社会发展，现在我们党和政府最大的关注就是促进尼泊尔的经济发展，希望能够将马克思主义与尼泊尔的实际情况相结合，实现尼泊尔特色的社会主义。

带着这样的目的，我参加了这次会议，和大家见面。我们认为，马克思主义还在不断地为人类社会发展作出贡献，我在这一点上不想赘述。以了解马克思的方式来了解马克思主义，以创造性的方式运用马克思主义，随着时间的推移，将被证明是正确的，这也是我们面临的一个重大课题。因为我们知道，马克思主义非常重要的两个方面，一是历史唯物主义，二是辩证唯物主义，这也是科学社会主义的重要组成部分，是我们解放全世界劳动人民以及无产阶级的唯一理论工具，这也是一个伟大的工程。

但我现在要讲的重点是，理解了马克思主义存在的价值，今天我们应该如何发展马克思主义呢？马克思主义提出了解放全人类的目标。希望大家能够加入到一个大讨论中，不断地推进马克思主义向前发展。今天，马克思主义和社会主义运动面临着重大挑战，我们希望全世界共产党都能从理论上和道德上给予我们支持和帮助。

葡萄牙共产党中央政治局委员
若泽·阿尔维斯的发言

我在此向所有参会代表转达葡萄牙共产党兄弟般的问候，向中国共产党举办研讨会并接待我们表示感谢！

目前我们的世界面临着很多挑战，这些挑战与马克思时代相比更为显而易见，对资本主义的要求也越来越高。今天资本主义的矛盾进一步深化，证实了马克思观点的正确性。马克思主义认为，资本主义具有压迫性、侵略性、掠夺性，具有不可调和的矛盾。生产的社会化特征和私人占有之间的矛盾，技术所创造的可能性和资本主义占有之间的矛盾越发突出，越发尖锐。资本主义的确有能力应对危机，但这并不能抹去另一个事实，那就是资本主义在帝国主义阶段的发展产生了越来越多的不平等，带来了越来越多的悲剧和危机。

随着资本主义结构性危机的加深和主要帝国主义的衰落，世界面临着前所未有的危机，比如战争、干预、新殖民主义和法西斯主义的抬头，所谓的"历史终结论"最终破产，资本主义并没有显示出同社会主义相比任何的优越性。

的确，共产主义事业证实了这一判断的正确性，也证实了建设社会主义和世界解放之间密不可分，《共产党宣言》是共产主义者和其他革命力量行动和斗争的产物，和中国的民族解放与社会主义建设进程也不可分割。资本主义的发展为战胜资本主义创造了条件，马克思在之前就已经预言了这一点。我们今天面临的一大重要挑战就是创造主客观条件来推翻资本主义。新形势下的意识形态斗争转向由大众媒体和新帝国主义控制下的意识形态斗争。对工人阶级的重新定义、对革命斗争阶段的正确定义、对革命理论和共产党先锋队作用的正确理解以及对联系群众的作用的正确判定等，都是我们在发展中面临的一些重要挑战。中国在当今全球力量中的作用不可否认，并且这一作用正在不断增长，证明了工人阶级和群众的力量。

历史已经证明，革命进程充满艰辛，我们生活的时代告诉我们，资本主义危机加深并不意味着革命条件的成熟，正是带着这样的信念，葡萄牙共产党几十年来与国内政权做斗争，与欧盟做斗争，不断追求民主。非常感谢！

斯里兰卡共产党政治局委员、国际部部长
吉加纳吉·维拉辛哈的发言

斯里兰卡共产党非常感谢中方邀请我们参加纪念马克思诞辰 200 周年专题研讨会，在 5000 年历史进程中，200 年的时间弹指一挥，但是马克思主义科学真理对世界的影响是深刻久远的和可持续的。

马克思只活了 65 年，但马克思的影响在这之后的 135 年间更为强

与会代表聚精会神聆听会议发言

大。马克思最亲密的朋友、战友恩格斯认为，马克思的科学思想，是人类和世界未来的潜在力量，它将这一思想称为马克思主义，这使得以后的任何曲解和歪曲都没有余地。虽然恩格斯为这一思想的形成作出了自己的贡献，但要承认，马克思的原创性思想和发现是具有历史决定性的。

同志们，列宁是世界上第一个社会主义国家的设计师，用他的话来说，马克思主义是哲学、历史学、政治经济学、政治科学、自然科学和社会科学的交汇点。

回顾过去 200 年，一系列的知识分子出现了，他们为人类社会作出了巨大的贡献，达尔文、爱因斯坦和马克思一同闪耀，但马克思的光亮远远超过其他人。在这些强大的思想家中，马克思进入了 21 世纪，继续指导着人类社会的命运，在这样的背景下，我们今天汇聚一堂，探讨如何应对我们今天面临的巨大国际挑战和越来越多的复杂性和不确定性，很有意义。

同志们，马克思主义有关资本主义的基本理论已经被历史所证实，他谈到资本的过度积聚创造了几个资本中心，远离了传统的资本中心，例如英国和美国。帝国主义的中央银行不能控制资本的外流，为获取剩余价值将保持高强度运作。经济危机的爆发已经成为常态，收入分配不公导致不平等和贫困的扩大，我们正在寻求替代性的政治框架。在发展中国家，世界多极化已经随着亚洲经济的大幅增长而加速，其决定性因素就是中国经济的快速增长，这些因素将进一步加强世界的多极化，也会进一步促进权力的均衡分配，有助于经济社会进一步转型，这些发展加强了我们对社会主义长期发展的信心。我认为，世界正在进入资本主义发展的新阶段，尽管它对社会主义发展来说是长期的观点，但是它表现出了自然过渡的迹象，世界多极化将会进一步巩固社会主义的发展，帝国主义会变得绝望，也可能会引起更多的国内冲突和战争，但世界不会陷入核危机，因为我们有核威慑能力和爱好和平的社会环境。必须共同推行和平克制、相互信任的政策，因为帝国主义矛盾日益加深，人民和帝国主义的矛盾进一步加大，劳动和资本之间的矛盾进一步尖锐，它将为社会转型创造有利条件，决定因素是资本权力的枯竭，这是一个长期过程。就主观因素而言，工人阶级的团结和友爱仍然很遥远，新自由主义所造成的破坏，对工人阶级团结的破坏仍然没有得到挽救。在第四次数字工业革命条件下，工人阶级应该会进一步走向成熟。

同志们，在马克思诞辰 200 周年的讲台上，让我们向全世界工人阶级发出呼吁，呼吁团结和友爱，让它转变为对社会主义未来的更大信心，马克思主义进入 21 世纪，它越来越强大，我们向它致以深深的敬意和荣耀。

南京师范大学马克思主义学院院长
王刚的发言

大家下午好！我发言的题目是"从早期知识分子翻译《共产党宣言》看宣言在中国传播的特点"。我的主要观点是，20世纪30年代，《共产党宣言》在中国传播总体呈现出四个方面的特点：一是递进性选择和选择性传播，二是多路径传播和多梯次传播，三是主观性解读和中国式解读，第四是传播与中国化的双重辩证。

第一个特点是递进性选择和选择性传播。《共产党宣言》在中国的早期翻译经历了最早只翻译只言片语，慢慢到一章一节，最后到宣言全文翻译的过程，所以体现出递进性翻译的特点。

选择性传播，就是早期知识分子在翻译《共产党宣言》和传播马克思主义的时候，带着一种选择性，这种选择性表现有所不同。比如说朱执信先生清楚《共产党宣言》的全文，但他在翻译的时候，强调阶级斗争理论，对社会主义和共产主义文献、共产党人对各种反对派的态度，这些内容他没有翻译。陈独秀在翻译的过程中强调阶级理论。

第二个特点是多路径传播和多梯次传播。五四运动以前以日本路径为主要途径传播，五四运动以后主要是欧洲和美国两个途径传播，而中国共产党成立后，以苏俄路径作为主要途径传播。马克思主义传播到中国不是一次完成的，是一个梯次一个梯次进行的，先从国外到国内，在国内进一步传播。

第三个特点是主观性解读和中国式解读。主观性解读，是早期知识分子在翻译的时候，带着主观对马克思主义的理解，出现了意义扩大或者意义减少甚至曲解情况。中国式的解读，是从中国传统文化中寻找线索，比如孙中山把民生主义等同于马克思主义，无政府主义者把中国的"大同之世"理解为共产主义，李大钊把共产主义看成世界一家，陈独秀把共产主义社会理解为大同社会。

第四个特点是传播与中国化的双重辩证。中国早期知识分子在翻译和传播马克思主义的时候，不是把马克思主义作为一个纯粹的学理性的东西来理解，而是用马克思主义来改造中国社会，指导中国人民完成反帝反封建这样一个历史任务。因此，早期知识分子在选择和传播马克思主义、在翻译和传播《共产党宣言》的时候，带有明显的工具性或者实用性色彩，一边传播《共产党宣言》和马克思主义理论，一边把它运用到中国的实践当中去。

比如李大钊在他的文章当中说，应该细细地研讨马克思的唯物史观，怎样运用于中国今日的政治情形；毛泽东说，我读了三本马克思主义的书，只取了四个字，就是"阶级斗争"。从此以后他就用这四个字指导中国革命。早期知识分子在翻译和传播马克思主义，翻译和传播《共产党宣言》的时候，呈现出递进性、选择性、多路径、多梯次、主观性、中国式以及一边传播一边中国化的特点。

谢谢大家！

北京大学马克思主义学院副院长
宇文利的发言

非常感谢大家的精彩演讲，很荣幸在此做点评，和各位分享我的观点。

20天前，我和我的同事们一起组织了第二届世界马克思主义大会，2019年还将举办一个小规模的国际研讨会，研讨社会主义问题，希望到那时再次见到各位。今天在这里，我想和大家分享五个观点，这些观点是我从各位的观点中提炼出来的。

第一，关于马克思主义的独特贡献，对哲学、社会学和政治学的贡献，因此它的历史性贡献与当今时代是有关联的。

第二，我注意到大家对当今帝国主义，尤其是世界资本主义统治的批判。

第三，我们注意到，要关注当今社会面临的新变化以及马克思主义所遇到的挑战，需要从过去汲取经验，从当前面临的威胁和挑战中汲取经验。

第四，我们需要运用马克思主义的观点。无论是在华尔街，还是在贫民区，在世界各地我们都需要运用马克思主义。

部分与会代表考察深圳前海深港现代服务业合作区

第五，社会主义思想不断获得复苏和繁荣，正被运用于世界各国不同的国情之中。

在此，我提出一个问题，为什么我们要纪念马克思，为什么我们仍然需要马克思主义？我的答案来源于你们的发言，马克思是一个历史性人物，他出生于德国，在今天、在未来人们仍然会铭记他。在 20 世纪末，马克思被英国广播公司（**BBC**）评为世纪伟人。

第一，马克思是一位杰出的思想家和学者。他汲取了各个领域的知识，最终成为伟大的学者。可以说，马克思是一个经济学家、政治理论家、社会学家、历史学家、哲学家、社会科学家，甚至可以被认为是一个数学家，一个文学家。他对于知识，对于文学的掌握超越了很多他的同时代学者，这使得他成为一位多产的作家，他的作品毫无疑问地展示了他对人类知识的掌握程度。

第二，马克思是一个高尚的战士。他与社会的不公正作斗争，他坚定自己的立场，他代表被压迫群众的观点。

第三，马克思是一位开创者。他既揭示了人类社会的规律，也解释了自然界的规律。马克思不仅创立了以他自己名字命名的系统性理论，而且创立了一套思维方式，一种生活方式。

第四，马克思已经成为一个永久的文化偶像。我们评价马克思，评价马克思的一生，评价他的成就，应该将他放在文化的视角之下，不仅代表着人类思维的改变，而且也象征着人类文明的改变，他将人的价值和社会价值融合起来。他深入到了人类所未能深入的领域，他代表着一种文化创造，它促进了全世界各民族的文化交流，因此马克思和他的著作、他的生命、他的事业、他的理论应该被铭记，不仅停留在政治、经济领域，而且要将他当成一个永久的文化标志。

非常感谢！

自由讨论

代表提问：各位好！我是广东省委党校的教师郭丽兰，我想和尼泊尔共产党的同志进行交流。刚刚尼泊尔前副总理施雷斯塔同志对尼泊尔的发展做了很多介绍，我们听了也是很受鼓舞。我想问一问目前尼泊尔的发展有什么需要推进的地方？有什么需要和中国特色社会主义思想进行交流的地方？

尼泊尔共产党代表：的确，在尼泊尔，我们有自己的问题和挑战。我们在尼泊尔议会中占有多数席位，在 165 个席位中，我们占有 122 个席位，总统等领导人都是从我们的政党中选举产生的，我们党在七个省政府的选举中都获胜了，在地方政府中，我们占据了 50% 以上的席位。但是我们也面临着一些艰巨的挑战，包括来自其他政党的挑战和竞争。在任何时候，他们都可以围攻我们，试图战胜我们，但幸运的是，我们仍然获得了议会的多数席位，能够合法地执政五年。

众所周知，尼泊尔是一个发展中国家，我们与两个发展中大国中国和印度为邻。从地缘政治的角度来讲，我们从西、东、南三个方向受到了围堵，北边是中国边境。三年前，当我们宣布宪法的时候，我们的一个邻国反对我们的提议，我们很多举动都受到限制。而当时，中国政府、习近平主席以及所有其他的中国朋友都支持我们，包括提供石油天然气的供应，有中国这样的国家做我们的后援力量，我们感到非常骄傲。在这里我不会和大家说一些具体的挑战，但是我想说的是，我们在各个领域、各个方向都会受到一些围攻，但这是我们自己的问题。

另外一个问题是，我们的自然资源非常短缺，我们存在资金问题，我们没有发达的科技，尼泊尔人民对资源有着极大的需求，我们一直面临着这样的挑战。

刚刚那位女士谈到有哪些挑战，事实上，我们的领导人提到了我们面临的一个巨大挑战，那就是五年之后，我们可能会被其他意识形态的政党所击败，这也是我们面临的一个挑战。我们因选举而获胜，这意味着我们对于赋予我们权力的尼泊尔人民负有责任，同时我们与中国和印度为邻，这既是我们的机遇，也是我们的挑战。

代表提问：我想问关于意大利共产党的问题，上世纪 80 年代，意大利共产党和法国共产党是国际共产主义运动中非常重要的力量，意大利共产党的衰落是怎么回事？现在说文化重建，从文化上如何重建意大利共产党？

马林焦：上世纪 80 年代末期，意大利共产党解散了，那是西方唯一一个选择解散的共产主义政党，这背后的原因是非常深刻的，这不是一个简单的过程，可能在解散之前的几十年就已经开始这一进程。特别是在上世纪 80 年代，整个党进行了一些修正，包括党员成分的变化。这个党过去曾经是工人阶级的组织。但是后来党的成员慢慢地变成了中产阶级，就像法国和西班牙一样。而且，党内在理论上也出现了一些分歧。在选举当中，共产党成绩也并不是特别理想。

所以从那个时候开始，意大利共产党出现了一些衰落，现在意大利共产党和其他左翼政党的状况非常地弱，可以说是二战以来最弱的时期。上世纪 70 年代，马克思主义在意大利非常受人欢迎，当时共产党非常强大，社会上出版了很多关于马克思主义的书籍、报纸，还有很多的文化项目，都是在马克思理论基础上发展起来的，大学当中也开设马克思主义的课程。可现在完全不是这样，马克思主义思想在意大利并不如过去那么受人欢迎，在大学根本没有任何一门关于马克思主义的课程。所以我们必须要重新开始传播马克思主义，虽然并不容易，但我们觉得还是要迎接这个挑战。

德国的共产党代表：我不是意大利人，我来自德国的共产党，但我也想讲一讲关于欧洲共产党衰落的情况和原因。

1978 年，我加入了德国的共产党，那时加入一个左翼政党是非常时髦的。而现在情况完全发生了改变，左翼的力量非常弱，在面对社会问题时，无法给出一个统一的答案。

大家知道，在德国出现了一个新的政党叫选择党，这是一个民族主义政党，他们开始很小，之后发展很快，得到了 10% 的选票，使德国的共产党在一些社会问题上失去了话语权。

另外一个原因是，上世纪 80 年代以后，社会主义工人运动进入了一个不同的阶段。欧洲资本主义也出现了一些新的状况。对比其他国家，比如中国和俄罗斯，我们党也希望能够在事关和平、社会发展的问题上提出共产党的有效解决方案，但唯一可能的方式就是改变力量对比，加强共产主义力量的重建。我们现在有 3000 名党员，而我们国家有几千万人口，我们的力量太小了！需要我们采取行动的时候，我们却没有能力行动。在德国，没有其他的政党或政治力量可以取代我们，因为我们是德国唯一信仰共产主义的政党，所以我们现在应该对社会的历史和未来做出科学分析，提出一些有效的解决问题的方案。

博德娜连科：在我们看来，和世界资本主义的邪恶力量相比，我们是一支善良的力量，是共产主义的力量。现在我们进行了非常有效的分

摩尔多瓦共产党人党中央委员会书记博德娜连科在会议中发言

析，我们有足够的资源和工具，可以将人民团结在我们自己身边，证明他们选择的正确性。在我看来，今天很多关于国际共产主义的想法和提法需要一些新的力量源泉。我们不仅需要世界各地各国的人学习阅读马克思主义经典，还要在五分钟之内向人们讲清楚什么是马克思主义，怎么样发展马克思主义。不久的将来，我们各个共产党和左翼政党的领导人应该再次齐聚一堂。我们有自己的领导人，我们还有中国共产党，几年之后，我相信中国共产党会成为这个世界的领跑者，因此我们必须把我们的力量团结起来、联合起来。

尽管我们在一些问题上还有不同的意见，但重要的是，我们要通过马克思主义联合在一起，重要的是要让马克思主义和列宁主义造福人类，今天我在演讲中也提到了这个美妙的想法。

因此我想和今天参会的同志们说，需要向我们各自党的领导人提出这些问题。谢谢你们！

代表提问：今天的很多发言者，包括共产党代表都对苏联社会主义抱有一些消极的看法，但是我们对苏联社会主义的看法是积极的。它毕竟建立了世界上第一个社会主义国家。因此，我想知道你们现在如何看待苏联社会主义？

博德娜连科：我是摩尔多瓦共产党人党的代表。2017 年，我们曾经在摩尔多瓦首都同一些欧洲左翼政党进行研讨，纪念十月革命胜利 100 周年。我们对苏联的成就感到非常骄傲，尽管苏联最终解体了，但是我们还是骄傲地看待那段历史。

代表提问：非常感谢，我来自土耳其。我想问宇文利教授一个问题。我们知道，在西方国家，尤其是学界，对中国特色社会主义制度有一些批评的声音，你们是否认真地对待这些批评？你们是否有一些针对这些批评的反驳观点？因为我认为这些问题非常重要。西方年轻人受到学界批评声音的影响，对中国特色社会主义并不理解，一些西方的读者和观众也不能理解中国特色社会主义，你们有什么反驳的观点吗？我自己本人非常赞同中国执行的政策，理解中国历史的话就会发现，中国正处在社会主义初级阶段，这一阶段非常重要。但对于年轻人来说，他们受到了误导，你们有哪些反驳的观点呢？

宇文利：非常感谢！这个问题很好，我记得一个非常著名的诗人提出，人和人之间有藩篱，但你可以越过藩篱，也可以相互批评，为什么我们相互批评呢？因为我们不理解对方，批评来源于误解，来源于缺乏沟通，来源于我们不一致的观点，因为我个人的观点是，当我们发出批评声音的时候，我们会批评我的朋友，也会批评我们的敌人，这并不是一件坏事，而是需要倾听批评的声音，批评能够让人成长，促进人与人之间的了解。我们无法从一点到达另一点，因此解决这个问题的唯一方法就是伸出彼此的手，向那些不理解我们的人伸出我们的手，在彼此之间建起一座相互交流的桥梁，沟通交流非常重要，我们今天的研讨会就是一个很好的沟通平台，我们能够共同发出自己的声音，发出我们的观点，这是一个让世界变得更美好的过程。

作为一名共产党员，我并不是忽视这些批评的声音，批评能够促进我们成长，能够促进我们发展，能让我们变得更为强大、更为美好。

非常感谢！

中国人民大学校长助理郝立新：我有一个问题，马克思诞生于德国，他的思想也产生于德国，但是他一生中的大部分思想是在欧洲，特别是在英国获得发展的。我们今天有英国共产党的代表，所以非常希望能听到来自英国共产党的领导人介绍一下英国共产党或相关工人阶级政党，或者说马克思主义政党的发展情况。

英国共产党代表：我觉得这应该是个挑战，而不是个问题。我们每个人都处在不同国家、不同条件中，鉴于英国的特殊条件，我们与工会运动的确有着天然的密切联系，与英国工党有着天然的密切联系，因为工会组织建立了工党，因此在工党当中一直存在着左翼力量，这支左翼力量包括工会运动者、思想家、工人，他们真诚希望，同时也在为建立一个社会主义国家而奋斗。我们认为，他们也都属于共产党，但是工党与工会之间的这种天然联系，在两党轮流执政的英国政治体制当中对英国共产党并不利。1920 年，英国共产党成立之后，我们将英国的社会主义者组织起来，而现在，社会主义者大多数加入了工党。作为马克思列宁主义者，我们也知道建立一个独立的英国共产党的重要性，但是考虑到英国的情况，实际上要真正取代工党是不可能的，所以必须要对工党内部的左翼势力施加积极影响。

当前英国的政治已经向右转了，有一些工党党员离开了工党，加入了共产党。我们现在也在呼吁，更多左翼人士应该离开工党，加入英国共产党，但是情况并不都是如此，很多社会主义者仍然留在工党当中。工党领袖科尔宾是工党80年历史当中立场最左的一位领导人，他是我党的一位密友，是一个真正的社会主义者，他不是共产党员，但他是共产主义者。

这也加强了工党对年轻人，特别是那些有理想信念的青年和左翼人士的吸引力，所以我们认为，英国共产党是真正推动社会进步的一支力量，而我们的重要作用就是向工党中的左翼施加积极影响。

历史上，我们也可以看到，工党强大的时候英国共产党也强大了，所以共产党和工党并不是相互竞争的关系，当然两党关系中也曾经出现过一些龃龉，我在这里不想谈这些。我们有一份报纸叫作《晨星报》，很多工党党员和工会成员也非常支持我们的报纸，每天都读。工党领袖科尔宾是有左翼倾向的，但一些托洛茨基派说他是社会主义的叛徒，不要在他身上浪费时间，认为我们英国共产党是改良主义者。

我们英国共产党和英国其他的共产主义政党尽管政策上有差别，但是我们也和他们在一些重要议题上进行合作。如果将我们自己的事业孤立起来，就没法推动整个英国社会主义的发展。我们并不认为英国工党将在英国建立一个社会主义政府和国家，但是我们认为，在英国实现社会主义革命的道路，重要的一项内容就是有一个左翼政党执政，这将是一个包括共产党在内的政党联盟，也就是要建立一个更广泛的同盟、更广泛的统一战线，来推动我们的社会主义事业。所以所有真正的英国左翼都应该并且能够加入我们，这就是我们英国共产党所提出的实现社会主义的道路。

分组会议二

加拿大共产党领袖
伊丽莎白·罗利的发言

非常感谢中国共产党邀请加拿大共产党参会。弗里德里希·恩格斯在马克思的葬礼上说，他的英明与事业将永垂不朽。的确如此，而且在未来也将如此，他是科学社会主义之父。卡尔·马克思在人类历史中的重大地位源自于他对科学社会主义的贡献，包括对工人阶级运动的贡献，他创立了共产主义者同盟，稍后又创立了国际工人协会（第一国际）。

正如恩格斯所说，"正像达尔文发现有机界的发展规律一样，马克思发现了人类历史的发展规律"。这就是一个简单的事实。"人们首先必须吃、喝、住、穿，然后才能从事政治、科学、艺术、宗教等等；所以，直接的物质的生活资料的生产，从而一个民族或一个时代的一定的经济发展阶段，便构成基础，人们的国家设施、法的观点、艺术以至宗教观念，就是从这个基础上发展起来的，因而，也必须由这个基础来解释，而不是像过去那样做得相反"。恩格斯接着说，"不仅如此。马克思还发现了现代资本主义生产方式和它所产生的资产阶级社会的特殊的运动规律。由于剩余价值的发现，这里就豁然开朗了，而先前无论资产

加拿大共产党领袖伊丽莎白·罗利在专题研讨会分组会议二发言

阶级经济学家或者社会主义批评家所做的一切研究都只是在黑暗中摸索。""他作为科学家就是这样。但是这在他身上远不是主要的。在马克思看来，科学是一种在历史上起推动作用的、革命的力量。""马克思首先是一个革命家。他毕生的真正使命，就是以这种或那种方式参加推翻资本主义社会及其所建立的国家设施的事业，参加现代无产阶级的解放事业，正是他第一次使现代无产阶级意识到自身的地位和需要，意识到自身解放的条件。斗争是他的生命要素。很少有人像他那样满腔热情、坚韧不拔和卓有成效地进行斗争。"这是恩格斯所说的。

卡尔·马克思提出一个观点，哲学家们只是用不同的方式来解释世界，而问题在于改变世界。这是广泛得到认可的，被视为是一种行动的号召，呼吁将革命的理论与实践结合起来。马克思在 1843 年开始撰写理论著作，之后的 40 年一直在写作，他的著作《共产党宣言》和《资本论》

迄今仍然是最具有影响力的关于资本主义和社会主义的理论，而且继续影响全世界。《马克思恩格斯全集》50 卷正继续给那些争取经济和社会变革的工人阶级与劳动人民带来启示和鼓舞。马克思的理论深刻地影响了 19 和 20 世纪的世界，终结了殖民主义，催生了包括苏联、中国、古巴、越南、老挝在内的第一批社会主义国家以及欧洲的社会主义体制。

在 1989—1993 年期间，社会主义遭受的巨大挫折表明，通向社会主义的道路并非是一条直线，这也是列宁说过的，而资产阶级斗争是国际化的，反复和进步是斗争必不可少的组成部分。这种反复在历史上是暂时的，它就像艰难的分娩一样，注定会孕育出一个新的社会主义社会。正如《共产党宣言》中所说的："代替那存在着阶级和阶级对立的资产阶级旧社会的，将是这样一个联合体，在那里，每个人的自由发展是一切人的自由发展的条件。"马克思主义的理论是富有预见性的，在已经进入 21 世纪的今天，马克思主义的理论领导着新一轮社会主义革命。因为资本主义内部存在无法调和的矛盾和危机，寄生性的资本主义本身其实也孕育着社会主义因素，现在越来越依赖于通过武力来维持其统治，而它在根本上具有剥削性、反动性和好战性。

谢谢各位同志。

埃及阿拉伯民主纳赛尔主义党主席
赛义德·阿卜杜勒加尼的发言

首先我要向中国共产党表示感谢，特别是要向中联部表示感谢，感谢你们组织这样一次重要的会议，感谢中方对我们的热情接待，非常高兴能够有机会与中国共产党的同志们共同纪念马克思诞辰 200 周年。同时，今年也恰逢中国改革开放 40 周年，中国特色社会主义进入了新时代，我们觉得中国发展走的是具有自身特色的一条道路，也适应着中国新时代的要求。21 世纪，着眼于中国社会主要矛盾的变化，中国的改革开放政策使中国社会发生了翻天覆地的变化，无论从人的思想上，还是从社会面貌上，中国都取得了长足的进展。

中国现在已经发展成世界第二大经济体，所有的成就，都是在独立自主、自力更生的条件下取得的。而且，中国一直以来都在联合国等国际场合仗义执言，反对任何外部势力的讹诈。

中国改革开放政策除了为中国实现经济发展和振兴之外，还致力于实现世界各国的共同发展，中国国内在扶贫减贫方面取得了巨大的成就，人均 GDP 已经接近 9000 美元，中国人民在中国共产党的领导下，生活水平得到了极大提高。特别在习近平总书记的英明、睿智领导下，中国特色社会主义也取得了新的进展，中国实现了质的飞跃，包括经济、科技等各个方面，中国的外汇储备雄厚，还致力于地方社会的治理，取得了非常好的成果。中国近期修改了宪法，坚定不移地推进反腐倡廉工作，打击各个领域腐败现象。中国领导人在这方面向世界提供了成功的经验。

中国现在正致力于建设一个多极化的全新世界秩序，我们党为中国所取得的成就感到骄傲，因为我们在历史上也曾在纳赛尔总统的领导下实行过社会主义，当然这也是有埃及特色的社会主义。当时埃及实现了飞速发展，年均经济增长速度达到了 7%。当时我们的国家资本和实力都得到了极大的提升，但是战争、殖民主义以及犹太复国主义者对阿拉伯领土的占领等，又破坏了埃及取得的这些成就。

我谨代表埃及人民和我们党，向中国共产党表示感谢，感谢中国一直以来支持阿拉伯人民的正义事业，期待着在习近平总书记的领导下，中国能够在中东事务中发挥更大的作用。正如他所说，现在世界已经成为一个地球村，我们所有国家应该共同努力，共同建设我们的地球家园。

我们可以看到，巴勒斯坦人现在每天都在被屠杀，很多难民无法回归自己的家园。现在他们正在从事着英勇的抵抗斗争，阿拉伯国家也在勇敢地面对着敌人的坦克、飞机，我们要实现我们自己的权利，我们的难民要求回归。中国具有悠久历史和灿烂文化，也有着巨大的作用，希望中国能够在这方面发挥积极作用，共同实现社会公平和世界的平等正义。

谢谢大家。

埃及社会主义党总书记
艾哈迈德·沙班的发言

首先感谢中国共产党组织这次会议，并邀请我们出席，共同纪念马克思诞辰 200 周年。借此机会，我想和大家分享几个观点，特别是对马克思主义中国化的一些认识。关于马克思主义中国化这一表述，是英明的中国领导人所作出的一个重要论断和重要尝试。马克思主义中国化进程也一直在践行马克思主义的基本原理，以此来应对内外挑战。

中国共产党和国家所取得的发展成就，对于我们来说具有重要的借鉴意义。这些也都是对马克思主义基本原理和观点的重要发展，并与中国的实际国情相结合。因此，我们认为，马克思主义不是僵化的，而是不断发展中的活的思想，发展马克思主义要根据每个民族不同的实际来进行。在中国共产党和习近平总书记的领导下，中国特色社会主义取得了巨大的成就与发展。这些成就不仅能够在中国实现，也可以在其他的国家进行尝试和发展，只要我们坚持将马克思主义与本国实际相结合，就可以找到一条符合自己国情的道路来实现发展。

埃及社会主义党也将不断践行并发展马克思主义，并将此与埃及国情相结合。有些人说，马克思主义在当今社会已经不再适用了，我认为不是这样的，这是资本主义对马克思主义的一种误读。马克思主义在当今时代依然将发挥重要作用，埃及的社会主义者也从中国的实践中受益匪浅。因此，我们希望可以借鉴中国经验，将埃及建成一个富强、民主的国家，为数百万埃及民众创造更多的就业机会，不断提升埃及人民的生活水平。谢谢大家。

巴勒斯坦民主联盟总书记
扎希拉·卡迈勒的发言

各位同志，在马克思诞辰 200 周年来临之际，我们今天在此集会，共同纪念这一重要时刻，意义十分重大。2008 年，西方资本主义国家爆发了金融危机，使社会主义面临着新的发展机遇。在全球化时代，西方资本主义的内在矛盾逐渐显现，消费不断下降，债务持续上升，失业人口日益增长，绝大多数资源掌握在极少数人的手中，工人阶级面临的困难和问题越来越多，这些现象都是需要纠正的。世界各国都在致力于实现发展与进步，但是世界范围的战争、政变层出不穷，各种问题接连上演。第三世界国家人民无法获得发展的权利。中国特色社会主义在这里向我们树立了一个很好的样板，因为在中国看来，马克思主义是一个与时俱进、可以不断革新、具有生命力的理论。应该在兼顾本国国情和具体历史特点的基础上，不断地推动马克思主义的中国化和时代化，实现社会主义的公平、正义，维护人类的共同利益，更好地应对西方大国，特别是帝国主义国家。

世界单极化时代应该终结，应该逐步地推动世界走向多极化。中国与第三世界国家的关系非常好，因为中国致力于实现世界的共同发展和繁荣。过去 40 年，中国改革开放政策取得了巨大成就，国家面貌发生了翻天覆地的发展变化，中国特色社会主义也进入了新时代。中共提出了"五位一体"总体布局，重视思想建设，这是至关重要的。"四个全面"战略布局也是中共一个非常具有创新性的、正确的理论。

同志们，我们巴勒斯坦民主联盟也致力于推动社会主义在巴勒斯坦的发展，维护民众利益，实现公平、正义。我们希望能够依靠巴勒斯坦自身的努力推动发展，也希望世界各国人民支持巴勒斯坦人民为抵抗外来侵略而进行的正义斗争。我们认为，发展与世界各国共产党和民主爱国力量的关系至关重要，因为我们有着共同的意识形态，应该共同努力来维护世界和平，支持巴勒斯坦人民通过斗争恢复合法权益，推动巴勒斯坦实现社会进步和经济发展。

中国一直奉行独立自主的和平外交政策，以自己的方式不断为世界发展与公平正义作出贡献，也在利用中国的国际地位和影响力，帮助世界各国实现共同发展，这就是中国特色社会主义的优势所在。希望未来中国能够在帮助第三世界国家发展方面发挥更大的作用。感谢中方向我们发出的盛情邀请，谢谢大家。

突尼斯争取发展联盟主席
法特希·沙姆希的发言

各国亲爱的同志，大家下午好！我们现在已经进入 21 世纪了，在

部分与会代表考察深圳光峰光电技术有限公司

新时代我们更加需要马克思主义。我们知道，马克思主义在世界范围产生了巨大的影响，特别是在 20 世纪，包括各国的民族解放斗争，工人阶级所进行的革命等等，所以马克思主义已经成为世界很多国家人民、政党和解放运动的指导思想。而且马克思主义也是人类文明发展进步的一个全新主角，它致力于建设一个社会主义世界。最近几十年来，资本主义国家在世界范围制造冲突，掠夺各国资源，破坏各国环境，但是与之相对应的是，中国共产党给我们树立了一个榜样，它在扶贫减贫方面作出了巨大的努力，推动自身实现了经济长足增长，成为世界第二大经济体。所以我们要感谢中国共产党，向我们提供了如此宝贵的经验。

因为中国正确理解了马克思主义的实质、内涵，用中国人的思想和方式推动了马克思主义的中国化。在马克思主义的指导下，中国不断地取得发展、进步，在世界范围发挥越来越大的作用。中国不断地实现着现代化。特别是中共十九大表明，中国的改革开放政策永远不会停止，正如中共中央总书记习近平多次强调的那样。

同志们，马克思主义在新时代可以继续发挥重要作用，推动人类社会发展，但首先，马克思主义理论应该保持强大的生命力和活力，要适应当今时代的特点和新的发展，在这方面我们要学习中国共产党的经验，当然也应该总结自己犯过的错误，推动世界各国人民团结起来，共同应对挑战，维护世界和平。

最后，我要向中国共产党的同志表示感谢，感谢你们为我们创造了一个相互交流和学习的平台，谢谢大家。

突尼斯左翼工人联盟党总协调人
尼扎尔·阿玛米的发言

首先我向中国共产党的同志们表示感谢，感谢你们邀请我们突尼斯左翼工人联盟党出席会议。

各位同志，马克思是一位伟大的思想家和革命家，他为推动世界各国革命力量的发展，结束资产阶级对世界的掌控作出了巨大贡献。马克思主义革命理论在很多国家都取得了成功，包括俄国十月革命，包括在毛泽东同志领导的中国革命。马克思主义在当代具有更加强大的生命力。

我们突尼斯左翼工人联盟也致力于推动社会主义的萌芽和发展，马克思是马克思主义理论的创始人，在这一理论的指导下，中国共产党领导中国实现了巨大的发展和进步。当然，西方资产阶级对马克思也有这样那样的指责和批评，但他的思想却铭记史册。

当今世界，我们看到西方帝国主义国家希望在世界推行霸权，特别是新自由主义者们，他们希望控制世界的资源，也包括对我们阿拉伯国家进行殖民占领，特别是在巴勒斯坦。近 7 年以来，突尼斯经历了革命，资产阶级政权被推翻，国际货币基金组织、世界银行等都已进来。但是在资本主义全球化时代，突尼斯仍然没能够实现稳定，没能够实现发展，我们需要一个强大的理论武器和思想武器，我想这就是马克思主义。

马克思主义是一种坚定的信仰，因为这是对资本主义制度的一场革命，当然每一场革命都有其自身的特点，应该符合自身社会的特点和本国的具体国情，马克思主义也是一种辩证法，它科学地解释了生产关系和生产力之间的关系。中国改革开放就证明了马克思主义的正确性和生命力。

我们认为中国的经济政策是安全且正确的，中国过去 40 年间确实取得了巨大成功，成为世界第二大经济体，中国共产党的同志们努力建设中国特色社会主义，建设一个强大的共产党，这是中国实现巨大发展变化的根本保证。当然，这些经验都是在中国自身特点和具体国情的基础之上取得的，我们希望学习中国，实现本国独立自主的发展，也祝愿中国人民能够取得更大的发展和进步，谢谢大家。

阿拉伯左翼论坛协调员、突尼斯民主爱国人士统一党副总书记穆罕默德·吉穆尔的发言

中国共产党各位亲爱的同志们，首先向大家致以问候，各位阿拉伯左翼论坛政党领导人，同志们，大家好！非常高兴能够出席纪念马克思诞辰 200 周年研讨会，马克思主义是一个至关重要的思想武器，也是一

个被实践证明正确、具有生命力的科学理论。马克思主义是这个时代，尤其是 20 世纪最重要的一项创造。同时，马克思主义是为结束帝国主义和资产阶级对世界控制而不懈斗争的一种理论。

20 世纪，我们看到了社会主义在苏联和东欧的胜利以及之后中国、越南等国的革命。21 世纪，马克思主义又重新焕发了生机和活力，可以说马克思主义仍然具有强大的生命力。

我们阿拉伯国家的共产党、工人党和左翼政党，坚持马克思主义的历史唯物主义和辩证唯物主义观点，共同抵抗阿拉伯国家所面临的反动势力，避免外部特别是帝国主义国家对我们这个地区的控制和霸权介入。当然，我们也反对任何对马克思列宁主义的歪曲和无理攻击，所以我非常高兴能够与大家就这个思想理论进行探讨。

我们要共同避免我们的人民遭到剥削和压迫，我们的斗争会持续下去，我相信所有人最终都会发现马克思主义是真理。我们党也是坚守马克思主义的理论，反对帝国主义和反动主义的歪曲，我们支持人民所开展的抗争活动，要加强人民的团结，维护人民的利益，而不是忙于内部斗争，包括种族斗争和教派斗争。

马克思主义的唯物史观和政治经济学理论也至关重要，值得我们进行深入研究，我觉得这些理论在 21 世纪对我们这些国家仍然具有非常重要的指导意义，特别在我们这些曾经遭受过殖民侵略的国家，更应该为社会主义而奋斗，也应该树立一个长远的发展目标。历史上，阿拉伯国家人民为了抗争自己悲惨的现实，发动过多次起义，目的是为了实现社会公平正义，改善民生。我们这些政党就是在这样的斗争背景下成立的。

同志们，我们突尼斯民主爱国人士统一党愿意同世界各国的马克思主义和共产主义政党以及左翼力量加强对话，共同推动世界的发展、繁荣。在这方面我们应该共同学习、借鉴中国共产党所积累的成功经验，深入研究中国特色社会主义的巨大成就，特别是改革开放政策带来的巨大发展。

谢谢大家。

澳大利亚共产党副主席
大卫·保罗·马特斯的发言

首先要感谢中国共产党邀请我们参加这次研讨会，我代表澳共中央在这里向中国共产党和中国人民致敬，你们为人类作出了巨大的贡献。

卡尔·马克思是人类思想的巨人，他发现，所有的历史都是阶级斗争史，我们现在已经到达了这样一个阶段，要结束这种斗争，就必须实现全人类的解放。无产阶级在资本主义体制下沦为劳动力这一特殊商品的出卖者，但是当他们作为一个觉悟了的阶级行动起来，进行斗争的时候，就能够推动社会实现实质性的转变，建立社会主义社会，最后演变为共产主义社会。工人阶级是财富的创造者，但是却被自己所创造的财富所异化和压迫，他们被迫反抗，首先是保护自己，其次是保护人类不被这种掠夺性和破坏性的制度所摧毁。

这种转变只有通过革命，并且在工人阶级建立自己政党的条件下才能够实现，共产党在这个斗争中一贯是最坚定的。马克思号召工人阶级在这一斗争中要团结起来，组成团结的核心，这是我们评价自身力量的标准。机会主义、宗派主义和帮派政治会削弱我们的斗争，分裂我们的阶级。共产党的立场是除了本阶级利益以外，没有自己特殊的利益。热爱人民、服务人民是我们作为共产主义者和马克思主义者实现人民解放的必然要求。

习近平新时代中国特色社会主义思想加强了马克思主义作为一种科学的核心作用，将指导中国人民实现共同解放。它能够让中国人民了解马克思主义以及后续的理论家发现的理论，用来解释并应用于当今现实之中，来改造世界，改善人民生活。

社会主义的新变化需要我们与帝国主义进行开放的交流，这就需要我们允许"笼子里的野兽"继续生存下去，同时由无产阶级对资本进行主导和控制。只有中国共产党才能够这么做，只有在他们执政期间才能实现这种状况。苏联解体表明，一旦国家放松对资本的控制，共产党内部团结遭到破坏，就可能会带来资本主义复辟，人民再次被奴役，他们积累的财富被掠夺。

周期性危机、国家间掠夺性的战争、劳动力后备军的存在、文化与物质贫困、环境和社会破坏，是资本主义统治的特点。解决这些问题，马克思预言工人阶级需要为争取政权进行长期的斗争。中国在这一斗争中走在前列，提出了"一带一路"倡议，推动互利共赢的贸易，通过建

专题研讨会分组会议二现场

设中国特色社会主义与帝国主义进行斗争。帝国主义者希望看到中国人民再次受到凌辱，但这种希望已经破灭了，因为中国共产党以发展中的马克思主义为指导。

列宁是马克思最伟大的学生之一，他在 20 世纪推动发展了马克思主义，预言民主革命将与社会主义革命相结合。列宁的理论也在中国革命中得到验证，中国得到解放，并推动了社会主义革命，源于中国共产党的领导。

社会主义在东欧和苏联的挫折导致了旧体制的复辟，引发了在非洲和亚洲的新殖民主义战争，在资本主义世界中也出现了对工人阶级的攻击。但中国特色社会主义能够战胜新殖民主义，并且创造新的发展道路，谢谢大家。

埃及民族进步统一集团党主席助理穆罕默德·法拉杰的发言

首先我要感谢中国共产党举行此次重要的研讨会，也感谢你们向我们党发出的盛情邀请，能够同大家共同纪念马克思诞辰 200 周年。我认为中国特色社会主义以及习近平新时代中国特色社会主义思想是一种现实的思想理论，它证明了马克思主义在 21 世纪的生机和活力，表明马克思主义可以不断实现自我革新、与时俱进。

今天我们要谈的是 21 世纪的马克思主义。马克思作为马克思主义理论的创始人和奠基人，为世界作出了巨大贡献。社会主义理论从产生到发展经历了多次转变，直至科学社会主义的诞生。当然，马克思主义是在帝国主义时代到来前诞生的，他主张进行社会主义革命，建设社会主义国家。

20 世纪，从十月革命到 20 世纪中叶，特别是在两次世界大战期间以及之后的冷战时期，马克思主义的影响不断上升，但也经历过一些起伏，这是值得深入研究的。

21 世纪的马克思主义是科学的马克思主义，也可以说是全球化时代的马克思主义，资本主义社会本质上仍然是那个样子，全球化不断地走向深入。但是时代也在经历着新的变化，包括科技革命、信息革命，世界正在进行重组，变得相互依存，成为一个地球村。在这一条件下，我们认为马克思主义应该与时俱进，实现新的发展。当然不是说要替代马克思主义，而是与时俱进，如恩格斯所说，随着时代的发展不断前进，兼顾新时代的新特点。世界社会主义运动的中心也在不断地转移，19 世纪，社会主义的中心在欧洲，20 世纪转移到了苏联，我认为，现在马克思主义的发展以及世界社会主义运动的中心转移到了中国。所以我们对中国共产党及其领导人寄予厚望，我们认为中国将会领导世界社会主义运动，我们坚信中国特色社会主义在新时代一定会取得成功，能够领导中国实现新的发展，也领导马克思主义实现新的发展。

谢谢大家。

北京大学马克思主义学院研究员
陈培永的发言

从 19 世纪的马克思主义、20 世纪的马克思主义，到 21 世纪的马克思主义，我们都必须牢记马克思主义主要的对手是什么。马克思主义一直思考的核心问题就是人类社会发展到资本逻辑主导的历史阶段，我们该何去何从。

这个其实是我们在思考 21 世纪马克思主义的一个主线索，一个前提。而现在我们为什么还在马克思主义所指明的历史时代，是因为今天我们看到资本试图渗透到所有的角落，所有国家的历史阶段。在很多民主国家的各个空间领域，资本一直通过市场化、自由化渗透到角角落落，最终实现很多国家所达到的一个目标，就是资本成功地进入权力，主宰政治。而且从空间上我们也发现，资本全球化的过程实际上不断地输入阶级矛盾，也不断输入生态矛盾。经济发展实际上是阶级矛盾转化和生态矛盾转化的过程。

面对这么一个全球化，面对这么一个资本试图主宰政治、操控权力的大的历史阶段，我觉得当代中国马克思主义或者 21 世纪的中国马克思主义恰恰提供了一个方案，就是依靠公权力作为规制私资本的一种力量。如果说马克思所设想的是一个资本扩张到所有领域，我们没有办法去规制的那种情况，我觉得中国共产党恰恰是通过全面从严治党和零容忍反腐，使得公权力去制约私资本，让资本更好服务于人类社会。而人类命运共同体恰恰是中国共产党提供的世界方案，就是为人类社会走出资本逻辑主导的历史阶段，提供一个完美的设想和构想，这个设想和构想需要我们继续努力，把它从理论变成现实。谢谢。

山东大学马克思主义学院院长
王韶兴的发言

刚才 10 位嘉宾的发言，我觉得主要内容集中在以下几个方面。第一个方面，高度评价了马克思的重大贡献，马克思主义的重大影响，发言者认为马克思的人格魅力至今在影响我们，马克思仍然是我们认识世界和改造世界的有力武器。

第二个方面，关于马克思主义与中国经济社会发展，马克思主义中国化的问题。发言者认为，围绕着马克思主义与中国的核心问题，中国共产党说了近百年，干了近百年。百年以来，中国共产党以社会主义为方向，以马克思主义为指导，开展了广泛的历史探索，取得了巨大的历史成就，实现了深刻的历史性变革，积累了丰富的历史性经验，从而迎来了中国特色社会主义发展的新时代。

第三个方面，关于把马克思主义的基本原理与本国的实际情况相结合的问题，发言者认为，马克思主义的基本原理没有过时，问题在于怎样把它同本国的实际有效结合，找到一条符合本国实际，能够体现最大多数人利益的发展道路。

第四个方面，关于马克思主义价值的核心要义问题，提出了私资本与公权力的关系这一个深刻的理论问题和现实问题。

总的来说，10 位嘉宾的发言，坚持马克思主义的立场、观点和方法，把社会主义发展放在人类社会发展的历史过程当中，放在生产力不断增长的历史过程当中，放在人类社会共同文明要素不断增长的过程当中，来加以认识，给与会者留下深刻的印象，这些理论和观点将对世界上那些站在全人类的立场上，致力于人的全面发展的人民产生重要的影响。

巴勒斯坦解放巴勒斯坦民主阵线副总书记
盖斯·海德尔的发言

首先我向中共领导人表示感谢，感谢你们邀请我们出席纪念马克思诞辰 200 周年这次非常有意义的研讨会。

在这里，可以看到我们的未来充满希望，社会主义的未来也充满希望，中国取得的成就给我们鼓了劲，所以说马克思主义在 21 世纪仍然具有强大的生机与活力，如果不信这句话，你自己可以到中国来看一看。

中国取得了巨大的成功，实现了民族振兴，而其他国家，其中也包括我们阿拉伯国家，却在不断地走向落后和贫穷。中国所取得的成功以及马克思主义在中国的发展都是在中国共产党的领导之下取得的。中国共产党成立于 1921 年，已经有 90 多年的光辉历史。在这个时代我们这些落后的国家只有迎头赶上，加倍努力才可以，我们要勇于开展民主革命，也要勇于选择社会主义道路，这就是中国共产党向我们世界各国所提供的宝贵经验。

社会主义建设应该有不同的机制和特点，当然也有需要坚持的原则。我们可以看到，资本主义在不同的历史时期取得了巨大的发展，但是资本主义内部存在着不可调和的矛盾，资本主义向社会主义过渡是必由之路，我们要善加利用这些资本主义内部的矛盾。在这个方面，国家应该发挥作用，更好地领导、指导工人阶级的斗争。

中国的改革开放政策取得了巨大的成功，可以说向世界提供了中国方案，改革开放取得的成就已经证明了马克思主义在 21 世纪仍然可以发挥巨大的指导作用，中国现在已经成为世界上最大的经济体之一，中国人民的生活水平也得到了大幅提升。

我们看到，当今世界正处在一个全新的时代，中国也走在一个全新的十字路口，正如习近平所说，中国特色社会主义已经进入新时代，在这个新时代中国将发挥重要作用，与世界各国携手建设人类命运共同体和美好世界。所有这些国家应该携起手来，共同应对美国特朗普政府所奉行的消极政策。我们欢迎中国发挥的这种作用，也希望中国能够发挥更大的作用。我们希望中国能够积极地参与到中东地区事务中来，支持我们巴勒斯坦人民的正义斗争，支持我们恢复民族合法权利。谢谢大家。

毛里塔尼亚进步力量联盟副主席
卡利卢·代德的发言

首先我要向中国共产党表示感谢，感谢中国共产党为成功举办这次会议付出了巨大努力。我也想向各位同志表示祝贺，这份祝贺来自于整个阿拉伯世界。

关于马克思主义思想，它最重要的地方在哪里呢？正如其他同志所说，这一思想理论形成了工人阶级实现自身解放和社会发展的思想基础，同时它主张以和平方式来实现国家发展，是所有剥削阶级思想的替代思想，能够指引人民实现自由和发展。这一思想还发挥了重要的作用，引领世界范围内的工人运动，特别是第三世界人民的运动。

不仅如此，这一思想所取得的成果是显著的，而伴随着世界局势的发展，这一思想也在不断发展，特别是中国实践中将自身国情与这一思想结合，取得了巨大的发展。

有人说社会主义在当今社会已经终结，但事实上社会主义才是向社会提供财富、富裕和福祉的有力武器。所以这些思想和实践，例如中国的实践向我们展示了如何进一步发展和推动马克思主义。中国的实践，特别是进一步改革开放吸引了更多外资，可以促进中国的进一步发展，而这些发展最终都将使人民受益，为人民带来福祉。

最后我想强调的是，必须重新审视马克思主义思想以及它在不同国家的实践。随着苏联的解体，我们要去思考这一思想如何更加有效地在不同的社会得以实现。今天，我们要再次推广这种思想以应对帝国主义全球化。如果可以更加清晰地认识这种思想，必将会为社会带来更好的发展，谢谢。

黎巴嫩共产党政治局委员
卡迈勒·哈姆丹的发言

我代表黎巴嫩共产党向中国共产党的领导人表示感谢，感谢你们举行此次重要的研讨会，共同纪念马克思诞辰 200 周年。

我想谈一谈全球化时代的资本主义以及中国特色社会主义。首先谈一谈市场与国家之间的关系。可以看到资本主义已经实现了长足的发展，而且世界各国的市场经济都得到了重整，很多国家实行了自由市场经济。经历了几十年的发展之后，特别是在"华盛顿共识"理念的指引下，世界各国资本主义实现了一些发展，但是它却没能够正确地处理好市场与国家之间的关系，最终导致了 2008 年全球金融危机的爆发。

中国创造性地提出了社会主义市场经济理论，正确地处理了市场与国家之间的关系。在此之后，在中国共产党的领导下，中国的各项发展指标，包括经济增长速度、人们受教育的程度以及贫困人口的数量等这些指标，都实现了最大程度的改善。中国社会各阶层也已经实现了融合发展，中国还极大地推动了科技进步。

当然，科技往往是服务于这些大资本家的，是服务于这些大的企业的，可以看看世界上那些石油企业、跨国公司，他们控制着世界上的资源。这就表明它与发展之间存在着内在的矛盾，特别是对于我们这些国家，贫富差距越来越大，在国际竞争中处于完全的劣势地位。所以我们希望能够更好地学习借鉴中国取得的经验，推动我们国家的经济像中国一样取得发展。

另外一点是关于社会福利。资本主义只是要实现人的自由，而不关注人的福利和全面发展。早在十月革命爆发时，资本主义就已经积累了大量的问题和矛盾，但资本主义的存在和资本的积累在现阶段是必要的，左翼力量和共产党应该发挥作用，不断扩大社会保障的覆盖范围，为人民谋取更多福祉，同时也要对国家的经济增长制定目标。当然，各国人民，尤其是工人阶级，如果他们未来的工资收入水平能够得到提升，那么以适当的方式得到或者享受金融贷款服务，对于促进国家经济发展也具有重要的正面意义。所以提升社会的福利水平，也是我们应该积极考虑的一个问题。在中国，我们看到 GDP 在快速增长，同时中共还提出高质量发展，这与我们这些国家正好相反。我们现在需要做的是重建，要创造更多的就业机会，像中国一样进入新时代，希望能够学习借鉴中国的这种经验。

谢谢大家。

约旦共产党政治局委员
阿卡杜拉·萨利姆的发言

尊敬的各位同志，首先感谢中国共产党在马克思诞辰 200 周年之际举办这次研讨会，围绕习近平新时代中国特色社会主义思想与 21 世纪

专题研讨会分组会议二全体代表合影

马克思主义进行研讨。

今天所有同志的发言，我都表示支持和同意。中国是最重要的发展中国家，领导着世界经济的发展，当前资本主义国家依然没有走出2008 年经济危机的阴影，而中国对所有不同的思潮都给予了关注。一方面，中国是美国最重要的经济对手；另一方面，中国是俄罗斯重要的伙伴。中国经验也为世界经济发展树立了榜样，向其他国家表明，在当今世界，如何将自身发展置于时代前进之中，同时克服资本主义国家经济危机中所遇到的困难。

实施经济体制改革是中国改革开放中做出的最大转变，同时也是取得的最大成就。改革首先在农村推动，之后在城市铺开，继而在中共十四大上作出建立社会主义市场经济体制的重要决定。当然，中国共产党、国家和人民在改革的不同阶段也面临着不同的困难和挑战，但是中国共产党和国家带领人民成功战胜了这些，并加入不同的国际组织，显著提高了中国的国际影响力。至此，中国成为世界第二大经济体。尽管目前中国的经济总量依然小于美国，但已经是美国重要的经济对手。

中国在减贫领域也作出了重要的贡献，中国将在未来 3 年全部消除贫困人口，这是习近平总书记在十九大上所做出的重大承诺。所以，我们认为中国的经验对于世界，特别是阿拉伯世界来说具有引领意义。它向我们展示了所有发展中国家都有可能取得像中国这样的伟大成就，而中国的经济成就也是世界经济继续向前发展的重要保障。

我们在中国各个方面的成就中，看到了中华民族正在复兴与发展。中共十九大于 2017 年 10 月份胜利召开，作出了夺取新时代中国特色社会主义伟大胜利的重要论断，这是中共今后继续奋斗的目标。

叙利亚统一叙利亚共产党政治局秘书处成员
福阿德·哈里里·拉哈姆的发言

各位亲爱的同志，我要代表统一叙利亚共产党政治局向中国共产党的同志们表示感谢，感谢你们邀请我们出席此次重要的专题研讨会，共同纪念马克思诞辰 200 周年。

早在 20 世纪初，马克思主义就对世界各国产生了巨大的指导意义，马克思主义是指导各国人民开展斗争的与时俱进的理论，而不是一种僵化的教条，它揭示了人类社会必然由资本主义向社会主义过渡这一发展规律。当然，各国要根据自身的国情、特点，以不同的方式实现这一发展进程。马克思主义在新时代实现了新的发展，这也具有重大的意义。

而且实践已经证明，马克思主义是完全正确的，是具有生机和活力的。我们可以看到，近年来，中国在马克思主义指导下取得的巨大发展成就，中国已经成为世界第二大经济体。这一成就没有人能够否定，中国的成就建立在深入理解马克思主义基本原理的基础上，同时兼顾中国的具体国情，而苏联和东欧国家却因为没有正确地理解马克思主义而最终崩溃。

我认为，世界各国的共产党和左翼政党，特别是阿拉伯左翼力量都赞成中国共产党的经验是值得借鉴的，并将指导我们的国家实现经济社会发展。值得指出的是，我们不能僵化地借鉴马克思主义，而要根据我们这些国家各自的国情特点，灵活地加以应用，正如中国所做的这样。

近年来，中国为世界各国，特别是阿拉伯国家的左翼和进步力量树立了典范，中国的综合国力和人民的生活水平都得到了巨大的提升，作为发展中国家，我们都希望能够在如此困难的局面下，学习借鉴中国取得的经验，以消除我们所面临的不公正待遇，推动经济、社会实现新的发展，避免我们的国家遭受资本主义国家所发生的危机。

我来自叙利亚，由于战争，我们国家的基础设施等各个方面都遭到了极大的破坏，国内难民流离失所的现象非常突出，重建对我们来说是当前工作的重中之重。在这方面，我们还有很长的路要走，付出的代价也是非常大的。

当然，一旦我们国内各派别以及国内与国际达成共识之后，我们一定会实现我们的既定目标。叙利亚现在面临一个非常好的机遇来推动国内发展，这需要我们同世界各国政府和私人部门进行合作，包括中方。希望中国在叙利亚问题上继续发挥重要的作用。

最后，希望同志们通过讨论和访问，可以真正地交流思想、碰撞火花，形成更多的共识。谢谢大家。

摩洛哥人民力量社会主义联盟政治局委员 马什吉·卡尔克里的发言

首先我要向中国共产党的同志们表达感谢，感谢你们给我这个机会在此次研讨会上发言。

我们支持所有的国家，特别是我们的阿拉伯兄弟借鉴马克思主义思想方法实现本国解放和发展，同时摩洛哥也非常重视中国的实践和经验。中共十九大上，中国提出要从政治、经济、文化、社会和生态 5 个领域实现全面发展，全面建成小康社会，这些都是建立在深入理解马克思主义的基础之上的，也是对马克思主义的不断深化。马克思主义是一个发展中的思想，是一个不断追求自由和发展的思想，同时也不断追求实现可持续发展，消除贫困，实现人与自然的和谐发展，实现经济发展与生态保护之间的平衡。为此，我们愿与全世界其他地区的人民进行合作，共同奋斗。

中国有能力实现更大的发展与成就，目前中国已经是世界上最成功的一个发展典范，将引领世界经济与商业发展，同时也是支持世界公平与正义事业的一支重要的力量，中国提出"一带一路"倡议就是证明。摩洛哥与中国之间也有着重要的历史关系，我们愿从中国的发展中汲取经验。我们认为中国是不搞霸权主义的，是不搞殖民侵略的。希望在座的各位可以对巴勒斯坦人民给予更多的关注，并向他们提供人道主义援助，使他们得到自由与发展。

摩洛哥进步与社会主义党中央委员
本·萨迪格的发言

在中共十九大胜利闭幕不久，我们共同纪念马克思诞辰 200 周年，研讨习近平新时代中国特色社会主义思想与 21 世纪马克思主义，具有特别重要的意义。

我们摩洛哥进步与社会主义党成立 75 年了，我党也致力于在摩洛哥推动社会主义的萌芽和发展，高度赞赏中国共产党的成功经验以及领导中国人民所取得的巨大成就，中国特色社会主义已经进入新时代，我们对此表示祝贺。

我党领导人曾多次访问中国，中国共产党的各个代表团也曾经到访摩洛哥，并出席我党举行的会议。我们高度赞赏习近平新时代中国特色社会主义思想，他是中共中央总书记、中国国家主席，是中国伟大的领导人，他极具创造性地把理论与实践相结合，领导中国持续地推进改革开放，满足人民对美好生活的向往。

同时，深圳这座城市也是一座领先的城市。我党也高度重视地方城市的发展以及科技进步，我们关注摩洛哥人民福祉的提升，也关注未来人民权利的实现，我们要学习深圳这种奋斗精神和发展速度。同时，我们党也非常重视意识形态建设，提出了自己的理论纲领和指导思想，以马克思主义特别是辩证唯物主义为基础，根据摩洛哥国情特点进行与时俱进的理论创新。

马克思主义不是僵化的，而是一个不断向前发展、自我完善的理论。习近平总书记近日在北京举行的纪念马克思诞辰 200 周年大会上，提出马克思主义是一个与时俱进的思想武器。社会主义有一些尝试或者努力遭遇了失败，我们应该从中吸取教训，更好地建设社会主义。在这方面我们赞赏中国特色社会主义所取得的成就，也希望更好学习你们的宝贵经验。习近平新时代中国特色社会主义思想旨在推动人类社会的共同发展和共同进步，我们对此表示高度赞赏。

留尼汪共产党中央委员
菲利普·叶仲齐康的发言

首先请允许我感谢中国共产党和它充满远见地组织这样一次高端的研讨会，我们今天研讨的是全世界最伟大的理论家——卡尔·马克思的思想。

留尼汪是印度洋中的一个小岛，第一批留尼汪人大约 350 年前才开始居住在这里，之后我们经历了近 200 年的奴隶制、100 年的殖民统治和近 70 年的新殖民统治。因此我们留尼汪共产党创立的主要目标，就是帮助留尼汪人民摆脱极度贫困，实现经济发展。

鉴于我们短暂而充满暴力的历史，留尼汪的革命力量既不能采取工业无产阶级模式，也不能走"长征"模式，我们共产党人提出了一系列原创性思想，来解决留尼汪不同社会阶层和阶级之间的矛盾。比如，我们决定不是通过独立，而是通过向殖民者谋求平等地位来摆脱殖民统治。今天我们的基础设施、生活水平和国民教育水平与西方中等发达国家接近，这些都是"前"殖民者帮助我们实现的，客观上也是政治上的成功。

但是我们仍然面临很多困难，比如贫困率很高，经济社会的殖民特征仍然比较明显。为了实现真正的可持续发展，留尼汪共产党提出以两个概念为核心的理论框架：一是"双重一体化"，二是"四个不可阻挡的现象"。

"双重一体化"是留尼汪为实现深入发展所必须采取的带有矛盾性的政策，一是与印度洋地区实现地缘政治一体化融合；二是与法国以及欧盟机构实现一体化融合。"四个不可阻挡的现象"，我党认为，当今世界，现在无论你身处何地，采取哪些政策，都会受到四种力量的影响：一是人口结构变化，二是货物和人员的全球流动，三是气候变化，四是科技创新。这四大因素结合到一起带来的后果是非常巨大的，但如果我们能充分考虑到这些因素，就会给我们的发展带来益处。

中国特色社会主义向我们证明，中国很好地应对了人口结构变化，成功融入了全球经济并制定了应对气候变化的有效举措，当然也面对着新的矛盾和责任。留尼汪共产党认为，中方所提出的建设人类命运共同体的倡议是迄今最好的号召，可以整合现在全球所面临的各种关切，很好地融合了联合国千年发展目标、可持续发展目标以及气候变化《巴黎协定》的主张。

瑞典共产党国际书记
伊利亚·佐立金-尼尔森的发言

我要感谢中国共产党举办此次会议。马克思出生的时候，资本主义还处于发展初期，没有进入帝国主义时代，具有历史进步性。但在马克思有生之年，这种进步性已经逐渐消失了，其标志性事件就是 1871 年巴黎公社的成立。今天我们处于资本主义向社会主义过渡的历史阶段，资本主义早已发展到帝国主义阶段，所有陷入资本主义体系的国家都受到其限制，资本主义助长战争，世界大战的危险依然存在。

统治阶级无法寻找出解决资本主义内在问题的办法，社会和人民要按照资本主义严厉的经济规则来行事。马克思教导我们，为了寻求环境的解放与和平，必须要与资本主义的斗争结合起来。

资本主义给所有人都分配了个性化的职责，但实际上没有给任何人分配职责，而是追求利润的更大化，包括采用机器人，影响了资本主义体系，使其利润率下降。信息可以很容易地传播，而且成本非常低，而物质是不同的。生产最优化能够暂时地提高竞争力，但知识产权申请越来越多，也使得知识被垄断、被私用，通过人为的立法，限制了技术的发展。总体来说，技术和生产力可以被用于增进工人阶层的利益，而不应该被少数资本家独占。

现在，资本主义国家希望能够减少正常的工作时长，原因之一是自动化的普及，但是这只有在社会主义体系下才能够实现。现在这种矛盾日益扩大，因为一方面它能够带来巨大的解放力量，另一方面资本主义在限制这种力量。

虽然生产力在发展，但是资本主义国家还在进一步扩大剥削比例，增加可以供剥削的劳动力，这就加剧了社会的动荡，也引发了对市场的争夺，在新兴国家以及拉美、中东国家尤其如此。因此，只有社会主义才能够使人类在未来过上有尊严的生活。资本主义不管带来多大的危机，短期还不会灭亡，会不断地进行自我革新。共产党的历史责任始终存在，当代的马克思主义还是有着自己的意义。社会主义既是及时的，也是必须的。

巴勒斯坦解放巴勒斯坦人民阵线政治局委员阿卜杜·拉希姆·欧姆尔的发言

今天我们在深圳，研讨改革开放的伟大成就及中华民族所取得的伟大成就。在习近平新时代中国特色社会主义思想的指引下，在共建人类命运共同体倡议的鼓舞下，我们都是马克思主义思想在21世纪实践的见证者，我们现在感到非常自豪，资本主义必将迎来它的终结和灭亡。

中国的伟大实践是成功的，你们成功地实现了独立与经济发展。同时，世界银行、国际货币基金组织等向我们施加的压力终将被终结，所有追随帝国主义政策的国家也终将被终结。

我们与中国的关系建立在相互尊重、互利共赢的基础上，这将有利于推动我国的发展，建立一个民主的国家，并推动阿拉伯国家的法制化进程。毫无疑问，以色列对巴勒斯坦领土的占领是不公正的，而这背后是美帝国主义的支持。我们有朝一日一定会实现决定自己命运、拥有民

部分与会代表考察深圳湾创业广场党建中心

部分与会代表品尝深圳湾创业广场党建中心的特色咖啡

族解放的权利。

习近平新时代中国特色社会主义思想继承、发展马克思主义活的灵魂，脱离了僵化、固化的马克思主义，我们对此表示重视和赞赏。当今时代的主要矛盾依然是资本主义国家与社会主义国家之间的矛盾，实现人民的独立终将是为了人民的利益。

广东省委党校哲学教研部主任
周峰的发言

今天，当我们在讨论马克思诞辰 200 周年，专门对马克思主义在中国这块土地上作出纪念的时候，我们应该感谢共产主义的幽灵对今天的世界作出的巨大变化。但是我们在为这样一个巨大变化感怀的同时，首先需要肯定一点，那就是我们仍然活在资本主义现代性的包围之中。

正是因为资本主义现代性，它才创造了今天这样一个既美好又丑陋的世界。它的美好在于它给我们奠定了我们来自各个国家、各个地区最基本的一种价值观念，但是它的丑陋在哪里？它背叛了它在启蒙时期给我们各界和各国人民所带来的价值承诺，也就是它的现代性的普遍追求。之所以出现这种背叛，是基于它两个无法解决的矛盾，其中一个在生产资料私人占有与社会化大生产之间，马克思主义所揭露出来的这个基本矛盾到今天没有发生根本性的变化。在对剩余价值不断追逐和盘剥的过程中，造成的资本与劳动的对立，构成了全世界劳动阶级、工人阶级与资本家阶级的两大对立，但是情况很不好，资本家的联合显然超过了工人阶级的联合。

另外一个无法解决的矛盾和悖论，在于它所做出的启蒙价值、普世价值的承诺。在今天由于生产资料、生活资料被资产阶级占有和支配，导致它所做出的所有普世价值的承诺都变成一种狭隘和自私。所以，当下马克思主义无论是对于哪个国家而言，都具有更加重要的意义。

此外，我们对于中国特色社会主义所取得的重大变化，表示由衷的赞叹。作为一个中国人，我们都应该感到骄傲。正如十九大报告中所说的一样，由于社会主义和中国特色社会主义的选择，中国、中华民族、中国人民迎来了从站起来、富起来到强起来的历史性飞跃。我们进入了一个新的历史时代，这的确要感谢马克思主义传入中国，要感谢马克思列宁主义对于中国共产党的启蒙，要感谢马克思列宁主义、毛泽东思想、邓小平理论、"三个代表"重要思想、科学发展观，一直到今天，习近平新时代中国特色社会主义思想，在结合中国具体实践中所做出的理论和实践的创新。这恰恰证明了我们大家所取得的共识，即马克思主义在今天强大的生命力就在于，它绝对不是僵化的教条，而是行动的指南。

这种行动的指南必须结合每一个民族国家的实际。今天，民族国家、主权国家仍然是国际社会的基本单位，马克思主义的指导性力量仍然非常巨大。民族国家对马克思主义的应用，一定要结合具体的国情、具体的实践阶段、所遇到的具体问题进行具体分析，这是列宁和毛泽东多次说过的话。具体问题具体分析是马克思主义活的灵魂，实事求是是中国共产党人最根本的思想路线。

习近平新时代中国特色社会主义思想是 21 世纪的马克思主义，为我们贡献了一种社会主义现代化的新的努力方式。对社会主义新的理论贡献肯定会结合着各个国家的社会主义革命和运动，结合各个共产党、工人政党的革命运动。对于今天的中国而言，它的重大意义在于，这种社会主义现代性的成长和发生，不同于资本主义现代性本身，因为它做出的一些巨大的战略性步骤，包括"五位一体"总体布局、"四个全面"战略布局、"新三步走"战略、社会主义现代化强国目标的实现方式等，都使我们对于新时代中国特色社会主义有一个更美好的憧憬。这种社会主义的现代性是 21 世纪马克思主义的很好体现。

中央党史和文献研究院副巡视员
许宝友的发言

以上 11 位同志的发言，有一点是一样的，大家都谈到了习近平新时代中国特色社会主义思想与 21 世纪马克思主义这样一个主题，这里可以概括成几个方面。

第一，大家都讲到马克思主义的时代性。马克思主义本身不是一个教条，也不是僵化的，而是与时俱进的，这是大家在发言中充分肯定和反复强调的。

第二，习近平新时代中国特色社会主义思想本身也是中国化的马克思主义，体现为它的实践性。它是生活、建设、革命和改革实践发展的结晶。大家在发言中都提到了，中国的成功和经验是与 40 年的改革开放分不开的，改革开放 40 年取得的成就是伟大的成功，许多同志都给予了高度评价。这里恰恰体现了马克思主义与本国实际的结合。理论本身是为生活服务的，这是马克思主义的特点，习近平新时代中国特色社会主义思想和 21 世纪的马克思主义都体现了这样一个特点。

第三，体现为它的人民性。大家在发言中都强调，马克思主义是为了多数人的解放。无论是在革命还是建设时期，共产党的奋斗目标都是为人民谋幸福、争取更多的经济社会权利，都强调了人民性是马克思主义，也是我们共产党人的政策和理论本身的出发点和落脚点，这是一个很重要的因素，大家从不同的角度都谈到了这个问题。

第四，就是它的科学性。马克思主义之所以在21世纪还能够永葆青春，有生机、有活力，说明它是科学。我们熟悉社会主义运动发展史的同志都知道，社会主义由空想到科学的发展，是马克思主义的一个最重大的贡献，我们可以叫它第一次飞跃。列宁领导的十月革命取得的胜利，使社会主义从理论变成了实践，这是第二次伟大的飞跃。中国改革开放取得的成就，形成了习近平新时代中国特色社会主义思想。根据大家的发言，是不是可以说，中国共产党人在苏联解体以后的不断探索、总结经验教训的过程中，在马克思主义的指引下，取得新的理论和实践成果，实现了第三次飞跃。它成功证明了，马克思主义本身的真理性及其价值所在。

第五，马克思主义和中国特色社会主义具有国际性。大家在发言中都强调了习近平总书记提出的人类命运共同体的概念。我们所从事的是正义的事业，不是一个国家、一个民族，而是我们各个国家劳动人民的共同事业。为了更美好的世界，争取人类进步，我们共产党人和马克思主义的信仰者，要团结一致，共同努力，相互支持、相互声援。中国有句俗话叫"抱团取暖"，目前这种西强我弱、资本主义和社会主义矛盾对立的世界，尽管中国力量日益强大，但世界整体上还是资强社弱的状态，需要我们共产党人团结一致，共同努力，为人类的和平、解放事业，为我们各自的事业共同奋斗，相互支持。

自由讨论

卡迈勒·哈姆丹：我有一个问题，一直以来没有得到很好的解答。中国共产党一直在使用一些资本主义的工具或手段来发展自己。比如说，改革开放政策实际上是借鉴了一些资本主义的手段。当然，各个国家进行社会主义革命所面临的情况是不一样的，具体的特点也是不一样的。但就中国具体情况来讲，中国共产党在领导社会发展的同时，怎样正确地处理好使用资本主义经济手段与维护社会主义方向的平衡这样一组关系？我们看到中国现在也正在实施"新三步走"的发展战略，提出了打击腐败、实现发展、建设社会主义现代化强国等宏伟发展目标。但是，中国在借助资本主义手段来实现发展目标的同时，会不会出现一些与社会主义原则相违背的现象呢？

陈培永：从马克思主义的理论来看，资本是一把双刃剑，在适当的时候、适当的历史阶段，对资本的利用是非常重要、非常必要的。但在利用资本的时候我们肯定碰到一个问题，肯定存在被反利用、反控制、反操控的风险。马克思、恩格斯在设想未来社会主义社会时，只是讲到如何取得政权，至于取得政权之后怎样去利用资本，其实并没有给出明确答案。只是在《哥达纲领批判》中，马克思设想共产主义高级阶段的时候表达了类似的意思。

中国共产党正在探索一个机制。因为中国共产党现在面对的确实是马克思主义和新自由主义思想的对立。新自由主义不断推行自由化，实际上是给资本创造更大的空间，让它完全操控市场，最终主宰权力、主宰政治。什么叫资本主义国家？实际上在政治层面的重要表现就是，它已经完全让资本进入政治、操控权力并使其具有合法性。而中国共产党始终把资本作为一个利用和驾驭的对象，利用其服务社会主义和共产主义事业。中国现在还是世界上唯一有希望杜绝资本进入政治、操控权力的大国，这正是社会主义和共产主义的希望和未来。

有没有危机和风险？肯定有。各个共产党在自己国家所从事的事业，都会遇到风险和挑战，中国共产党虽然是执政党，但并不代表它没有任何风险和挑战。正如习近平总书记强调的，现在我们党所进行的，就是通过自我革命来实现领导中国社会革命的重任。我认为，实现自我革命有一个非常重大的前提条件，那就是彻底斩断资本对权力的腐蚀，所以全面从严治党是我们必须采取的方法和步骤。应该说我们对这个问题已经有所预见，有所警惕，而且一直在采取措施。所以，我相信我们国家有美好的未来，能够引领社会主义和推动共产主义的到来。资本和权力的博弈，在中国还是存在的，中国特色社会主义所面临的少数社会主义国家和整个资本主义世界秩序之间的对立，还是存在的。如何在全球化的市场中，在全球化的舞台上，更好地利用资本，而不是被反利用，人类命运共同体是一个非常好的方案。

当然，资本和权力的博弈，最终会给劳动提供非常好的空间，给劳动人民带来一个非常好的机会。中国共产党一直强调以人民为中心，而这能否给我们带来一个好方案，就在于如何处理好公权力、私资本和劳动之间的关系，我觉得这是通往共产主义的一个关键步骤和环节。

分组会议三

孟加拉国民族社会党（伊努派）联合总书记 洛克努沙曼的发言

首先，感谢中联部组织安排了这次非常重要的专题研讨会来纪念马克思诞辰 200 周年。请允许我转达我党和我党主席对各位的问候。

今天我们讨论的话题是关于中国特色社会主义和世界社会主义的未来。我们知道，马克思主义并不是教条的，是在对社会现实进行分析的基础之上建立的。因此，我党认为，中国在中国特色社会主义思想指导下实现了经济发展，同时也保证了人民的基本权利，其中包括衣食住行各个领域的权利。只有习近平同志才有这样的远见卓识，他的理论贡献也在国际社会得到了认同。

关于那些希望保持自身独立性的中小国家如何实现发展的问题，马来西亚、新加坡等国逐步实现了自己的发展目标，取得了较大成就，它们在发展进程中也得到了来自中国的帮助。因此，我认为中国特色社会主义正不断得到更广泛的认同，习近平新时代中国特色社会主义思想也会在世界舞台上得到更多支持。不久的将来，中国特色社会主义的理论和实践会进一步得到充实和发展，为世界上发展中国家提供更多启迪。我想这将成为 21 世纪世界社会主义发展的典范，社会主义在中国共产党的坚持和应用之下得到了延续和发展。

新英国共产党总书记
安迪·布鲁克斯的发言

各位同志，我想大家都同意习近平总书记所说的，马克思主义不仅深刻改变了世界，也深刻改变了中国。马克思、恩格斯在世界伟大思想家中脱颖而出，向世界人民和工人阶级指明了发展和斗争的方向，他们就建立新社会的可能性和必然性作出了非常明确的解释，在研究和实践方面都给我们指明了方向。社会主义、共产主义成为社会发展的一种理论，但马克思、恩格斯在自己的有生之年并没有看到社会主义真正实现。曾经有一本叫《历史的终结》的书希望将社会主义抛入理论的角落，但现在越来越多人正对社会主义理论予以支持。在世界范围内社会主义和马克思主义得到越来越多的认同，中国、越南、古巴、朝鲜、老挝的社会主义实践进一步深化。社会主义是可以在一国范围内建成的。我们要深入研究，为什么苏联失败了，而中国成功了？

苏联建立过程中，执政党认为他们找到一条通往社会主义和共产主义过渡的道路，并且能够满足人民的物质和精神需求。人民民主很快与苏联进行了融合，在土地和工业的国有化进程中，苏联经济建立了一种不可分割的、难以分割的纽带。

中华人民共和国成立之初，中国也是学习苏联模式，同时较好考虑到本国的实际情况。在经历了不同模式的尝试后，中国最终认识到必须实行改革开放政策，这是那个时代的选择。40 年过去了，可以说这种政策是非常成功的，中国取得了巨大的发展成就，成为世界第二大经济体，数以亿计的人摆脱贫困，改革开放为中国带来技术进步，中国已经有能力更好帮助发展中国家，特别是非洲国家的人民，为世界和平注入更多的活力。

当今世界面临着美帝国主义和进步国家之间的斗争，帝国主义和资本主义是有优势的，他们声称是为维护自由而存在，但实际上，他们对世界工人阶级的剥削和压榨、对发展中国家的经济封锁，使得这些寄生虫一样的资本家能够在数以十亿计的工人背上生存。他们所谓的自由实际上是虚伪的。我们知道统治阶级所说的自由是什么，这个自由就是他们的自由。我们从叙利亚遭受战乱的街道看到的就是这样的结局，只要有压迫的地方就会有反抗。帝国主义、资本主义已经进入到一条死胡同。

智利共产党总书记
卡蒙纳的发言

1912 年，智利共产党建立之后，我们就致力于发展社会主义，将马克思主义作为我们的政治指导思想，它可以让我们进一步认识国家的现实，认识当今智利的时代特点以及我们民族的时代特点。我们知道，智利现在仍然是一个新自由主义的社会，存在很多弊端，所以要尽可能利用马克思主义的理论武器解决现实存在的问题，包括发展问题、文化问题、生产力问题等。要充分考虑到智利发展现状和存在的主要问题，解决新问题、开辟新道路。我们还记得，上世纪 70 年代，人民联盟领导人阿连德曾在智利进行了大量发展社会主义的探索，尽管遇到了很多困难，但我们在发展经济、为更多的人民群众谋利益方面的初衷是坚定的。

　　基于过往的一些经验和教训，未来我们将继续推进左翼政党建设，希望在党内和整个国家范围内提出新的改革，完善国家在教育、住宅和医疗等方面的服务水平，为人民群众谋求更多福祉。马克思主义理论的丰富和发展在当代是非常重要的，我们要肩负起这样的使命，为社会主义在新时代的发展和传播添加强大的生命力，要深刻认识到，马克思主义不仅是一个指导我们实现经济增长和社会平等的理论，还是一个更深层次的理论，让我们认识什么是解放，什么是阶层平等，什么是人文主义关怀。

　　我们要深入分析社会主义发展史上的一些运动经验，包括中国、越南、古巴等国根据本国国情发展社会主义的经验。只有在总结经验的基础上才能够更好地利用社会主义全面发展国家，在政治、经济、文化各个领域同新自由主义进行抗争，也只有这样，我们才能够回到马克思主义的根本价值观上。这样才能形成一个良性循环。马克思主义告诉我们，只有不断改革，不断根据时代特征去更新我们的想法，才能不断取得更大的成就。

哥斯达黎加广泛阵线总书记
安东尼奥·奥尔特加的发言

　　近两个世纪以来，马克思主义一直在指导着世界各国共产党的工作，从 1930 年开始，拉丁美洲也开始有学者从事关于社会主义理论研究。社会主义思想一直指导着社会中下阶层和被剥削阶级的斗争与努力。

　　基于历史唯物主义思想，任何一种理论都需要随着时间和国情的变化而更新。所以很多国家也借鉴了中国的思路，努力更新发展方案。在中国，我们已经看到了很多探索性的工作，特别是加强意识形态建设，极大扩展了马克思主义理论体系，为马克思主义在 21 世纪的进步发展增添了强大动力。

中国共产党人一直是行动中的马克思主义者，时刻提醒、教育着其他国家的社会主义者如何在这条道路上前进。中华人民共和国是这条探索路上的先锋。在马克思主义思想当中，人文主义思想实际上是非常重要的。可以看到，中国的各项工作也一直高度重视以人为本，并将这一理念贯穿至工作的各个方面和领域。经济建设、社会建设和执政党自身建设方面，都是本着以人为本的思想来进行的。因此，中国不仅在经济而且在文化和社会领域都已经取得了长足的进步，而这一切都是和马克思主义思想一脉相承的。

中国共产党和政府都非常注重解决国家在新时代遇到的新问题，不断开辟新道路，推进理论创新，增进人民群众的福祉，为其他国家树立了典范。比如在广东，特别是深圳，经历了从无到有的发展。在拉丁美洲，我们长期遭受帝国主义和殖民主义的侵害，中国历史上也曾经历过帝国主义剥削，但是靠着中国人民的努力和马克思主义思想，中国人民实现了从站起来、富起来到强起来的伟大飞跃，我相信中国的理念可以极大促进 21 世纪马克思主义的发展，也会对世界发展道路新的探索作出引领。

危地马拉全国革命联盟总书记
格雷高里奥·查伊的发言

在马克思诞辰 200 周年之际举行这次纪念活动，使我们有幸齐聚深圳，交流并分享思想观点，很有意义。

我们国家历史上曾经进行了长期的战争，危地马拉在历次战争中付出了许多努力与牺牲，最终得以签署和平协议。在这一过程中，我们经历了 20 年的倒退时期，包括在实施新自由主义政策阶段。因此，我党一直在积极努力规划一系列的战略行动。我党认为，必须有一个行之有效的方案，通过有效的战略来解决国家遇到的危机以及我们党自身面临的问题。在这方面，马克思主义提出的一系列主张，在上个世纪取得了巨大胜利，在危地马拉也可以发挥十分重要的作用。

通过与中国共产党的一系列交流，我们认识到党的领导以及马克思主义在中国的创造性应用，推动着中国在经济、政治、文化等各个领域取得巨大发展。中国为全世界提供了可借鉴的范例，我们对此表示感谢和赞赏。

与会代表积极参与讨论

将自由市场机制引入到自己的国家是需要巨大勇气的，因为它是对社会主义的创造性应用，是对马克思主义的重大创新。中国人民创造性地应用了马克思主义。改革开放是为了促进中国发展，增进人民福祉，并且是在共产党强大的政治领导下进行的。而我们国家是由新自由主义思想引导的，为强大的财团服务，新自由主义削弱了我们的主权，使得其他国家能够进入我国攫取资源和财富，带来了民族分离，造成了很大的自然破坏，资本家在我们国内拥有特权，欺压民众。

现在，我国还在向新自由主义的方向发展。尽管有助于资本积累，但却对人民生活产生了很大的危害，使得部分民众越来越贫困，一些新的政治力量在此背景下不断涌现。

中国需要进一步增强自己的社会主义，为世界社会主义提供新的范例和希望，并且为捍卫自己国家的主权不懈奋斗。我们认为同各国同志的交流可以为我们提供许多宝贵经验。

尼泊尔共产党（马列）总书记
钱德拉·普拉卡什·梅纳利的发言

马克思是一个伟大的思想家，他致力于提高人民的福祉，带领劳动人民进行了大量的努力和斗争。他选择一种贫困的生活方式，最终仅仅度过了 65 年的一生。但是他与恩格斯一起给我们留下一笔不断绽放光芒的精神财富，也就是马克思主义。

马克思主义不是教条主义，而是一笔灵活的财富。晚年他分析了当时世界的状况，认为俄国将引领世界革命的前进方向，无产阶级革命的中心已经从发达国家转到了不发达国家。毛泽东开创了马克思主义中国化进程，开启了中国的无产阶级革命，创立了毛泽东思想并被确定为中共的指导思想，1949 年中国革命的胜利为中国过渡到社会主义创造了先决条件。上世纪 70 年代末以来，邓小平开创了中国发展的新篇章，实施了改革开放战略。新形势下，习近平总书记在推进各项任务的同时，形成了一系列新思想和新方略，为建设中国特色社会主义作出了新的历史性贡献。在这样的背景下，为建成一个强大的社会主义现代化强国，实现"两个一百年"目标，中共将习近平新时代中国特色社会主义思想作为党的指导思想，这具有十分重要的意义。

现在中国是世界第二大经济体，政治稳定、经济发展都与其他国家息息相关。中国积极参与到全球治理当中，加快推动"一带一路"建设。"一带一路"有利于其他国家的经济发展，是共商共建共享之路，是共同繁荣之路。这些政策能够促进世界和平发展，实现世界各国的和谐相处。

最后，中国的实践也在科学社会主义方面进行了很重要的探索，希望中国特色社会主义在各领域都能不断取得新的发展，不断促进世界和平，建立一种新的国际秩序，来挫败世界帝国主义和右翼势力的邪恶计划，帮助其他社会主义国家实现一个公平正义的世界。

乌拉圭共产党总书记
胡安·卡斯蒂略的发言

我们今天举行这样的研讨会是纪念马克思诞辰 200 周年的最好方式。

中乌关系和中拉关系当前都发展良好，中拉关系当前处于非常好的阶段，双方都致力改善民生，加强在贸易、经济等各领域合作。中拉贸易额数字惊人，双边经贸合作成果丰硕，拉美已经成为中国对外投资的最重要目的地之一。中国和拉美之间建立了许多政府间经贸合作机制。

在经贸合作繁荣的情况下，双方在政治方面的合作又如何呢？我们应该关注双方在促进世界和平、共同建设各自社会主义方面所开展的合作。社会主义革命离我们并不遥远，我们要时刻保持革命性。社会主义建设不是直线上升，而是一个曲折运动的过程，时而前进，时而后退，只有不断努力才能够获得真正的成功。就像古巴前领导人卡斯特罗曾经说过的，革命是历史的属性，要改变所有需要改变的东西，我们要获取的是完全的平等和自由。

乌拉圭共产党主席曾经说过，我们的目标是要团结所有乌拉圭人民，增强乌拉圭社会的普惠性，确保政府政策能够惠及全体民众，获得最高水平的社会公正和平等。

我们是乌拉圭最重要的左翼政党之一，代表着乌拉圭工人阶级利益，也代表乌拉圭广大年轻人的利益，我们要建设一个民族的乌拉圭、独立的乌拉圭、有主权的乌拉圭。为此要和资本主义、剥削、垄断进行斗争，我们希望人和人之间的关系都是兄弟关系，而不是剥削关系。

乌拉圭人民参与运动党领袖
亚历杭德罗·桑切斯的发言

很高兴今天在这里和各位共同探讨建设更加公正的社会主义社会的理论和实践问题。建设一个公正的社会是一项非常困难的工作，但是具有很强的紧迫性，尤其是在今天这样一个不公正的、资本主义处于主导地位的社会，全球有很多人仍然处于被剥削的地位。

　　我们怎么样才能够朝一个公正社会迈进呢？第一步就是不能允许人民群众已经习惯于被剥削，要从思想上改变他们，要让他们知道有替代方案，不是只有一个选择，那就是剥削和被剥削。不公平不是社会与生俱来的属性，我们要把这些基本的认知灌输给人民群众。比如说中国共产党所取得的辉煌成就，中国共产党的发展道路，这些都向我们证明了替代方案和其他选择是有的，我们应该把这些经验告诉给其他国家的群众。

　　中国为什么取得了如此辉煌的成就？我们知道，邓小平同志早在40 年前就已经提出了中国未来的发展道路，提出了中国在 21 世纪中叶的发展目标，他是一位非常有远见的领导人。中国向全世界人民证明了社会主义的先进性，我们可以从邓小平的思想中提炼出一些精华，为其他国家社会主义的发展提供借鉴。我们要形成一个理论：社会主义是资本主义很好的一个替代方案，可以帮助政府更好地管理社会，更加坚定

部分与会代表参观深圳锦绣中华民俗村

地认识到可以存在更具包容性、更具人文关怀的社会，而不是一些人必然要死于各种疾病和饥饿，这些不是一个现代社会应该出现的现象。

我们要建立更具人文关怀的、更包容、更加民主的社会。我相信，如果继续这样下去，我们的社会将无法持续发展下去，可能会引发新的战争。所以，我们作为社会主义者，要为和平而不断奋斗。我们知道中国特色社会主义是我们的榜样，这是另一种社会发展的选择，我们要向其学习。

孟加拉国工人党中央委员
沙克哈瓦特·侯赛因的发言

我代表孟加拉工人党，感谢中国共产党组织这次非常重要的专题研讨会来纪念马克思诞辰 200 周年，非常高兴在这个分论坛上发言。新世纪，马克思主义再次吸引了世界上许多人的关注。马克思主义的第一次重要胜利是列宁在俄国取得的，此后马克思主义在世界很多地区得到了广泛传播，特别是在中国实现了世界上人口最多国家的社会主义革命，并随之开启了建设中国特色社会主义的历史进程。但是随着苏东剧变和社会思潮的多元化，一些人觉得马克思主义不再有生命力，我们相信人们会改变这种想法。我们注意到，当前世界上对马克思主义的思考和学习正在深化，马克思主义对当今社会的发展依然是非常重要的，其关于资本主义和社会主义、资本主义内部深层次矛盾、剩余价值理论的论述不仅非常重要，同时也为全世界无产阶级提供了重要启迪。

未来的解决方案从理论和实践上都取决于每个国家能否像中国这样，按照自己的国情走自己的道路。中国共产党开辟的中国特色社会主义道路，特别是其最新理论成果即新时代中国特色社会主义思想，不断证明马克思主义在中国得到了很好的应用，为我们提供了一种全新的方案。

中国社会科学院马克思主义研究院
《国际思想评论》编辑部副主任
刘子旭的发言

这次会议给我印象最深的一点是，我看到了各国共产党之间的团结，这种团结让人欣喜。在当前错综复杂的国际形势下，这种团结是迫切需要的。为什么这么说呢？冷战也许已经结束了，但是冷战的思维仍然继续存在。最为明显的例子是美国对中国的中兴公司进行制裁，名义上是保护知识产权，实质是扼制"中国制造 2025"科技发展战略。但是，如果我们比较一下美国对技术上威胁更大的德国，知识产权上侵犯更多的印度的态度，就可以明显看到，美国制裁中国并不是因为知识产权，而是因为中国是一个社会主义国家。

中美冲突从根本上来讲是社会主义和资本主义的冲突。中国模式、中国道路所取得的举世瞩目的成就，对世界经济整体上作出了巨大贡献，为发展中国家提供了可借鉴的经验，但对于西方国家，特别是对于美国这种霸权国家而言，体现的是一种完全不同的价值取向。对美国来说，无论德国、印度的威胁多大，无论它们对知识产权做出了怎样的侵犯，都属于"人民内部矛盾"，而与中国是"敌我矛盾"，这个话不是我说的，而是引用一位美国智库研究人员的原话。

任何一个国家的社会主义建设都不是在真空中进行，在新自由主义全球扩张的形势下，社会主义建设必然会与资本主义的全球化产生冲突，也必然将世界社会主义运动更加紧密地联系在一起。正因为这个原因，这次会议所体现出的各国共产党之间的团结就尤为重要，也尤为宝贵，对中国的社会主义事业和世界社会主义运动都是有力的促进。

170年以前，马克思和恩格斯在《共产党宣言》中号召全世界无产者联合起来实现共产主义的目标。今天，我们要号召的是，为了实现马克思和恩格斯对未来世界的设想，全世界共产党仍然要联合起来。作为中国社科院的研究人员，为了实现这一目标愿景，我们有一个非常具体的计划项目，旨在推动全世界的马克思主义学者首先联合起来。怎么实现这个目标呢？2011年，中国社科院创办了一本英文马克思主义国际刊物《国际思想评论》。我们的目标是为全世界的马克思主义学者提供一个交流沟通的平台，能够畅所欲言，发展社会主义理论，批判新自由主义，批判帝国主义霸权，利用这个平台全力推动全世界的马克思主义学者联合起来。不仅如此，我们还要推动全世界马克思主义的刊物和左翼进步刊物联合起来，全世界马克思主义进步媒体联合起来，推广社会主义的全球化，为中国的社会主义建设和世界社会主义运动争取更为有利的话语权，创造更为有利的意识形态环境，为迎接下一个社会主义运动的胜利创造条件。

中山大学马克思主义学院院长
李辉的发言

纪念马克思诞辰200周年，从上午的大会到下午的分论坛，全世界的马克思主义者怀着一种崇敬的心情缅怀马克思。同时，马克思主义在中国的发展，无论是理论还是实践，都为我们进一步探讨世界社会主义

专题研讨会分组会议三全体代表合影

的未来提供了现实借鉴和理论思路。

应该说从大家的讨论和分享中，可以看到有几点共识：马克思主义是科学的理论、人民的理论、实践的理论，更是开放的理论。马克思主义在中国的成功实践形成了中国特色社会主义，其核心就是坚持了以人民为中心的发展思想，为人民谋福祉。所以，中国共产党人坚持让人民的生活更美好，让中国更美丽，让世界更美好，这同马克思当年对社会主义的设想是一致的，也就是建立自由人的联合体。当然，中国在发展当中也要实行社会主义市场经济，并和不同的国家打交道，中国成功的探索和实践，对于在 21 世纪进一步发展马克思主义具有重要意义，这是我们讨论中的重要共识。

中国很大，我们现在处于改革开放的起点，也是成功的样板——深圳。各位政党领导人一路从南向北走下去，坐飞机三个小时就到北京，然后东西南北转一下，会看到中国有很多地区正在发展当中，一定会感叹于中国共产党人的历史担当。

英国共产党（马列）中央委员
丹尼尔·科斯比的发言

在今天的纪念马克思诞辰 200 周年专题研讨会上，我想谈的是中国的理论和中国的实践。我们之所以要纪念马克思，不仅仅因为他是一个伟大的思想家和组织者，同时也因为他将人类发展进程引入了一个全新的时代，即无产阶级革命的时代。马克思主义对资本主义经济的分析、对于资本主义国家的批判，始终具有重要的影响力。

德国 1848 年革命以及 1871 年的巴黎公社都是这一理论的初步实践，

马克思呼吁劳动人民和无产阶级、工人阶级将命运掌握在自己手里，新型的无产阶级政党成为一种先进的政党，中国、古巴、朝鲜等国家追随了这一理论。

列宁对无产阶级专政的论述，我认为到现在都是有意义的，无产阶级专政需要向他们的强大敌人发起一场战争，这就是针对资产阶级的。我们的敌人是强大的，资本主义的力量不仅来自国际资本，其本身也是有一定的延续性的，广泛存在于小规模生产。我们注意到，小规模生产在世界上仍然是非常普遍的，每天都在对工人阶级进行剥削。我们与资本主义的斗争是一个漫长的关于生存的斗争，需要所有的人团结起来。从资本主义到共产主义的过渡是一个历史性进程，资本主义的剥削者总是想要看到复辟。20 世纪社会主义国家的建设使我们看到了马克思主义付诸实践的曙光，改变了阶级斗争的状态，也改变了整个工人阶级的格局。今天我们面对着资本主义生产最严峻的危机，在资本主义条件下，没有自我救助的方式，唯一的出路就是战争，因此我们看到了世界范围内许多非常严重的军事冲突。上世纪末，资本主义在欧洲的复辟、机会主义对共产主义的打击，使得资本家获得了一些新的转机，虽然帝国主义对于我们的斗争进行了反击，但是我们仍然可以看到世界上社会主义国家的发展，这是人类唯一可行的未来和前途，工人阶级应该团结起来，反对战争，支持阶级团结，参与这场斗争，推翻资产阶级的专政和独裁。

希腊共产党中央委员
格里格奥里斯·利尔尼斯的发言

各位同志，首先代表我党中央委员会感谢中共中央召开此次非常重要的会议，感谢中联部邀请我参会。这是一次非常重要的专题会议。特别感谢你们邀请各国马克思主义政党来交换意见和想法，这是一个非常重要的交流机会。我们要对中国人民的斗争表示支持和赞赏。

马克思主义非常重要的一条就是对资本主义社会的分析，其成就表现为资本主义生产方式理论和剩余价值理论。马克思还提出了资本主义发展的内部矛盾理论。这是资本主义条件下阶级矛盾日益尖锐的原因所在。世界范围的工人运动正在日益高涨，资本主义找不到解决资本过度积累所造成问题的出路，出现了军事化的倾向，资本主义的基本矛盾实际上就是我们当代的矛盾，给世界各地人民带来了贫困、悲惨生活以及战争和冲突。美国和欧洲一些帝国主义国家在地中海东南沿岸造成了一系列经济和金融危机。只有推翻资本主义生产方式，才能从根本上解决我们面临的经济危机和社会矛盾，满足无产阶级的需求。

马克思主义不是教条，也不是一个封闭的系统，而是一个开放的、进步的系统，它会不断地吸收和分析经济发展进程中新的成分。在分析当代资本主义现实过程时，我们必须考虑到社会出现的新因素。当然，这并不会改变资本主义的本质，也不会改变马克思主义对于资本主义的分析。推翻资本主义和帝国主义，建立社会主义和共产主义以及无产者的专政，是我们的目标，也是我们的宗旨。捍卫社会主义和共产主义是我们的责任，只有通过这种方式才能最大程度解放生产力，并且对市场加以限制。我想这是未来世界社会主义和共产主义发展的方向，我们的社会主义运动在不断加速，我们的时代是革命的新时代，资本对于社会生产方式的垄断正在阻碍进步力量的发展，成为社会发展的阻碍，资本主义要为世界上的战争与一些贫困人口的悲惨生活负责。世界各国的共产主义者就是要改变这些人民的悲惨命运。

圭亚那人民进步党中央执委
拉姆萨兰的发言

在中国共产党的领导下，中国已经在短短几十年里取得了巨大的经济发展成就，从一个贫困的国家变成了一个现代经济体，实现了科技进步，经济总量跃居世界第二。中国对于马克思主义原理的应用非常具有创造性，在世界上日益得到各个国家的尊重和推崇，中国共产党的改革使得世界各国共产党更加团结，化解了苏联解体带来的人们对共产党的怀疑。世界上受到启迪的工人阶级，认为我们的运动应该为人类社会的未来作出更多的贡献，而资本主义对此是感到恐惧的。

中国逐步用自己的实践来打败世界上对于共产主义和社会主义的疑虑。在中国共产党领导下，中国特色社会主义不仅取得了成功，并且正日益焕发出更为强大的生命力，改变了数以亿计人民的生活状况。苏联解体虽然是暂时的倒退，但中国的发展却再一次证明了社会主义旗帜可以高高飘扬，使得世界其他国家的亿万人民看到发展的希望。

中国在太空发展方面取得重要成就，这种发展是基于重要的科技进步。所以，中国不仅是世界经济发展的推动者，同时也是技术进步的推动者，在科技、医疗、航空、体育各个领域都逐步崭露头角，展现出社会主义制度的优越性。世界需要了解中国取得发展和成功的秘诀，特别关注中国在应用马克思主义过程中的经验和中国特色社会主义的核心本质。我认为，中国特色社会主义及其对马克思主义的创造性应用，以及中共对中国现实国情深刻的洞察和认知，是中国发展的秘诀。中国的经济改革从 1978 年开始，之后中国共产党不断将马克思主义的原理应用到中国的现实条件和国情之中。中国的成功和发展告诉我们，中国共产党从发展中国家和发达国家发展历程中吸取了重要经验，将马克思主义的原理灵活应用于实践，系统地回答了中国的发展道路、发展方向、历史定位、战略方针等一系列重要问题。在中国共产党的领导下，中国已经建立并完善了以公有制为主体、多种所有制共同发展的所有制形式；在实现民主方面不断进步，坚持和完善人民代表大会制度和政治协商制度。中国特色社会主义政治制度，为世界社会主义的发展和进步树立了光辉的榜样。在中国共产党领导下，中国取得了辉煌的发展成就，用极短的时间解决了社会长期存在的问题，例如贫困，并成为现代科学技术发展的先锋，再次验证了中国特色社会主义的成功。中国没有任何理由放弃这一理论，会继续在这条道路上阔步前进，将自身建设成为富强民主文明和谐美丽的社会主义现代化强国，这对世界上发展中国家是一种莫大的鼓舞，中国的榜样会给世界上长期处于贫困之中的国家提供一种新的发展道路的选择，是对资本主义道路的一种替代方案。当前世界社会主义正在稳步前进，中国的发展对于世界上所有受压迫的民众是巨大的鼓舞，为世界社会主义未来的成功提供了保障。中国的发展会不断证明这一点，证明中国共产党领导的正确性。

印度全印前进同盟中央委员会副主席
戈提拉万·维卢曼迪的发言

过去 40 年，世界经历了各种风云变幻，但是中国共产党一直相信，人民的福祉是它所追求的目标，并且将其贯穿自己的实践当中。同时，中国也对社会主义进行了改革以适应中国国情，所以，中国特色社会主

专题研讨会分组会议三讨论现场

义是符合中国国情的,这些举措加强了中国共产党的领导,始终得到最广大人民的拥护。中共十九大召开之后,习近平新时代中国特色社会主义思想被确立为党的指导思想。社会主义在中国的各个领域取得了胜利,赢得了更多民众的支持。中国特色社会主义不仅改变了世界格局,也影响了世界科技发展进程。苏东剧变使世界社会主义进入低潮,但中国共产党扛起了社会主义和共产主义发展的大旗。社会主义运动的革命英雄也试图在印度建立社会主义制度,我们也一直致力于将社会主义进行改造以适应我国国情。

希望中国和印度的友谊常青,希望中国共产党和我们党的友谊常青。

秘鲁共产党(红色祖国)全国执委
莱昂尼西奥·阿库里奥的发言

我认为所有与会者都谈到了各自国内的落后形势,以及我们面临的边缘化的困难。我认为马克思主义分为三个层面,分别是政治层面、经济层面以及哲学层面。而在秘鲁,我们只是把它作为一个政治理论,我们在政治上,在与右翼的斗争中广泛地应用了这一理论,有时人民也希望开展一些关于社会主义的讨论,同时也希望用唯物主义的观点为他们解释生活中的现象。我刚才提到的马克思主义的三个层面,都应该用科学的角度来理解,在讨论马克思主义的时候还要考虑到苏联以及今天的中国对马克思主义的应用。今天会议的与会者也都应当进一步深入地理解马克思主义,并且结合各自国内实际,创造性地开展实践。我们应该认真聆听每一位与会者的发言,并且结合自己国家的形势对此进行深入思考。我们不可能立即科学地运用马克思主义,因为需要深入分析马克思主义，同时我们对未来也存在一些迷惑，不知道未来等待我们的将是什么。比如，我们现在的贫困率达到了 20%，还有着很沉重的主权债务负担。更糟糕的是，我们在经济发展模式方面的探索不太成功，中国已经有了很好的经济发展模式，我们也希望找到适合本国国情的发展模式。但我们政府的收入并不能满足国家的经济增长需要，各项政策只是着眼于增加政府收入，并没有考虑到人民福祉以及生活水平的提高。我们党认为，一切收益应该考虑到人民的福祉，比如说退休金、社会福利等方面的问题，应该采取具体的政策，惠及全民，正如中国所做到的这样。在我们国家，我们也在积极地解放思想，希望进一步促进经济发展，比如我们正在思考在社会转型阶段究竟应该做些什么。之前，只有资本主义和新自由主义模式才被认为是正确的发展模式，中国的经验表明，我们应该探索出自己的发展模式，以实践的社会主义来发展我们的国家。正如中国的发展经验告诉我们的，不应该把马克思主义仅仅放在理论的层面，而应该放在实践的层面。

秘鲁共产党（团结）全国执委
伊尔德布兰多·卡瓦纳的发言

今天的研讨会是我们未来开展国际性社会主义合作的一个重要起点。我们知道，社会主义制度是不能够直接复制的，每个国家都应该走符合本国国情的社会主义道路，用自己国家的语言来描绘社会主义，为新一代人建设出适合自己的社会主义。早在 1928 年，我们党的创建者就曾经这样说过，我觉得他的话是很有道理的。因为任何理论都应该诞生于这个地区的本土，用这个地区的语言来阐述和解释，中国是这样做的，中国特色社会主义就是这样的。

中国特色社会主义涵盖了中国历史的智慧，而全球社会主义的发展，可能只经历了一百多年的历史，这个时间相对来说是比较短的。我们在未来的社会主义建设中，无论是在拉美还是在全球，都应该更加科学地去发展社会主义，更加注重各个地区和国家的特点。中国的经验对我们来说非常重要，我们需要加强对社会主义的领导，要及时纠正过去的错误。

我们政党的优势是具有很强的信念感和责任感，我们善于学习知识，善于总结错误，善于为我们的事业而奉献、努力，这也体现在我们进行的阶级斗争方面。作为社会主义者，我们都有一个共同的发展历史，都有一个共同的价值观，我们彼此团结，互称为同志，我们应该更加紧密地团结在一起，比如说举行更多这样的活动，把实践当中的经验互相分享。

社会主义的未来就在我们的手中，社会主义未来将向什么方向走，也取决于我们。希望我们能够不辜负民族、人民对我们的期待。

斯里兰卡人民解放阵线政治局委员
维吉塔·赫拉特的发言

在马克思诞辰 200 周年之际，我们在这里举行专题研讨会，很有意义。资本主义已经加深了对工人阶级的剥削，同时也对社会结构造成了破坏。20 世纪初，一些国家成为垄断资本主义国家，为资本的过度扩张创造了条件，创造了一些新的消费群体，通过数字化的手段和其他的一些现代化手段来巩固它们的统治。在发达国家，由于科学技术的进步，就业机会的减少，对劳动者造成了非常严重的挑战，这就是工人阶级现在所面临的挑战。而且，资本主义正不断从工人阶级手中掠夺他们的东西，无情剥夺了他们的劳动成果，同时也在寻找新的方法，通过医疗卫生、教育等条件的改善来压制工人阶级的斗争。由于贷款方式的出现，劳动人民在购置物业的时候，将长期偿付各种贷款，使他们的生活陷入了困境。虽然他们可以为这些劳动群众许诺拥有车辆或者住房，但深重的债务也使得工人阶级很难有足够的钱来获得医疗保险并为子女提供教育。许多工人每天都必须工作 14—15 个小时，甚至一些人身兼数职来贴补家用。工人阶级变成了机械化的工业生产中的一份子，马克思曾提出，劳动的异化已经变成资本主义社会非常严重的问题，使人民承受最大的精神压力，甚至导致自杀和各种犯罪侵害，很多长时间从事体力劳动的工人陷入极端的精神状态，这对他们的身心健康都是非常不利的。资本主义所提出来的解决社会问题的方式和手段并不能够真正解决我们所面临的问题。

科学社会主义是解决这些问题的真正方案，马克思主义认为，只有让共产主义政党和社会主义政党成为国家的执政党，才能制定有效的社会政策和经济政策，解决普通民众生活中面临的问题。社会主义制度不应该是照抄照搬，中国特色社会主义是我们学习的榜样，我们要按照本国国情来建立自己的社会主义制度。马克思的科学社会主义是我们在21 世纪必须遵循的根本原则。

斯里兰卡人民联合阵线副主席
贾亚克迪的发言

1917 年十月革命是一个非常重要的事件，这是由马克思主义所启发的，从那以后社会主义给我们带来了重要启迪，我们应该从中汲取重要的思想养分。受十月革命影响，我们国内建立了一些社会主义政党和左翼政党，这些政党以马克思主义理论为指导，领导国内工人运动，为工人阶级争取了各种权利。

斯里兰卡人民与中国人民的友谊历史悠久，我们坚定支持并鼓励这种友谊的发展。中国一贯支持斯里兰卡发展，特别是在习近平总书记的领导下，斯中关系进一步提升，我国经济、政治和社会发展取得更大成就。我相信斯中关系未来会继续发展。中国的发展对包括斯里兰卡在内的东南亚国家都有非常大的影响，中国特色社会主义理论和实践对于这些国家的左翼运动有着非常重要的启迪，中国经验对于欧洲、非洲、拉美和亚洲国家的发展也提供了重要启示。中国计划到 2020 年实现自己的中期发展目标，我们对此充满信心。习近平总书记提出的"一带一路"倡议是将有关国家连接起来的非常重要的倡议，在习近平总书记的领导下，这一政策将会得到彻底的贯彻执行。在中国，社会主义建设是在马克思主义理论指导之下进行的，在斯里兰卡，只有将社会主义理念同佛教结合起来才能够让社会更好地理解和接受，希望斯中两国继续推动国家的变革。

华中师范大学国外马克思主义政党研究中心副教授
余维海的发言

改革开放 40 年来，中国发生了翻天覆地的变化，取得如此伟大成就的密码是什么呢？我认为答案是多方面的，其中思想引领力是中国改革开放伟大实践的巨大引擎。

习近平总书记在党的十九大上也提出了要不断增强党的思想引领力的问题，以确保我们党永葆旺盛生命力和强大战斗力。

从全世界来看，当代世界共产党普遍重视思想引领力建设，把马克思主义确定为指导思想。《共产党宣言》发表后，马克思主义不断引领全世界共产党人从事共产主义运动，世界各国共产党在马克思主义的思想引领下，不断加强党的建设，影响并改变着人类历史进程。一个党如果缺乏科学的思想和引领，必然丧失先进性，走向衰亡。

改革开放以来，中国共产党始终坚持马克思主义思想，不断增强马克思主义引领力在社会主义建设中的作用。中国共产党用马克思主义武装全党，始终重视思想建党、理论强党，坚持"四个自信"，使全党始终保持统一的思想、坚定的意识、协调的行动、强大的战斗力。

在思想引领上，中国共产党牢牢掌握意识形态工作领导权、培育和践行社会主义核心价值观，加强思想道德建设，繁荣发展社会主义文艺，推动文化事业和文化产业发展。

要发挥马克思主义的思想引领力，必须解放思想，激发活力，不断推进理论创新，增强马克思主义思想引领的能力。共产主义不是建在真空基础上，也不能陷入空中楼阁，应该根据各国土壤，使马克思主义具备强大的实践引领能力，根据国际形势发展变化和具体国情科学践行。

40 年来，中国不断推进改革开放，实事求是，突破了许多经典马克思主义和传统社会主义理论的做法和禁锢，大胆进行理论创新。比如说改革开放从国情出发，创造性地做出了中国处于社会主义初级阶段的伟大判断，着力解决社会主要矛盾。以经济建设为中心，从发展有计划的商品经济到建立社会主义市场经济，再到作出市场在资源配置中起决定性作用的判断，从而开启了社会主义改革开放的伟大征程。

正是由于不断推进马克思主义中国化时代化，在实践中增强了马克思主义的引领力，保障了改革开放的正确方向，也正是马克思主义的理论创新，才增强了改革开放的动力。不断增强的马克思主义思想引领力是改革开放伟大实践的引擎。不断增强马克思主义引领力也能成为推动世界社会主义不断发展的引擎。

上海社科院国外社会主义研究中心主任
轩传树的发言

第一，我们的议题讨论深入具体。听了大家的发言，我有三点感受。一是对马克思主义的科学性彰显了信心；二是对中国特色社会主义的建设成就和中国特色社会主义在国际上的影响力给予了肯定和赞赏；三是对各自国家共产党的情况进行了介绍，同时对世界社会主义的未来发展提出了自己的展望，尤其是在未来世界社会主义发展的进程当中，对中国共产党提出了一些期望。

我们这次会议目的是相互学习，相互探讨，合作互鉴，在中国共产党与世界政党高层对话会专题会的框架下，今天举行纪念马克思诞辰200周年专题研讨会体现了中国共产党的积极作为。我想这一点也是各位专家共同的感受。

第二，我们在讨论过程当中，话题更加具体。今年是马克思诞辰200周年，也是中国改革开放40周年，我们今天选择在改革开放的最前沿、改革开放的排头兵——深圳举行这样的会议，应该说是恰逢其时，两个纪念相得益彰。

第三，从国际社会看，当前对中国特色社会主义还存在误解或疑虑。中国特色社会主义的本质属性，首先是社会主义，其次才是中国特色。刚才有很多代表都说社会主义的制度、体制是不能复制的，这一点我是很赞成的。每个国家、每个民族、每个时代的社会主义的实践路径、具体体制、机制有着各自的特色和特征，民族特色、时代特征，应该是一个永恒的话题。

第四，一些代表询问中国成功的政治密码是什么？有人说是务实主义，有人说坚定改革。这些是对的，但也不全面。我想说的是，我们的成功密码可以用党的十九大习近平总书记说的"进行伟大斗争、建设伟大工程、推进伟大事业、实现伟大梦想"进行概括，这是中国特色社会主义取得成功的密码，也是坚持发展中国特色社会主义的四大法宝。

第五，关于中国特色社会主义之于世界社会主义的作用、功能问题，我们是不是要成立新的共产国际？我们是不是要输出中国模式和中国道路？答案显然不是。中国特色社会主义已经进入了新时代，新时代显然有两个内涵，就国内而言，进入新时代意味着中国迎来了从站起来、富起来到强起来的飞跃，但并不意味着已经完成飞跃。就世界社会主义而言，我们已经走近世界舞台的中心，已经成为世界社会主义的重要支柱，历史一再证明，世界社会主义运动总是要有一个中心的。现在处于中流砥柱地位的中国共产党、中国特色社会主义，如何发挥这个中心作用？我个人认为，应该是以中国特色社会主义建设的伟大成就来彰显信心，以巨大成就背后所凝聚的价值共识来引领世界社会主义的前进方向，以中华民族的伟大复兴来推进世界社会主义的伟大复兴。

自由讨论

代表提问：当前美国在作出摧毁性的决策，搞各种负面性的活动，如何来应对这个问题？

代表提问：我想问尼泊尔共产党（马列）总书记一个问题，尼泊尔刚刚完成了大选，两个共产党联合取得了胜利，在国际共产主义运动中是一个非常有突破性的进展和事件，能不能请梅纳利总书记介绍一下目前两个共产党联合的情况，以及尼泊尔在共产党再次执政后怎样处理和印度、中国的关系？

梅纳利：你提的这个问题很重要，在这次大选中两个共产党合并成一个共产党。这两个党的政策不一样，但仍然愿意联合起来共同进行斗争，这是一种战术。我们希望向人民表示，我们会成为一个政党。实际上我们已经在左翼政党之间形成了一些共识，这次选举传达出来的一个信号就是，政治稳定是人民所渴望的，我们将会为国家的经济建设和发展作出贡献，也会让尼泊尔成为一个更为强大的国家，使外部势力不能够操控我们国内政治。人民支持我们的竞选口号，并且把选票投给了在选举当中获得多数的政党。选举之后，也有一些人民怀疑联盟的团结性和稳定性。我觉得尼泊尔共产党应该超越各自党派的利益，时刻考虑国家稳定、发展和民族团结的大局。希望他们能够克服自己的弱点，通过

部分与会代表考察深圳图书馆

这种结盟关系建立更为强大的政治组织。这对于尼泊尔人民和政党来说，也是一场考验，我们应该也必须通过这场考验。

代表提问：危地马拉近 20 年来经历了一些衰退，主要原因是我们没有考虑国家的现实而采取了一些政策。我向中国共产党代表提出的问题是，中国是如何利用资本主义因素并结合中国具体实践的，你们在此过程中遇到了哪些问题？

代表提问：中国共产党是中国的执政党，中国政府成功的抵御了资本的入侵，我想知道中国成功的秘诀是什么？

代表提问：我来自乌拉圭，我有一个问题，也可以说分享一下我的观点。我们在绘制发展蓝图的时候，总是会考虑到一些问题，例如需要考虑如何来对抗帝国主义，如何应对美国给我们的一些制裁，实际上在我们的国家有许多工作要做，因为我们最大的敌人就是我们自己。我们现在所进行的一系列实践活动，目的是结合我们的国情，在我们国家的司法、社会等方面来实现一系列改革。美国从各方面控制着我们，包括控制我们的司法和媒体，我们国家在发展中遇到了阻力，比如说政府有腐败问题，政治体制上存在问题，各个方面都有问题，但是群众如何才能知道呢？我们的媒体怎么才能把这些宣传出去呢？我相信如何应对美国的问题可能各个国家的左翼政党都是有针对性的。而我所知道的就是我们要团结在一起，如果我们分开行动、各自为政的话，我们在国内面对的问题就更难处理了。

代表提问：美国一直以来都是资本主义霸权国家，外债的比例非常高，各方面都有很多危机，包括金融危机、经济危机、财政赤字问题等等，这些都是它的问题。中国的经济优势是什么？在近些年当中，中国已经拥有了很大规模的外汇储备，比美国要高得多。为什么美国还要向发展中国家、新兴国家去灌输它的强权政治理论呢？我们应该意识到，改变的时间到了。我们要帮助穷人，变革国家的体制，通过税收结构改革等使我们国家成为一个更好、更有包容性的国家。所以，我想必须把金融问题也作为我们讨论的一个重点，比如说像中国这样的国家，在经济方面已经有了雄厚的基础，应该如何在国际上发挥更大的作用。敌人就在我们的面前，我们却还没有研究好该如何去应对，从金融方面找到它们的弱点，更好地利用我们这个阵营的优点和资源。希望大家能够共同讨论，从资金、金融等各个角度、各个层面把我们更好地联系在一起。

中联部研究室主任栾建章：我想从研究的角度来回答一下大家的问题。比如说第一个问题，大家提到怎么应对美国。我想有两条路。第一，刚才有的同志也提到的，恐怕是受美国影响的国家或这部分群体，要解决如何合作和团结的问题，实际上很多人提到了，怎么团结的问题是一个很重要的问题。美国有强大的资本力量，有一部分人在这种力量的面前可能也就禁不住诱惑了，团结的问题怎么办？这恐怕是要解决。第二，理念的问题，要树立一种新的理念，美国的理念很多是冷战的思维，二元对立的思维。习近平总书记提出人类命运共同体的思想，大家都生活在一个地球上，在一个大家庭里面互相影响。我认为这种理念不仅共产党要树立，美国一些精英、西方社会精英也要树立。解决一个团结的问题，一个理念的问题，这是很重要的。

第二个问题，中国成功的秘诀是什么？这两天在我们的会上讲广东的故事、深圳的故事，大家听到了很多。今天，在我们纪念马克思诞辰200 周年的时候，应该说中国最大的成功秘诀就是纪念马克思、致敬马克思，还有就是要感谢马克思。中国走到今天，是坚持和发展马克思主义的结果。

比方说，中国老是讲发展是解决一切问题的关键，这就是马克思主义的基本原理，我们要发展生产力。这两天我们一再强调的改革，就是讲生产关系和生产力要适应，这是最基本的。无产阶级政党的自身建设问题，中国的成功归功于中国共产党的领导，这个如果展开讲就太多了，我们党的领导发挥了很重要的作用。共产党是代表人民的，我们坚持以人民为中心的理念，坚持全心全意为人民服务，这些都是马克思告诉我们的，我们这些年就是这么做的。只要这么做就能够取得成功，这很重要。

当然，在这个过程中，马克思主义一定是和各个国家的具体实际相结合的。比如说中国的文化，我们是讲辩证、讲中庸，我们不走极端。不能说一个东西是坏的就彻底坏了，就扔掉了，也不能说一个东西是好的就所有的都好。这里面也表现为我们对待市场经济的一种态度。

我接着回答另外一个问题，我们发展遇到什么问题。其实在社会主义国家的发展中，一个很重要的问题就是劳动与资本之间的关系。资本主义搞市场经济，我们也搞市场经济，我们搞的是社会主义市场经济，是以人民为中心的，这是一种结合。我们的发展要很好地处理劳动与资本、效率与公平之间的关系，怎么处理这个关系？习近平总书记有一句话，发挥市场在资源配置中的决定性作用与更好地发挥政府作用相结合，这两者是缺一不可的，完全靠市场，完全的自由市场，那就是新自由主义；完全的政府掌控，那就是过去的计划经济。社会主义市场经济是把两者的优势结合在一起。我参加过好几次世界性的共产党的会议，很多时候全世界也在探讨这个问题，包括怎么看待新自由主义的问题，怎么看待西方主导的经济全球化的问题，这都是一系列相关的问题，也是需要大家进一步研究的课题。

我也同意刚才有些同志的发言，对待马克思主义肯定不能教条主义。刚才有一位代表发言提到共产党要研究金融问题，我个人觉得在全球化的时代，共产党肯定要研究金融问题，也要研究信息化时代怎么应用好媒体的问题。信息化时代，金融和媒体这两个关是一定要过的，共产党过不了这两个关，很多事情就不好办。类似于我们这样的研讨会，不能仅停留在务虚层面，也要进入到务实层面的讨论。

代表提问：关于社会经济模式，从某种意义上说，中国特色社会主义实行改革开放和社会主义市场经济，形成了一个独特的经济模式。这一模式中，国家扮演着经济发展的主导者和领导者角色，同时也可以更好地满足人民的需求。因此，我想提一个问题，有没有一些实践或理论上的指数可以展示中国独特的经济社会形态？

代表提问：中国实行社会主义市场经济，工薪阶层的情况怎么样呢？他们是否也能得到共产党的有效领导，或者说他们是否有自己独立的工会组织？长期看来，工薪阶层或者说工人阶级是否有被孤立或边缘化的危险？我想知道中国在这方面的情况。

李辉：简单回应一下刚才两位同志的问题，从最后一个问题开始回答。中国共产党领导下的工人阶级实际上跟国外的差别比较大，很大的一点在于，共产党是工人阶级政党，工人阶级本身就是领导阶级，这在《中国共产党党章》中写得很明确。你的问题，我理解是改革开放之后，中国国有企业发展当中遇到改制的问题，有一部分工人下岗，这种情况是存在的。我们在经济发展当中也在不断加以解决，就业、创业一直是中国政府重点解决的问题。中国有工会组织，工人要加入工会组织，但工会组织是在党的领导下的，中国共产党和工人阶级的根本利益是一致的。

关于有哪些指标体系可以确定中国的社会主义属性，如果没有理解错的话，实际上我们有很多数据统计在论证和回应这样的问题。中国发展经历了从站起来、富起来到强起来的不同阶段，特别是改革开放 40 年来，首先解决一个大问题，就是吃饭的问题。13 亿人口吃饭对于中国来说曾是一个很大的难题，中国贫困人口从改革开放初期的半数以上，降到现在的几千万，这个变化是巨大的。我童年的时候生活在中国的农村，经常吃不饱饭。经过几十年的发展，这样的人口越来越少了。现在中国共产党做出的一个很重要的决策就是要精准扶贫，脱贫一个也不能少。接下来几天你们在中国其他地方可以看到这些变化，这是一个很重要的指标。

还有就是教育指标，过去中国的教育是非常落后的，以前普遍实行九年义务教育，现在推动高中教育普及，接下来还要推动高等教育的普及，这个指标也是变化很大的。还有住房指标，马克思当年强调人民群

专题研讨会分组会议三现场

众衣、食、住、行这些基本问题的解决，这在中国过去 40 年做得非常到位。以人民为中心的发展理念，中国共产党这么多年一直在坚守。当然，这也涉及生产力和生产关系的矛盾怎么解决的问题。

代表提问：中国发展工业，建设工厂，但这些工业、工厂建起来之后可能会占用耕地，就减少了农业产出，你们是怎样保护农业的呢？

轩传树：我不研究经济问题，因此关于中国农业问题我只能谈一些感性认识。我来自安徽农村，成长过程中是挨过饿的。深圳是中国沿海开放城市的先行者，是一个窗口。据说过几天大家要去安徽小岗村，那是中国农村改革的先行者和试验田，安徽小岗村当年搞包产到户，几个村民去按手印。现在，农村土地还是集体所有制，但是使用权、所有权和收益权已经走向"三权分离"，极大调动了农民的生产积极性。经过 40 年的发展，我们已经解决了温饱问题。随着改革的深入和城市化进程加快，很多农民工进城，部分土地就会闲置，于是农村出现了土地流转，从原来的分散到新的集约经营，有一点形成了农场化的势头，这种变更完全适应了生产力发展阶段，不同的发展阶段要用生产资料公有制的不同实现形式与之相适应。

第二，近几年来，中央减免农村税费，农民不仅不用交农业税，而且还享受化肥、农机购买的农业补助，这是对一部分有技能、有劳动力、不愿意离开土地的进城务工人员的一种鼓励。

第三，现在有一些刚刚毕业的大学生，他们运用大学所学的技能从事农村生产和加工带动农村经济的发展。还有一部分大学生到农村任职，去管理农村、治理农村，使农村的治理知识化、科学化、有序化。

闭幕式

德国的共产党主席
科伯勒的致辞

同志们，首先我要感谢中国共产党举办此次非常重要的会议，我在这里的主要任务是给大家总结一下我们第一小组讨论的情况，但我也想借此机会首先讲一讲我自己和我们党的情况。首先要感谢中国共产党和中国政府向德国捐献了马克思雕像，这结束了 200 年来德国特里尔没有一个马克思纪念雕像的历史。而且也给德国的共产党一个机会来欣赏这尊雕像。今年 5 月 5 日活动的现场红旗招展，我们有一位党员长得很像马克思，他也特别喜欢这尊雕像。这一活动在我们党 50 年的历史中是第一次，使我们能够更好地纪念马克思，所以在这里要再次感谢中国共产党、中国政府和人民给我们这样的机会。

我们小组一致达成以下意见：马克思主义仍然是活生生的，它不是历史，也不是过去。而且如果我们讨论马克思和恩格斯的理论，那么这些理论是全面的，包括辩证唯物主义哲学、政治经济学、科学社会主义理论、阶级斗争理论等。

有一些人可能会断章取义，但这种方式是对马克思主义虚假的、虚伪的解读，我们可以看到资产阶级是怎么做的。5 月 5 日，在德国任何人上街的时候都可以看到马克思的影响。一些人实际上也了解年轻的马克思，包括他的政治经济学和哲学，可他们希望能够把这些马克思的哲学和政治经济学割裂开来。但是在我们小组的讨论中，大家看到一个现实，马克思主义是全面的理论，如果要理解经济危机，就要了解剩余价值理论，特别是剩余利润的积累，要了解社会的发展，那必须了解历史唯物主义。我就先讲到这里，谢谢大家。

巴勒斯坦人民党书记
萨利希的致辞

非常高兴能够代表第二组来进行总结发言，同时也谈谈我个人的一些看法。首先我要向中方表示敬意，感谢你们举行此次重要的会议，使我们有机会共同纪念马克思诞辰 200 周年，所有人都表达了对中国共产党和中联部的感谢。

我们都强调，马克思主义是一个务实的理论，也是一个不断发展和革新的理论，绝对不是僵化的教条。马克思主义是指导工作的纲领，它也应该根据时代的发展而不断得到提升和革新，包括对生产关系和生产力关系的论述等。我们可以看到，世界各国的生产力不断提升，但有的时候生产关系还处于滞后的状态。所以中国在这方面取得的重要经验，给我们很大的启示。中国建立的不是传统意义上的生产关系，而是一种中国特色社会主义的生产力和生产关系，这是中国特有的、独一无二的经验。

中国的生产力在这一思想的指引之下得到了极大的提升，打破了经济僵化、停滞不前的状态，实现了长足发展。中国的生产力大幅提升，说明中国的社会主义模式不是传统的、僵化的，而是有中国特色的、吸收了中国特点的。

中国人民实现了脱贫减贫，同时中国最大程度实现了社会公平正义。当然，中国也面临着这样或者那样的问题，也面临着很多的挑战，但是中国共产党勇于迎接挑战，领导中国实现发展，使中国特色社会主义在 21 世纪焕发出强大的活力。

社会主义的未来并不会随着苏联的垮台而终结，与此相反，世界各国现在仍有不同的社会主义探索，存在着不同的社会主义模式。各国在处理市场和政府关系时可能有不同的方式，中国在这方面取得了巨大发展，也制定了宏伟目标，取得了举世瞩目的成就，特别是近年来，中国提出"一带一路"倡议、构建人类命运共同体、建设美好世界等主张，这使中国模式和中国理念具有了世界意义，可以帮助各国实现共同发展，推进减贫事业，保护自然环境，维护公平正义，维护世界和平与稳定。我觉得中国的理念是对世界的一个巨大贡献，可以帮助世界各国解决不同的问题，马克思主义将会永远铭记于史册，世界将会永远成为马克思主义发展的绿洲。

我们的讨论还强调了中国为维护世界和平安全发挥的巨大作用。中国是联合国安理会常任理事国，我们期待中国能够在巴勒斯坦问题上发挥更大作用，帮助巴勒斯坦人民尽快结束以色列占领，恢复我们的民族合法权利，谢谢你们。

委内瑞拉共产党总书记
菲格拉的致辞

大家下午好，我代表第三小组在这里发言，我们小组讨论了中国特色社会主义的理论和实践等方面的问题，达成很多共识。一点共识是，大家都认为，中国共产党和中联部给我们提供了一个宝贵契机，在这里我们可以自由分享观点和经验，同时聆听中国共产党的同事们在工作中取得的经验，思考如何结合国情开展社会主义建设。另外一点共识是，大家一致认为中国特色社会主义进入新时代具有历史性意义。中国特色社会主义理论具有很强的科学性，不仅具有理论基础，也充分结合了中国的国情和发展现实，所以我们高度赞赏中国特色社会主义在中国经济社会发展当中所起到的决定性作用。在拉丁美洲，也有一些伟大的思想家曾经指出，社会主义不应该是照搬照抄，一味模仿别国，而应该是每个国家用自己的语言、基于自己的文化来予以阐述，这和我们今天的主题是高度一致的，我们拉美的思想家也赞成社会主义应该基于各国国情不断得到创新和发展。

此外，我们还一致认为，在新时代，21世纪马克思主义仍然是我们的重要理论指导，具有很强的理论和实践意义。习近平总书记在执政过程中高度注重改善中国人民福祉，出色履行着中国共产党人的使命。中国共产党所取得的辉煌成绩，与习近平总书记的领导是分不开的。我们也高度赞赏习近平总书记在发给本次研讨会的贺信中就加强左翼政党合作阐述的观点。左翼政党合作将是未来世界社会主义的重要基石，也是我们将要迈出的重要一步。希望世界各国人民都能够参与其中。从这个意义上来说，尽管马克思今天已经诞辰200周年了，但他的思想仍然是有用的，具有极高的价值，非常感谢。

埃及民主社会党主席
穆罕默德·扎赫兰的致辞

首先我要向中国共产党表示感谢，感谢你们举行此次重要的会议，事实上马克思最初并没有想到他会创建马克思主义，也没有想到他会为世界作出巨大贡献，但他本人是一个伟大的哲学家和思想家，他改变了这个世界。作为马克思主义的创建者和奠基人。马克思基于现实深刻揭示了社会发展的规律，找到了推动历史车轮前进的正确方式，最终改变了这个世界。他依靠的就是辩证唯物主义，推动实现人的自由，只有尊重客观规律才能够实现上述目标。

习近平总书记也提出了建设中国特色社会主义以及中国特色社会主义进入新时代这样的重大论断，这也是对于中国具体国情和历史特点进行深入总结之后取得的新的理论创新，是马克思主义中国化的最新理论成果。

我们看到习近平总书记提出了若干重要的主张，首先是求真务实。只有在深刻了解自身的具体国情和特点之后，才能够更好地发展和借鉴马克思主义的基本原理，推动中国实现发展进步，而不是僵化地照搬照抄，在这一理念的指引下，中国特色社会主义取得长足发展。

习近平新时代中国特色社会主义思想指出，当前中国社会主要矛盾发生了新的变化，就是人民日益增长的美好生活需要和不平衡不充分发展之间的矛盾。这体现在政治、经济、文化等各个领域，中国都发生了翻天覆地的变化，人民对美好生活、对法治、对社会公平正义和安全稳定的向往都前所未有。为此，习近平总书记提出了全面深化改革，涵盖所有重要领域。习近平总书记提出各国政党应该互学互鉴，每一个党都有自身的特点，各国探索社会主义的努力也都有各国自己的特点，应该相互学习借鉴。中国在这方面做得非常好。谢谢大家。

法国共产党执委会成员
达蒂戈尔的致辞

亲爱的朋友们，亲爱的同志们，我谨代表法国共产党和我党全国书记皮埃尔·洛朗向各位致以兄弟般的问候，非常荣幸能够与诸位共同出席此次纪念马克思诞辰 200 周年国际研讨会。

此次盛会可以说日程丰富，嘉宾云集，充分显示出了会议应有的级别与分量，祝贺中国共产党的同志们圆满成功地举办了此次盛会。20 世纪 90 年代，我读大学的时候，当时的主流价值观还在鼓吹"历史终结论"，声称马克思主义将要从当代思想中消亡，这也无疑是人类思想史上自掘坟墓的年代。然而马克思还是回来了，而且其是随着资本主义危机在全球经济、金融、政治、道德、环境等各个领域不断的蔓延，人们又开始注意到马克思主义。就如同现在欧洲热议的电影《青年马克思》一样，马克思主义又以勃勃生机回归到人们的视野当中。

在法国，包括资本家们都开始谈论起马克思，而不可思议的是，在不久的过去他们还在质疑马克思，甚至投之以不屑的嘲笑。马克思的回归体现在多个方面，包括文献的出版，一些青年学者也在开始关注他，政客们也就马克思的思想达成了一些共识，工会运动者们也在以马克思的思想指导工作。我们发现马克思的思想依然具有强大的生命力，依然在不断发展，马克思主义对现实依然具有强大的指导意义，这也要求我们沿着马克思的思想，结合当前现实，对共产主义重新进行思考。

马克思不仅关注社会的发展，也关注人类个体的发展，他认为共产

与会代表接受媒体采访

主义就是应该建立一个能够实现个体自由和充分发展的更高级的社会。然而在当今社会，人类发展还面临着不平等、歧视、剥削等多重挑战。对法国共产党来说，在新时代，应该抱有建立国际新秩序的伟大抱负。然而在特朗普入主白宫之后，他一直在采取着极其危险的军国主义政策，严重影响了世界和平，尤其是中东地区的和平稳定。面临这种危险形势，以及民粹主义和民族主义的不断上升，我们更应该思考建立一种新的国际秩序，通过结束对抗来建立新的全球化模式，这同习近平总书记提出的构建人类命运共同体的理念相一致。我们需要一种新的合作模式，需要更加稳定和平衡的国际关系。

在法国，当前我们不仅关注马克思主义，更关注中国和中国的发展，尤其是"一带一路"倡议，这一倡议致力于实现亚洲、欧洲、非洲以及拉丁美洲之间的互联互通。我们也支持中国尊重各国主权、通过多边渠道来解决国际争端的做法，这有利于各国人民获得独立自主的发展，实现互利共赢。构建人类命运共同体的理念现在已经被纳入法共的理论路线图，我们愿与中国共产党的同志们在我们法共的党报节上继续探讨这些问题，因为贵党有出席我党这一活动的传统。谢谢！

老挝国家政治行政学院副院长
沙穆通·宋帕尼的致辞

尊敬的各位来宾，亲爱的同事们，首先我要感谢中国共产党的盛情邀请，很高兴能够参加这次非常有意义的活动，纪念马克思诞辰 200 周年。

马克思主义是被很多国家采用的实现人的解放的科学理论。老挝人民革命党接受了马克思列宁主义作为我党指导思想，以其为依据制定国家的发展战略。今天我党在全国有 27 万左右党员。

马克思在人类历史中发挥了巨大作用，作出了巨大贡献。我赞成习近平同志所指出的，马克思是全世界无产阶级和劳动人民的革命导师，是马克思主义的主要创始人，是马克思主义政党的缔造者和国际共产主义的开创者，是近代以来最伟大的思想家。马克思的经济学著作为我们理解当今时代的劳动与资本关系奠定了基础，并深刻影响了后世经济学的发展。世界上很多知识分子、工会和政党领导人都受到了马克思著作的影响，很多人在继承或发展他的理论。马克思也被视为现代社会科学的主要奠基者之一。

在这里我也想谈一谈习近平新时代中国特色社会主义思想以及世界

社会主义的未来。大家都知道，中国提出了不同于西方的发展模式，找到了适合自己的发展道路，取得了非凡的成就，中国模式能够帮助世界克服未来可能出现的危机。中国特色社会主义对我来说是一种新的世界观，是一种新的社会主义模式，因为它将马克思主义理论创新与中国现实有机结合起来。目前中国树立了一个非常好的里程碑，有成熟的条件在 21 世纪建设社会主义。

中国特色社会主义进入新时代，为其他国家提供了一个可供学习借鉴的范例，特别是那些坚持社会主义发展取向的国家。自实施改革开放政策以来，中共将马克思主义基本原理与中国改革开放的实际相结合，使中华民族不断走向繁荣富强。在新时代，中共再次将马克思主义基本原理与中国进入新时代的现实相结合，团结和领导人民进行伟大斗争，建设伟大工程，推进伟大事业，实现伟大梦想，所有这些都是非常好的起点，将有力推动社会主义现代化强国的建设和 21 世纪世界社会主义的发展。新时代中国特色社会主义理论是社会主义社会的新起点，是世界社会主义发展可以借鉴的范例，21 世纪有望成为社会主义全球化的世纪。

在此，我要感谢中国共产党长期以来对我们国家的支持，中方多年来帮助老挝实施了很多大的项目，为我国社会主义建设创造了关键性条件。

最后，我想说的是，要进一步发展社会主义，全世界的社会主义力量就需要更加紧密地团结起来，深化合作与交流，特别是通过各种形式加强经验交流与信息分享，这样就能逐步建设一个社会主义全球共同体，这种合作需求是客观存在的，我们可以在未来共同推动社会主义进入更高阶段。非常感谢！

巴西共产党副主席
索伦蒂诺的致辞

马克思是现代最重要的知识分子和革命家，他的最重要的理论贡献在 20 世纪乃至今天都在社会转型中发挥着重要作用。他第一次以历史的、科学的方式揭露了资本主义的真相，以辩证唯物主义的世界观揭示出资本主义不可调和的内在矛盾，他的这些思想对于整个国际共产主义运动具有十分重要的指导意义，无论是在反抗殖民统治还是帝国主义的斗争中都发挥了至关重要的作用。

然而，20 世纪 90 年代苏联解体，意味着建设社会主义的第一次尝试失败了，这导致了一个巨大的政治后退，同时也意味着意识形态和文明的后退。有些人据此认为，马克思主义在当今社会转型中是无用的。当时社会上有很多批评马克思主义的观点，认为马克思主义有着天然的缺陷，它的辩证法是不正确的，社会主义不应该在世界范围展开。这些观点都是片面的，马克思主义的确可以解释一系列社会现象，包括社会主义革命的经验教训，而苏联解体的事实向我们说明，马克思主义并不是一个可以拿来就用或者不可改变的思想，它是一个不断变化中的思想，应当在整个历史进程中从不同方面加以深化。当今世界的很多方面仍然可以用马克思主义来分析，而正因为此，各国工人阶级和劳动人民依然将马克思主义作为理论指南，以其为武器开展政治斗争，并且在实践中不断发展和创新马克思主义，推动世界在 21 世纪获得新的发展。

中国、越南和古巴等国所取得的一系列社会主义建设成就也说明，在寻求社会转型的斗争中存在着多种替代性方案，而正是考虑到这些新方案的存在，我们立足于当今经济社会现实，不断结合各自国家具体情况领导人民开展一系列的政治斗争。

此外，我们还在发展中国家和全球范围内，在反对帝国主义及新自由主义的斗争中不断寻求创新的革命道路以及新的斗争方式，同时利用民主政权，为劳动者争取更多利益。

马克思主义的发展需要不断面对新的问题，并且以时代的眼光、全球化的视角来解决这些问题。马克思主义之所以强大，在于其并不是一个随时会终结的理论，而是不断发展和创新的理论，所有僵化的认识终将失败，所有发展的、创新的认识都将会取得成功。

因此，马克思主义仍是社会转型中非常重要的指导思想，我们也需要与其他思想观点开展沟通，互学互鉴，从而更加深入地理解当今社会所面临的一系列挑战，在建设社会主义的道路上不断勇敢前行。所有高举社会主义旗帜的国家进行社会主义建设的经验都是十分重要的，我们也将在不断探索中取得更多发展，谢谢大家。

印度共产党（马克思主义）总书记
亚秋里的致辞

中国共产党和中联部组织这一重要的研讨会，这次活动的意义非常重大，是纪念马克思诞辰 200 周年的一种非常好的形式。在这样的重要时刻，我不想读讲稿，只和大家分享如下看法。

首先，马克思主义将会塑造 21 世纪。21 世纪马克思主义不仅是"存在于 21 世纪的马克思主义（Marxism IN the 21st Century）"，更是"适合 21 世纪需要的马克思主义（Marxism FOR the 21st Century）"，马克思主

印度共产党（马克思主义）总书记亚秋里在闭幕式发言

义就是马克思主义，但是在 21 世纪的现实条件下，马克思主义还是能够塑造未来，这就是我的核心观点。

为什么这样说呢？

首先，当前的资本主义危机再一次凸显马克思主义的现实意义。因为剥削还在不断持续，在世界上各地都存在着，人们都向往着解放，如何获得解放？这就引出了我的第二点。

马克思主义不仅用于解释世界，更重要的是改变世界。马克思主义的重要性在于，它是唯一一种将形而上和形而下结合在一起的哲学，正是这两方面的结合才使得马克思主义具有独特性。这种独特性决定了马克思主义的重要意义，证明了马克思主义为什么能够重塑 21 世纪的世界发展前景。

根据我们的理解，马克思主义是非常特殊的。只有当马克思主义关于共产主义的理想实现之后，马克思主义才是能够被超越的。通过马克思主义，我们可以理解历史发展的一般规律，马克思主义不是教条，而是一个创造性的科学。

马克思主义基于对资本主义现实具体情况的深入分析，对未来社会做出了科学预测，马克思主义是一个能够不断汲取营养和获得丰富的创造性理论。马克思主义找到了社会发展的规律，找到了发展的方向，也揭示了人性发展的辩证法，找到了所有能够解释人类世界的原因。

对世界的方方面面，包括自然科学和社会科学，马克思都做出了一系列经典论述，包括科学技术的最新发展。主要问题是如何将理论和实践结合在一起。现在，我们都在各自国家探索这一点，我们看到中国进行了成功的尝试，正如习近平总书记所指出的，中国的实践证实了马克思主义的真实性和正确性。

在新的时代，资本主义不会自动消亡，但终将被社会主义所取代，政治上的替代选择就是社会主义。从现实目标看，今天的客观条件对于建立社会主义是有利的，但是我们还没有做好准备。因此，我认为中国的实践发出了一个重要信号：21世纪，社会主义仍然可以在不同的国家获得发展，谢谢！

尼泊尔共产党中央常委、前总理
卡纳尔的致辞

各位代表，同志们，朋友们！特别荣幸在闭幕式上发言。此次研讨会非常及时也非常重要，我在这里代表我党并以我个人名义向所有参会同志致意。此次研讨会的举行，使我们有机会讨论一些重要的理论和观点，包括马克思主义的一些重要观点以及事关世界繁荣的重要问题。毫无疑问，马克思主义有着巨大的生命力和不可替代性，是科学的理论，对当今世界和未来都非常重要。

亲爱的同志们，有些人曾预测，在 20 世纪，马克思主义会消亡，但他们错了。苏联解体使很多人感到不安，但他们忽略了新的发展模式在中国的出现。在中国，随着改革开放的不断深化，马克思主义不断发展且重要性日益提升，中国特色社会主义理论丰富了科学社会主义学说。

我赞成习近平总书记指出的，马克思主义在世界范围内的广泛传播毫无疑问对人类产生了深刻影响，马克思仍然被视为是一千年以来最重要的思想家。中国过去几十年来亿万人民摆脱贫困的事实表明，马克思主义是 21 世纪工人阶级唯一的希望。

在尼泊尔，最近两大共产党实现了合并。虽然一些人抱有怀疑，但新的尼泊尔共产党还是成立了。长期以来，我们一直努力将马克思列宁主义理论与尼泊尔的实践相结合。在 2006 年，我们成功进行了人民革命，建立了宪法法院、制宪会议，最终成功制定了新宪法，形成了真正的革命联盟。2017 年，尼泊尔全国进行了地方、地区和中央三级选举，尼泊尔共产党大获全胜。尼泊尔共产党(联合马列）和尼泊尔共产党(毛主义中心）两党联合起来，在选举之后合并建立了尼泊尔共产党，这是一个强有力的共产党。

尼泊尔和中国在历史上有着良好的关系，尼泊尔人民非常高兴地看到中国取得的历史性发展。正如习近平同志所指出的，中国历史上曾经是"东亚病夫"，但是现在已经站起来了，正在以马克思主义为指导不断获得发展。事实证明，只有不断坚持和发展中国特色社会主义，中国梦才能实现。尼泊尔人也在学习中国，我们也需要发展社会主义，这是尼泊尔特色的社会主义。

世界局势正在发生迅速变化，全球资本主义陷入了更为深重的危机，但是社会主义国家，特别是社会主义中国，正在进行自我巩固和发展。世界各国人民都在寻求一个资本主义制度的替代方案，21世纪应该是复兴和复苏社会主义的时代。谢谢大家！

中共中央对外联络部副部长
郭业洲致闭幕辞

尊敬的各国政党领导人，尊敬的各位嘉宾，各位代表，女士们，先生们，同志们，纪念马克思诞辰200周年专题研讨会马上就要结束了。作为会议主办方的代表，我有责任就会议做几点总结。

这次会议，我们努力将务虚和务实结合起来。昨天大家看了深圳发展成就的展示，今天一起开展理论研讨，接下来我们还会邀请一些同志去安徽考察访问。在接下来的日程当中，大家可能会看到普通人生活的变化情况，可能会和工会、妇联、青年组织的代表接触，还可能了解到中国在教育、医疗等领域，包括农村发生的一些变化，总而言之，我们是想把昨天、今天，包括未来几天的日程有机地结合起来，努力给大家提供一个比较完整的中国的图景，而这个图景也就是习近平新时代中国特色社会主义思想在当代中国的实践成果。这是第一个特点。

第二个特点，我们充分体现了平等性。我们努力让每一位代表都有机会发言。所以每一位代表平均下来的发言时间稍微短了一些，可如果让每一个人都畅所欲言，整个会议框架又会被突破。我特别感谢每一位参会的代表，大家都严格遵守了发言的时间，这也是我们共产党人之

中共中央对外联络部副部长郭业洲致闭幕辞

间、同志之间相互尊重的一种表现。

第三个特点，我们大家在发言中都能够坦诚相见，直截了当地说明自己的观点和立场，这也符合马克思和恩格斯在《共产党宣言》中提到的，共产党人不屑于隐瞒自己的观点和意图。大家在今天一天的讨论中谈了对许多问题的看法，这是同志之间的讨论，有着共同的出发点和共同的目标，恰恰是因为如此，我觉得我们有很多相同或者相似的看法。

第一，大家都认为马克思为人类文明进步作出了巨大的贡献，在当今世界仍有着最强大的生命力。像有的发言者说的一样，"存在于 21 世纪的马克思主义（Marxism IN the 21st Century）"同时也是"适合 21 世纪需要的马克思主义（Marxism FOR the 21st Century）"。

习近平总书记指出，两个世纪过去了，人类社会发生了巨大而深刻的变化，但马克思的名字依然在世界各地受到人们的尊敬，马克思的学说依然闪烁着耀眼的真理光芒。在人类思想史上，就科学性、真理性、影响力、传播面而言，没有一种思想理论能达到马克思主义的高度，也没有一种学说能像马克思主义那样对世界产生了如此巨大的影响。我注意到所有人的发言当中，大家都赞成习近平总书记对马克思所做的这个评价。

第二，大家都强调马克思主义只有同各国具体国情和实践相结合，才能焕发出强大的生机和活力。马克思主义是科学真理，但是如何将这一思想武器运用于实践，如何将马克思主义关于社会主义的设想变成现实，在这些问题上，并没有一个统一的答案。从大家的讨论来看，一致的看法是马克思的整个世界观不是现成的教条，而是进一步研究的出发点及开展这种研究所使用的方法，不能机械地照搬照抄，坚持和发展马克思主义必须从事实出发，与实践相结合，特别是要同每个国家的具体实践相结合。

迄今为止，世界社会主义运动史表明，凡是把马克思主义与本国实际结合得好就取得了成功，凡是固守文本、教条主义式地对待马克思主义就会遭到挫折甚至失败。习近平总书记说过，当代中国的伟大社会变革，不是简单延续中国历史文化的母版，不是简单套用马克思主义经典作家设想的模板，不是其他国家社会主义实践的再版，也不是国外现代化发展的翻版。社会主义并没有定于一尊、一成不变的套路，只有把科学社会主义基本原则同本国具体实际、历史文化传统、时代要求紧密结合起来，在实践中不断探索总结，才能把蓝图变为美好现实。从发言的情况来看，大家都赞成这样的观点。

第三，大家都积极评价了中国特色社会主义，特别是习近平新时代中国特色社会主义思想的具体实践成果。各位发言人都介绍了自己所代表的共产党在坚持和发展马克思主义方面所进行的不懈探索、所取得的理论和实践成果。由于这次研讨会是在中国，是在中国广东深圳这个改革开放的起点召开的，所以大家都不约而同地提到了习近平新时代中国特色社会主义思想，认为这一思想是中国共产党和中国人民实践经验和集体智慧的结晶，是马克思主义基本原理同当代中国具体实际相结合的产物，充分体现了马克思主义与时俱进的理论品格。

大家都认为，在习近平新时代中国特色社会主义思想的指引下，中国特色社会主义理论与实践探索不断取得新的历史性成就，彰显了社会主义制度的优越性，提振了各国左翼力量对世界社会主义运动的信心，对正在为社会主义事业而奋斗的社会主义力量、左翼力量来说具有重要的意义，大家都希望并相信随着中国的不断发展，在可预见的将来国际上支持社会主义的力量会更加壮大，国际上走社会主义道路的人会越来越多，也期待并相信中国共产党能够为世界社会主义运动贡献出更多的智慧。

第四，大家也都希望各国共产党之间应该加强对话交流，在坚持和发展马克思主义方面承担起共同的责任。从中国的实践来看，办好中国的事情，关键在中国共产党。从世界社会主义运动的实践来看，能不能坚持和发展马克思主义，关键在各国共产党。在全球化和信息化时代，各国共产党都面临着相同或者相似的问题，加强共产党与共产党之间的相互对话和交流，就显得尤其必要。许多代表都在发言当中提到了这一点。

这方面，世界共产党与工人党国际会议在促进各国共产党、工人党之间的交流方面发挥了重要作用。去年，我自己也率团参加了在圣彼得堡举行的第十九届会议，和来自各国的共产党员一起庆祝十月革命胜利一百周年。我们认为，各国共产党、工人党应该开展良性互动，在求同存异、相互尊重、互学互鉴的基础上开展新型的政党间对话，发展新型党际关系。

求同存异就是要超越理念、民族、文化和地域等方面的差异和分歧，努力寻求最大公约数；相互尊重就是要坚持政党无论大小一律平等，互不干涉内部事务，尊重彼此的利益和关切，尊重彼此的思维方式和道路选择；互学互鉴，就是要像两千多年前的中国哲人孔子说的那样，"三人行必有我师"，通过交流取长补短，共同进步，不把自己的意见和观点强加于人，不输出自己的模式和制度，也不要求别人复制自己的做法。作为共产党人，我们应该成为以上这种新型政党关系的实践者，通过密切交流、合作和对话共同推动马克思主义不断向前发展。

以上是我的几点观察，当然，类似的共识还可以列举很多。我们有时候对一些问题也有不同的看法，这很正常，因为我们每一个人都是自己经验的主体，每个人的视野和思维都各有特点，只有通过不断的沟通，像今天这样交流、对话、研讨，最后才能真正超越这种局限，才能无限接近真理。从这个意义上来讲，今天的研讨会开得不仅成功，而且也有着深远的意义。

我衷心希望，今后能够同在座各位所代表的所有政党保持对话交流，也希望大家相互之间能够保持沟通，加强交流，齐心协力把马克思主义思想理论的精髓传承好、发展好、发扬好，让马克思主义真理在新时代散发出更加耀眼的光芒。

最后，我要感谢各位接受中国共产党的邀请来参加这样一次专题研讨会，感谢深圳市各界为这次研讨会所提供的各项方便，也特别要感谢我们的会务人员、我们的翻译，感谢他们的辛勤劳动。我建议大家共同鼓掌感谢一下坐在后面的翻译。我们在座的 100 多位代表一共说了超过 8 种语言，是他们的工作才使我们的交流成为可能。

我宣布，纪念马克思诞辰 200 周年专题研讨会胜利结束！

附录：

纪念马克思诞辰 200 周年专题研讨会部分新闻报道

纪念马克思诞辰 200 周年专题
研讨会在深圳开幕 [*]

5 月 28 日上午，中国共产党与世界政党高层对话会框架下的纪念马克思诞辰 200 周年专题研讨会在深圳开幕。中共中央总书记、国家主席习近平向研讨会致贺信。

中共中央对外联络部部长宋涛在开幕式上宣读贺信。

宋涛发表主旨讲话表示，习近平总书记在纪念马克思诞辰 200 周年大会上发表重要讲话，并专门为专题研讨会发来贺信，展示了以习近平同志为代表的中国共产党人，不忘初心，矢志不渝践行和发展马克思主义的坚定决心。

宋涛强调，习近平新时代中国特色社会主义思想是以习近平同志为核心的中国共产党在深刻把握新的时代特征基础上，对中国和当今时代面临的重大问题进行的深入思考和实践探索，最突出的特色是以人民为中心，续写了马克思主义中国化新篇章，开辟了马克思主义新境界。中国共产党愿与各国政党开展各种形式的对话和交流合作，从时代性、科

---

* 中国共产党新闻网，2018 年 5 月 28 日，记者万鹏。

学性、人民性、实践性、开放性、纯洁性和先进性等方面把握马克思主义理论精髓和时代价值，共同建设人类命运共同体和更加美好的世界。

纪念马克思诞辰 200 周年专题研讨会是首次由中国共产党举办、各国共产党及左翼政党出席的专题研讨活动，共有来自 50 个国家的 75 个共产党的 100 余位领导人和代表参会。中联部副部长郭业洲主持开幕式。

"马克思主义是活生生的，不是历史，也不是过去"
全球 75 个共产党在深圳这样纪念他 *

"我读大学的时候，有人鼓吹说马克思主义将在当代消亡，现在马克思回来了！"来自法国的达蒂戈尔抬高语调说。他以最近新上映的传记电影《青年马克思》在欧洲受到热议举例：不仅是青年学者，还有政界、商界都在关注马克思，"这是马克思主义的回归"。

达蒂戈尔是法国共产党执委会成员。5 月 28 日，包括法国共产党在内的全球 50 个国家 75 个共产党的 100 余位领导人和代表齐聚广东深圳，举办纪念马克思诞辰 200 周年的专题研讨会。如此众多的共产党和左翼政党齐聚中国，改革开放以来尚属首次。

开会前先唱《国际歌》

南都记者发现，此次专题研讨会的时间、地点以及议程安排颇有讲究。

---

* 《南方都市报》，2018 年 5 月 29 日，记者程姝雯、卜羽勤、王秀中。

5 月 28 日在共产主义发展历史上是一个特殊的日子。1871 年 5 月 28 日，巴黎公社结束了 2 个多月的统治。巴黎公社是世界历史上推翻资产阶级统治、实行无产阶级专政的第一次尝试，被评价为"对马克思主义关于阶级斗争和社会主义的学说的丰富和发展"。

在研讨会召开之前，与会政党代表还全体起立齐唱《国际歌》。这首歌曲，正是由巴黎公社的著名战士欧仁·鲍狄埃所谱写。这也是国际上以马克思主义作主题的纪念活动、研讨会的一个惯例。

中联部副部长郭业洲在介绍此次研讨会时透露：将这个特殊的研讨会选在中国改革开放起源地广东深圳召开，也是让各国共产党人实地探访将马克思主义同中国实际情况结合后所焕发出的活力。

南都记者关注到，在研讨会的会场外，还有不少外国共产党人在数米长的卷轴上写下对中国改革开放以及中国特色社会主义的评价和祝愿。

金融危机后全球兴起"马克思热"

"这几年越来越多有关马克思的著作出版，更多青年学者开始关注和研究马克思，政界也对马克思的思想有新的认识，甚至连资本家也来谈论马克思。"达蒂戈尔描述他所观察到的变化，并由此给出判断：马克思在回归。

尼泊尔共产党中央常委、前总理卡纳尔的观点更为乐观，他认为 21 世纪将是社会主义的"复兴时代"。

"曾经有人称马克思主义将消亡，他们错了，他们忽略了中国的发展。"卡纳尔说，中国共产党根据中国实际，推行改革开放，就是在马克思主义指导下进行的，是对社会主义理论的实践和扩展。

他还以尼泊尔共产党在大选中获胜举例。2016 年，尼泊尔共产党（联合马列）和尼泊尔共产党（毛主义中心）两个党派联合，其后组成竞选联盟，并在大选中获胜。如今已成为尼泊尔强有力的领导力量，并通过制定宪法、重组议会推动尼泊尔的发展。

研讨会上多位与会代表、专家学者谈及全球逐步兴起的"马克思热"：2008 年金融危机爆发后，各国政界、学界开始反思此前资本主义模式存在的问题，寻求解决问题的路径。在此背景下，曾被宣布"走向消亡"的马克思主义重回治国理政者的研究视野。

"马克思主义是活生生的，不是历史，也不是过去。"德国的共产党主席柯伯勒认为，马克思在政治经济学、哲学等方面，形成一整套全面的理论，对解决当下世界面临的问题，仍具有重要指导意义。

英国共产党总书记格里菲斯谈到，伴随着人工智能、高科技的发展，必然会带来更为严重的工人失业等问题，必须加以重视。而中国的实践显示出：集体所有制、国家所有制能保证科技发展的同时，并不一定会带来大幅失业，党和政府能够采取相关举措确保工人权益。

要探索"用自己语言表达的社会主义"

"马克思不仅找到了社会发展的规律、社会发展的方向，更可贵的是，马克思主义还是不断在发展的。"印度共产党（马克思主义）总书记亚秋里说，"如何将理论与现实相结合，我们都在各自的国家探索这一点。"

在亚秋里看来，在这一点上，中国不仅做出了很好的试验，更是发出重要信号：在 21 世纪，各国也能推动各自国家社会主义的发展。

但也有多位与会代表认为，中国的经验"独一无二"，值得"交流互鉴"。

"近年来，各国在发展社会主义方面都有不同探索，用不同的方式来处理资本与市场的关系。而中国所作出的探索、所形成的中国模式和中国理念具有世界意义。"巴勒斯坦人民党总书记萨利希谈到，中国在为维护世界和平、稳定、减贫、环境保护作出贡献的同时，也为世界各国相应问题的解决提供借鉴经验。

结合此次访华所见所闻，委内瑞拉共产党总书记菲格拉特别谈到，中国最新提出的习近平新时代中国特色社会主义思想，具有历史性意义，"具有科学性的理论基础，也充分结合中国的国情和现实"。菲格拉说，"社会主义不是简单的拷贝，而应是基于各国不同的国情、文化进行创新和发展，探索用自己的语言表达的社会主义"。

菲格拉同时呼吁，加强全世界左翼政党的合作，成为未来世界发展的重要基石。

印度共产党总书记雷迪也表达了类似的观点。在他看来，需要团结社会上所有的、进步的、左翼力量，投入到社会改革和发展中；同时，有必要机制化这种中国共产党与国际上的进步左翼政党之间的高层对话会。

"可以预期，未来国际上支持社会主义的力量将越来越壮大，走社会主义道路的力量会越来越多。"一天的专题研讨后，中联部副部长郭业洲作出总结。

而在深圳之行后，部分政党代表还将应邀前往安徽，探访中国改革开放的另一个侧面，见证马克思主义在中国的实践。

以科学的态度对待科学　以真理的精神追求真理 *

——"纪念马克思诞辰 200 周年专题研讨会"聚焦

编者按

5 月的深圳，喜迎一批来自五湖四海的国际友人——由中共中央对外联络部主办的"中国共产党与世界政党高层对话会专题会议"于 26 日至 28 日在此举行。这是对习近平总书记 2017 年 12 月发出的"将中国共产党与世界政党高层对话会机制化"倡议的积极践行，也是各国政党共商共议、平等交流，携手建设美好世界的又一次聚首。

作为专题会议中的重要组成部分，"纪念马克思诞辰 200 周年专题研讨会"于 28 日隆重启幕。这是在中国共产党与世界政党高层对话会框架下首次举办的中国共产党与世界各国共产党及左翼政党专题研讨会。来自 50 个国家的 75 个共产党的 100 余位领导人和代表积极与会，共商"21 世纪马克思主义与世界社会主义未来"。

门口铺开一幅长卷，写下各个政党代表的真挚祈愿；场内展开交流讨论，激荡出坚持和发展马克思主义的心声合鸣。让我们一起走进会议现场，聆听有碰撞、有交流的精彩讨论；也一道走近参会代表，和他们畅谈坚持并发展马克思主义的实践与信心。

---

* 《光明日报》2018 年 5 月 30 日，记者严圣禾、王斯敏、党文婷。

【观点集萃】

宋　涛（中共中央对外联络部部长）

在新时代深刻理解并努力践行伟大理论

今年是马克思诞辰 200 周年，世界各地的共产党人都在以各种方式开展纪念活动。5 月 4 日，中共中央隆重召开纪念大会，习近平总书记在大会上发表了重要讲话。今天我们在中国共产党与世界政党高层对话会框架下举办由 50 个国家的 75 个共产党的领导人参加的纪念马克思诞辰 200 周年专题研讨会，习近平总书记专门发来贺信。这充分表明以习近平同志为核心的中共中央对马克思诞辰 200 周年纪念活动的高度重视，展示了以习近平同志为代表的中国共产党人，不忘初心、矢志不渝践行和发展马克思主义的坚定决心。正如习近平总书记指出的："马克思给我们留下的最有价值、最具影响力的精神财富，就是以他名字命名的科学理论——马克思主义。这一理论犹如壮丽的日出，照亮了人类探索历史规律和寻求自身解放的道路。"我想这道出了我们每个人的心声。通过学习习近平总书记重要讲话思想，我愿借此机会与大家分享以下几点体会：

要从时代性把握马克思主义的产生背景与现实意义。今天，互联网、大数据、云计算、量子通信、人工智能迅猛发展，和平赤字、发展赤字、治理赤字仍是人类面临的严峻挑战，马克思主义成为关注和回答重大时代课题、实践课题的有力思想武器。

要从科学性把握马克思主义的思想价值与真理信仰。马克思主义理论创造性地揭示了人类社会发展规律。中国共产党人不断推进马克思主义中国化，形成了习近平新时代中国特色社会主义思想这一最新理论成果，续写了马克思主义中国化新篇章，开辟了马克思主义新境界。

要从人民性把握马克思主义的根本宗旨与力量源泉。马克思主义是人民的理论，第一次创立了人民实现自身解放的思想体系。习近平新时代中国特色社会主义思想最突出的特点就是以人民为中心。

要从实践性把握马克思主义活的灵魂与道路选择。马克思主义是实践的理论，它为中国革命建设改革提供了强大思想武器，使中国创造了人类历史上前所未有的发展奇迹。

要从开放性把握马克思主义的创新发展和不懈探索。马克思主义是不断发展的开放的理论，如何在经济全球化的时代环境下以改革开放的态度坚持和发展马克思主义是摆在我们面前的重要课题。

要从纯洁性和先进性把握马克思主义政党的根本要求和组织保障。要永远保持共产党人的纯洁性和先进性，坚持党要管党、全面从严治党，全面推进党的政治建设、思想建设、组织建设、作风建设和制度建设。

吉奥尔吉·卡姆涅夫（俄罗斯联邦共产党中央主席团成员）

中国成就得益于发展着的马克思主义

马克思主义在历史上的作用是不可估量的，它造福的不仅是得益于历史唯物主义和唯物辩证法而获得极大推动力的社会科学，也不仅是由于资本主义生产理论领域的重要发现而丰富起来的经济学，更重要的是，马克思的思想在许多国家和民族的历史上真正发挥了决定命运的作用。它开辟了人类社会从剥削中解放出来的新纪元，证明了社会主义胜利的必然性。

20 世纪，列宁用创新理论丰富了马克思主义，开辟了马克思主义发展的新阶段。列宁提出了帝国主义理论，他指出战争的源泉是帝国主义强国及其背后的公司重新瓜分世界。他还发现了资本主义发展不平衡的规律，并得出社会主义可能在一国或数国首先取得胜利的结论。

历史实践证明，马克思列宁主义思想是正确的。中国共产党成立 97 年以来，之所以能够办成以前不可能办成的事，正是因为中国在实践马克思主义，在不断完善马克思主义，从未背离过马克思主义。当前，中国已经成为世界最大的工业强国，居住着世界五分之一的人口，它战胜了贫困和落后，走上了全球经济和科学发展的领先地位，中国做到这一点并不违背，而恰恰是得益于发展着的马克思主义。

阿塔曼诺夫（白俄罗斯共产党第二书记）

马克思主义在今天仍不可动摇

卡尔·马克思在共产主义和工人运动中占有特殊地位。这位伟大的革命者和思想家的名字与学说一直都处于当代社会思想政治的关注中心。马克思和恩格斯创造的历史唯物主义方法，以及列宁关于无产阶级革命的理论具有独特贡献。他们的观点过去曾经，现在依然在鼓舞和指引工人阶级去完成自己的使命——推翻资本主义并建设社会主义社会。尽管资产阶级一直在批判马克思主义，对马克思进行各种曲解，但马克思的思想在今天仍然是不可动摇的，并在分析当代资本主义的危机和阶级斗争的发展中继续发挥着不可替代的作用。

马克思对资本主义体系的国际合法性造成了沉重打击。当代金融经济危机只是全球性危机的一个方面，全球性经济危机即资本主义的系统性危机，正在脱离那些始作俑者的控制。在西方，包括最富裕的国家在内，已经有人开始重新谈论阶级矛盾和阶级斗争，因为人们感觉到世界正处于一个转折点，社会政治和社会经济形势的更迭不无可能。

艾哈迈德·马吉达拉尼（巴勒斯坦人民斗争阵线总书记）

让所有的进步政党力量团结起来

受经济全球化的影响，马克思主义的前景在当今社会变得更为广阔。习近平新时代中国特色社会主义思想是马克思主义中国化的最新理论成果，它将中国的社会实际与马克思主义理论相结合，并解释了我们将建设怎样的社会主义，如何建设这样的社会主义。中国以此思想为指导，将在国际社会中发挥更大作用。

巴勒斯坦人民斗争阵线对中国改革开放的经验表示高度赞赏，并深受启发，它证明了市场经济和计划经济是经济运行中提高生产力的两种不同的方法，社会主义国家也可以建立市场经济，实现经济复兴与社会发展的最终目标。同时，我们认为随着改革开放的不断深入，中国的建设进入了新阶段，建立了社会主义市场经济体制，为更好地在国际舞台上发挥作用注入了新的动力。

巴勒斯坦处于陆上丝绸之路和海上丝绸之路的交汇点，是"一带一路"重要的支点国家，未来中巴双方必将携手推动共同发展。为此，我们必须和所有的进步政党力量团结起来，投入到社会改革和发展当中，同时应当继续与中国共产党以及世界上所有的进步力量和左翼政党进行交流对话。

菲利普（捷克和摩拉维亚共产党主席、捷克众议院副议长）

马克思主义是人类实现自我解放的有力工具

卡尔·马克思是共产主义意识形态奠基人，杰出的经济学家、社会学家、哲学家、思想家、革命家；马克思主义思想是共产主义的基本思想，至今仍是人类社会消灭剥削、实现自我解放的有力工具，并证明着建设社会主义国家的必要性和可行性。

过去 40 年里，中国取得了巨大的进步，它战胜了贫穷落后，成为了全球经济和科技发展的领军力量。中国取得的这一系列成就是马克思主义的成功。如果不学习马克思主义，我们就无法理解现代世界，也无法理解中国取得的新的进步。

阮春胜（越南共产党中央书记处书记）

世界社会主义有条件和能力取得新发展

马克思主义者必须懂得从时代的实践中提取出新的理论，并且结合各个国家和民族的实际情况进行创造性运用和发展。世界社会主义有条件和能力取得新的发展。中国、越南和其他一些国家的社会主义实践，是马克思主义学说实现价值、新时代社会主义具有勃勃生机的明证。

马克思已经离我们远去，但是他的思想将与人类共存。实践证明，通过现代生产力的发展，特别是科技革命的发展，社会主义最美好的本质和价值正在显现。马克思的学说仍然是令人信服的科学学说，一直在催促我们建设一个为了人民、以人民为中心、解放人民的美好社会。

涅维丝·埃尔南德斯（古巴共产党国际部欧洲司司长）

我们有力量实现真理

古巴非常欣赏中国在改革发展稳定当中的历史性成就。在改革开放 40 年历程当中，中国取得了一系列的成就，推行了非常有效的措施，并且不断地在建设社会主义的过程中展开全新探索，坚持建立一个公平、法治的社会，在增加人民福祉等方面不断取得进步。

社会主义建设是一条充满了复杂性以及困难的道路，但是我们坚信它是我们的最佳选择。只有社会主义能带领我们迎难而上，解决当今面临的严重问题，并且实现进一步发展。我们相信，社会主义意味着要坚持自己的价值观，勇于付出，慷慨无私，谦虚谨慎；还意味着利他主义，团结一致。我们不应该简单否定任何民族的选择，同时深信我们有力量追求真理、实现真理。

阿　桑［孟加拉国民族社会党（伊努派）联合总书记］

马克思主义照亮了人类探索历史规律的道路

今年是马克思诞辰 200 周年，他开创的理论对于当今世界有着非常重要的意义，特别是对于世界各国的经济发展有着特别重要的现实意义。

马克思主义照亮了人类探索历史规律和寻求自身解放的道路，阐释了人类社会发展的一般规律。马克思向我们展示了世界历史发展的规律，以及资本主义的运作方式和内部矛盾。学好用好马克思主义，要用发展的眼光来看待，从生产关系和生产模式方面进行系统研究。

马克思主义是不断发展的开放的理论，始终立足于时代前沿。我们要对马克思主义在世界各国的发展实践进行深入研究，充分发挥马克思主义关于人与人、人与自然、人与社会的理论价值。同时，我们还要学习和应用马克思主义的党建理论，学习和借鉴世界各国马克思主义政党建设的成功经验，把我们的政党建设得更加强大，将全世界的工人阶级更好地团结起来。

阿卜杜洛耶夫（塔吉克斯坦共产党主席）

社会主义是世界的未来

众所周知，当代世界复杂而又充满各种全球性矛盾，正如许多专家所说的，一系列社会动荡的主要原因在于单极世界的形成，在于资本主义的侵犯。这个过程始终伴随着对马列主义的攻击。今天，我们完全可以充满信心地说，全世界都看到了伟大中国取得的成就。中国的迅速发展，特别是在经济社会领域的发展，在科学文化和国民经济其他领域的惊人成就，证明社会主义是一种真正进步的制度，能够创造性地运用马克思主义给人民带来幸福。

塔吉克斯坦共产党的刊物十分注意刊发研究马克思主义和中国特色社会主义的文章，刚刚出版的塔吉克斯坦共产党报上特别指出了学哲学、用哲学的意义，介绍了中国共产党在忠实于劳动人民、推进社会主义事业等方面的经验。

我们相信马克思主义将永远被人们所需要，因为它致力于为劳动人民的合法权益而改造世界，它鼓舞着全世界被压迫人民的智慧和心灵。社会主义是世界的未来，因为它致力于社会公正和为人民提供体面的生活。

雷　迪（印度共产党总书记）

马克思主义理论仍然焕发生机活力

马克思主义改变了我们思考和认知世界的方式，并且为我们改造社会提供了新的指导，向我们展示了社会未来发展的路径和内部逻辑，为我们创造了理论斗争和现实斗争的重要武器，使我们有能力改造世界。

在马克思诞辰 200 周年的今天，马克思主义理论仍然焕发出生机活力，特别是对我们认识社会和改造社会有着非常重要的启迪。它帮助我们了解了资本主义和帝国主义运作的机制，以及它们是如何导致危机的。例如国际金融危机之后，我们注意到西方国家的领导人也开始思考马克思主义理论，来反思资本主义社会当中最深层次的危机。如今，他的革命理论和建设理论仍然不断得到世界各国共产主义政党的应用，中共十九大提出的习近平新时代中国特色社会主义思想是对马克思主义理论非常重要的总结，有助于让全世界的无产者和工人阶级团结起来。

马萨利耶夫（吉尔吉斯斯坦共产党人党主席）

要将理论变成现实必须尊重现实

马克思用自己的著作向全世界揭开了剩余价值的实质，论证了建成社会主义社会的必要性。资产阶级追求利润最大化，导致对工人的剥削程度强化，引发了失业，使劳动者与资本家之间的阶级矛盾更加尖锐，迫使无产阶级同资本家斗争，消灭资本主义，建设社会主义社会。

在吉尔吉斯斯坦 300 万成年人当中，有 100 多万在国外打工，我们在政治和经济上对外有很强的依赖性。苏联的解体让我们又回到了过去的老路上，我们在继续追寻解决问题的答案。中国共产党人找到了可行的办法，那就是建设中国特色社会主义。中国的成就再次向我们证明，要将理论变成现实，必须尊重现实。

瓦萨宁（芬兰共产党主席）

成立一个真正的无产阶级政党

芬兰议会中所有的政党都接受了新自由主义的思想。从工人阶级的视角来说，我们必须成立一个真正的无产阶级政党来与资产阶级理念作斗争，这就是我们成立芬兰共产党的初衷。

芬兰一直奉行人道主义原则和女权主义原则，认为社会进步的最终目标是推动所有人的进步，所以我们要推动实现所有人的权利，包括充分就业权、平等权，无论性别差异。此外还要推动公正与持久的和平。简而言之，芬兰共产党认为必须奉行马克思主义理论、开展马克思主义实践，只有这样才能够增进工人阶级的利益。

芬兰共产党的同志们把马克思主义作为唤醒推动公众觉醒的工具，把唤醒人民的阶级意识作为使命，我们的目标并不仅仅局限于芬兰，而是国际性的。我们希望做更多普及马克思主义理论的工作，使学习马克思主义成为一种习惯。

耶尔德勒姆（土耳其爱国党副主席）

新时代需要一个更为活跃的中国

马克思诞辰 200 周年之际，我们在中国看到了社会主义的光明前景。中国的成功实践告诉我们，不管你是什么样的地区、宗教和民族，不管你有什么样的客观条件，党的领导都非常重要。世界上各个国家都注意到，中国提出了习近平新时代中国特色社会主义思想。中国创立了中国特色社会主义，并用自己的实践证明了这一理论的正确性，对此我们非常赞同。

本次研讨会是激发大家思考的一个重要场合。中国共产党提出我们现在还处于社会主义发展的初期阶段，因此要基于对现实的分析来制定社会发展的规划。世界上许多国家的人民，已经从中国倡导的发展理念中获得启迪。

我们需要一个更为活跃的中国，为世界的和平稳定繁荣发展作出贡献，特别是为了迎接一个新的欧亚世纪的到来。在 21 世纪，中国的发展为我们提供了强大的经济动力。除了物质方面的支持，更为重要的是在思想领域的支持，我们必须认真学习习近平总书记在中共十九大上提出的理论。

张　政（光明日报社总编辑）

进一步推进马克思主义大众化

我们期待通过此次研讨会，和世界各国政党一道，就如何推进马克思主义大众化交流对话，推动构建人类命运共同体，携手建设更加美好的世界。结合光明日报社的做法，就新时期如何进一步推进马克思主义大众化，我提三点看法。

一是彰显理论特色。光明日报社具有利用马克思主义大众化做好创新理论宣传的优良传统和厚重积淀。我们将进一步突出理论特色，注重引导党员干部在真学真懂真信真用上下功夫，在认识上有新的提高，在运用上有新的收获。我们既讲怎么看，也讲怎么办，努力用通俗易懂的方式，真正使马克思主义理论落到实处，外化于行。

二是锐意改革创新。推动马克思主义大众化的重要途径，就是要锐意改革创新，增强理论宣传的感染力、渗透力和影响力。光明日报对于马克思主义理论宣传，一直遵循有的放矢、言之有理的原则，这样的报道既有逻辑的科学性，也注重呈现的生动性。我们主张多用鲜活语言，多用身边事迹，多用群众喜闻乐见的形式，深入浅出，动之以情，论之以据，以真理服人，以事实服人。

三是推动融合发展。统计显示，截至 2017 年 12 月，中国网民规模已经达到 7.72 亿人。这是推动马克思主义大众化的全新机遇和重要抓手。人民群众在哪里，我们的理论宣传就在哪里；读者群在哪里，我们的理论服务就在哪里。在互联网技术裂变式发展的新时代，马克思主义理论宣传要主动适应媒体融合发展大趋势，及时运用新技术，主动占领新阵地。

【会议总结】

马克思主义是一套无法割裂的全面理论

总结人：德国的共产党主席科伯勒

感谢中国共产党和中国政府向德国捐献了马克思雕像，此举结束了 200 年来在德国特里尔没有一尊雕像来纪念马克思的历史。今年 5 月 5 日，德国的共产党在迎接这一雕像时活动现场红旗招展。这是德国的共产党在 50 年历史中第一次有这么好的机会纪念马克思。

　　我们小组在讨论时一致认为，"马克思主义仍然是活生生的，它不是历史，也不是过去"。马克思和恩格斯的理论是非常全面的，包括马克思的辩证唯物主义哲学、政治经济学、科学社会主义理论以及阶级斗争理论等。

　　有些人可能会断章取义，但大多是对马克思主义虚假和虚伪的解读。每年 5 月 5 日，各阶级的各种人在德国街头都会感受到卡尔·马克思的影响。包括资产阶级在内，很多人都想了解马克思，研究他的政治经济学，研究他的哲学，他们希望把马克思主义哲学和马克思主义政治经济学割裂开来。但是我们小组在讨论中最终发现，马克思主义是一套完整且全面的理论，无法割裂。如果要理解危机，那就要了解剩余价值，以及剩余利润的积累；如果要了解社会的发展，那必须了解历史唯物主义。

马克思主义将永远为世界发展注入动力

总结人：巴勒斯坦人民党总书记萨利希

　　马克思主义是一种创新发展的理论，也是指导工作的纲领，所以它应该根据时代发展而不断得到改进和革新。当前，世界各国的生产力不断提升，但很多时候生产关系还是处于滞后的状态。中国在这方面取得的经验，给我们提供了很大的启示，那就是改革落后的生产关系，使其更能满足生产力的发展需求。

　　中国在马克思主义的指引下，打破了经济僵化、停滞不前的状态，实现了经济社会的长足发展，促进了生产力的大幅提升。中国特色社会主义帮助中国人民实现了减贫脱贫，实现了最大限度的社会公平正义。当然，中国也面临着这样或那样的问题和挑战，但是中国共产党领导中国人民勇于面对挑战，领导中国实现了发展，使中国特色社会主义在 21 世纪焕发出了强大的生机活力。

社会主义的未来并没有随着苏联的垮台而终结。与此相反，世界各国现在仍然有不同的社会主义探索，也存在着不同的社会主义模式。近年来，中国提出了"一带一路"倡议，倡导构建人类命运共同体，建设美好世界，这些经验可以帮助世界各国实现共同发展，维护世界和平与稳定，推进全球减贫，保护自然环境，维护世界公平正义。

我们认为，中国道路、中国理念是对世界的巨大贡献；马克思主义将永远为世界发展注入动力。

习近平新时代中国特色社会主义思想具有历史性意义

总结人：委内瑞拉共产党总书记菲格拉

在讨论当中，我们就中国特色社会主义理论和实践达成了一些共识。中国共产党提供了一个很好的契机，让我们能够自由地分享观点，聆听中国共产党基于中国国情开展社会主义事业所取得的经验。

我们都认为，习近平新时代中国特色社会主义思想是具有历史性意义的，它具有很强的科学性，不仅具有理论基础，还充分结合了中国的发展现实。我们非常赞赏中国特色社会主义在中国经济社会各方面发展当中所起到的决定性作用。在拉丁美洲，一些很伟大的思想家曾经指出，社会主义应当是基于自身文化的选择，应该基于各国国情不断地创新和研究。

此外，我们还一致认为，在 21 世纪，马克思主义仍然具有很强的理论和实践意义。中国所取得的辉煌成绩，与中国共产党的正确领导是分不开的。同时我们也高度赞赏和赞同习近平总书记致本次研讨会的贺信中围绕世界各国政党加强对话、深化交流、开展合作所阐述的观点，左翼政党之间的合作是未来社会主义世界的重要基石，也是我们将会迈出的重要一步。

让真理在新时代发出更加耀眼的光芒

闭幕致辞人：中共中央对外联络部副部长郭业洲

习近平总书记曾经指出，两个世纪过去了，人类社会发生了巨大而深刻的变化，但马克思的名字依然在世界各地受到人们的尊敬，马克思的学说依然闪烁着耀眼的真理光芒。我注意到所有的发言当中，大家都对此高度赞成，并一致强调马克思主义只有同各国具体的国情和实践相结合，才能焕发出强大的生机和活力。

大家也积极评价了中国特色社会主义，特别是习近平新时代中国特色社会主义思想及其具体实践成果，认为正是在这一重要思想指引下，中国特色社会主义理论与实践探索不断取得新的历史性成就，提振了各国左翼力量对世界社会主义运动的信心。

大家希望各国共产党之间加强对话交流，开展良性互动，在求同存异、相互尊重、互学互鉴的基础上发展新型政党关系，在坚持和发展马克思主义方面承担起共同的责任，齐心协力把马克思主义思想精髓传承好发展好发扬好，让马克思主义真理在新时代发出更加耀眼的光芒。

致敬马克思！让心声凝成一幅长卷 *

—— 多国共产党及左翼政党政要在"纪念马克思诞辰 200 周年
专题研讨会"会外的留言与心声

5 月 28 日，由中共中央对外联络部主办的"纪念马克思诞辰 200
周年专题研讨会"在深圳举行。人潮熙攘，却纷纷在会场门口的一幅长
卷前停住脚步。

那是一幅以淡红色为底的绢质长卷，右上方，卡尔·马克思的头像
凝重庄严，以穿透历史的目光与观者对话；左下方，象征着新中国的天
安门巍巍而立，无声诉说中国特色社会主义的理论与实践。而中间数米
长的主体部分，密密麻麻布满了各种语言、各种笔体的签名与留言。给
我们留下深刻印象的是土耳其爱国党副主席耶尔德勒姆的留言："中国
正在做的，不仅关乎理解世界，而且致力于改变世界。"

"这是参会政党代表留下的热切心声，也是代表世界共产党及进步
力量献给'永远的马克思'的一份礼物。"中共中央对外联络部研究室
主任栾建章感言。

2018 年，一个特殊而重要的年份：马克思诞辰 200 周年，《共产党
宣言》发表 170 周年，中国改革开放 40 年，全面贯彻习近平新时代中
国特色社会主义思想和中国共产党十九大精神的开局之年……每个事件
都是一座界碑，标志着科学社会主义在当今时代的新进步，指向全世界
共产党人共同期待的新胜利。因此，此次会议迎来了 50 个国家的 75 个

---

* 《光明日报》，记者王斯敏、严圣禾、钟超、党文婷。

共产党的 100 余位领导人和代表，其中 30 多位是党主席或总书记，参会积极性和发言质量都超乎预期。

"很多代表都对中国共产党的方针政策，对十九大报告，对习近平新时代中国特色社会主义思想并不陌生，在发言中常常引用。他们也对新时代中国的发展充满兴趣，希望从中汲取能帮助自己国家和政党的更多经验。"栾建章介绍。

"以科学的态度对待科学，以真理的精神追求真理"，习近平总书记向会议发来的贺信中，如是总结中国共产党人对待马克思主义的一贯态度；满载各国共产党人心声热望的这幅长卷里，同样闪烁着科学真理的亘古魅力，折射出坚守真理、坚定信仰的不变追求。

森特利亚（西班牙共产党主席）

一个政党必须把人民置于中心地位

5 月 27 日中午，我第一个在长卷上写下留言。两天来我们参观了深圳这样一座富有活力的城市，又召开这次会议，我喜悦而激动："祝贺中国共产党召开这一重要的大会，祝愿会议圆满成功，这是我对会议的真诚期待。"

中国和西班牙之间有着长期的交流历史，我们目前也在积极推动实施中国倡议的"一带一路"，来促进两国经济和人员之间的交流。同时，我非常支持习近平主席呼吁世界和平、各国共商共建共享的主张。现在人类面临着很多发展危机和现实挑战，需要团结起来共同面对。在这里，政党的作用非常重要。

一个政党必须把人民置于中心地位，代表人民建立制度、促进发展，为人民解决困难、谋求幸福。中国共产党在这方面做得很好，它是非常具有领导力的。我们期待世界各国共产党之间建立更多更紧密的交流。我们就像兄弟一样，应该团结彼此的力量，去建设更加美好的世界。

维克多·科特（阿根廷共产党总书记）

在中国的见闻让我对马克思主义更有信心

我在长卷上写下了对中方组织这次会议的感谢，以及希望各国政党团结起来为人类的和平与未来不断奋斗，从而建设美好世界的祝愿。

这是我第二次来中国。在这次实地考察中，在深圳图书馆，青年读者们求知若渴、积极阅读的情景，城市中自动化图书机的普及，以及中国人民文化水平程度的提高都对我触动非常大。

马克思主义不仅在他所处的时代有用，在当前经济全球化浪潮当中，在新的社会现实和文化状况下，仍然有很大的理论和实践意义。马克思主义在当代中国得到了创新和丰富，中国共产党跟随时代发展的脚步并结合具体国情，不断地丰富和发展马克思主义，在中国的见闻让我对马克思主义的未来有了更强的信心。

这次大会让我们更加深入、更近距离地了解了中国共产党的发展历程，也借助这次宝贵的机会和其他国家的共产党建立了联系，这对于世界范围内共产党的团结是非常重要的。目前阿根廷共产党已与中国共产党开展交流，深入了解中国通过改革开放成为世界强大经济体的成功经验。

萨拉赫·阿德利（埃及共产党总书记）

人类命运共同体理念正不断深入人心

当今世界正发生翻天覆地的变化，但和平发展仍然是时代主题。当前，殖民时代已经终结，任何国家或集团都无力单独掌控世界事务，世界发展的多极化趋势正在形成，世界力量对比正朝着有利于和平发展的方向倾斜。

当今世界，各国之间的相互联系和依存前所未有，人类命运共同体理念正在不断深入人心，中国的发展对世界来说是宝贵经验，中国经过改革开放实现了光辉的发展成就，为世界树立了典范。

2017 年 11 月，我参加了中国共产党与世界政党高层对话会，习近平总书记在会上围绕建设人类命运共同体发表了重要讲话。在本次研讨会开幕式上，习近平总书记又给会议发来了贺信，我深受鼓舞。

中国共产党一直致力于带领人民走出每个阶段的发展瓶颈，从而实现更大的成功。而这种成功离不开对马克思主义理论财富的应用和发展。马克思主义在 21 世纪仍然具有强大的生机和活力，仍在为当今世界面临的问题提供解决方案。中国宣称在 2020 年时将实现全面脱贫，让目前生活在贫困线以下的人们都实现小康生活。我认为，只有在马克思主义思想的引领下，中国才能实现这一目标。

伊丽莎白·罗利（加拿大共产党领袖）

我们必须更加团结、紧密合作

我在长卷上写下了关于加拿大共产党和中国共产党共同建设社会主义的美好愿景，包括维护和平与生态保护等方面的内容。中国共产党与加拿大共产党之间保持着交流，我们经常阅览相关的杂志和报纸，并与中国驻加拿大使馆保持着良好关系。

马克思主义理论深刻地影响了 19 世纪和 20 世纪的世界，终结了殖民主义，催生了第一批社会主义国家，同时它具有预见性，进入 21 世纪，仍然领导着新一轮社会主义革命。

习近平新时代中国特色社会主义思想是马克思主义在当代中国的具体实践，我们来到这里就是为了更多地了解当今中国共产党所进行的理论和道路探索。我们看到了深圳在中国共产党领导下发生的巨大变化，这些成就向人们展示了马克思主义在当今时代迸发出的巨大力量，这种力量可以让国家变得富强，可以让人民群众从中受益，令人印象深刻。我们希望中国共产党和为社会主义建设而努力的中国人民能够在未来取得更大成功。

胡安·卡斯蒂略（乌拉圭共产党总书记）

相信中国在未来会有更大影响力

这是我第三次来中国。这次来访，我最大的感受就是中国共产党和中国政府制定了符合本国发展的政策，中国的繁荣发展充分证明了这一点。我在长卷上的留言是："祝贺中国共产党和中国人民，你们取得了令人羡慕的成就。"

中国经过不懈努力，成为了世界上令人赞叹的强国。今天，中国的产品在世界上越来越有影响力，中国的科学和技术也在不断进步，我们相信中国在未来会有更大影响力。

我最想从中国带回的是中国发展的成功经验，以及丰富多彩的文明成果。在深圳，我参观了创业产业园，了解了中国政府对创新创业的有效政策支持，这对于初创企业的发展是非常重要的，值得乌拉圭深入学习借鉴。此外，我还观赏了深圳的民俗文化表演活动，这给我留下了很深的印象。最后我想说，这种党际之间的交流活动很有意义。

马丁斯（南非共产党政治局委员）

联合起来，建立人类命运共同体

我在长卷上写下的是"革命尚未成功，同志仍需努力"。社会主义、共产主义的建设是一个持续不断的过程，我们虽然取得了一定的成就，但仍然没有实现最终目标，所以要继续努力。

我了解到，40 年前，深圳还是一个小渔村，但现在已经实现了巨大改变，有了可以比肩硅谷的高精尖企业。深圳之所以能够实现这么重大的转变，就是因为中国共产党能够把马克思主义与中国实际相结合，进行正确的实践。

习近平总书记在中共十九大上提出的理论不仅对中国有重大意义，对于全世界也有重大意义。我们现在所面临的也是人民日益增长的美好生活需要和不平衡不充分发展之间的矛盾，解决这个问题，需要工人阶级联合起来建立人类命运共同体。

南非共产党与中国共产党之间长期保持友好往来，双方就很多问题和想法进行交流，使我们受益良多。当前中国在非洲发展中扮演了非常重要的角色，与我们建立了一种新型互惠互利的合作关系，为非洲经济社会的发展和对外开放提供了非常大的助力。我们期待，未来能够保持并加深友好往来和相互合作。

罗伯特·格里菲斯（英国共产党总书记）

马克思主义不是教条，而是不断发展的思想理论

中国共产党在推进自身对外交流方面作出了很大的努力，这也是对

国际共产主义运动的贡献。所以我在长卷上写了一句祝福："祝中国同志们取得更大的成绩。"

当前国际社会经常能听到中国共产党的声音，因为中国是一个有影响力的负责任大国，而中国共产党是中国的执政党。马克思主义不是教条，它是不断发展的一套思想理论。马克思主义中国化实践就充分证明了这一点。它不仅对中国意义重大，而且对马克思主义本身也非常重要，因为理论必须进行不断创新，在对现实的批判中实现对马克思主义的进一步发展。

对一个执政党来说，有一个坚强的领导核心非常重要。这个领导核心必须是坚定的。中国共产党当前所取得的发展成就举世瞩目，与有一个坚强的领导核心密切相关。同时我也希望，作为共产党能够更多地关注普通人的生活，始终致力于创造更加美好的未来。

约翰·巴切特尔（美国共产党全国主席）

马克思主义在 21 世纪仍在不断发展

我在长卷上的留言是："祝贺你们的改革开放政策取得了令人鼓舞的、巨大的成绩。祝你们在建设新时代中国特色社会主义事业中好运！"

马克思诞辰 200 周年提醒我们，马克思的革命主义思想并没有随着他的去世而消失，马克思主义一直存在并且在 21 世纪不断发展。

当前，我们面临着气候变化等全球性威胁，这些危机的直接原因是资本的逐利性，这导致了生产环境的破坏。要应对气候变化的危机，我们必须要转变我们的生活方式，实现可持续的发展，实现人与自然的和谐共存。

就人口总量、经济总量以及在全球的角色来说，中国的影响力将会继续保持增长。当前的国际社会和二三十年前有很大不同，经济全球化迅速发展，国际供应链已经形成。在这样的国际环境下，中国的发展更加重要，中国将会在解决全人类的问题上作出更大贡献。

中国共产党提出的建设人类命运共同体的倡议非常重要。较之前的和平共处五项原则，又上了一个新的层次，最终将推动实现全球的共同发展。我相信，这种影响将在解决贫困、发展、疾病和气候变化等问题上充分体现出来。

格雷高里奥·查伊（危地马拉全国革命联盟总书记）

马克思主义始终是我们的希望之光

"中国——人民与革命斗争的光辉榜样！"这是我写在长卷上的一句话，也是长期以来我对中国的深刻印象。

中国对于自己的发展有长远的规划目标，人民对于中国共产党非常信任。中国共产党具有一种非常强的理论创新和实践创新能力，能够根据中国国情和发展实际，对马克思主义原理进行继承和发展，具体问题具体分析。

中国共产党领导人民进行革命和建设的经验对我们非常有帮助。危地马拉的共产主义斗争近年来遭遇了一定的挫折。从中国这个良好榜样身上，我们能够得到很多新鲜的信息，并且找到更加坚定的信心来重新组织并振兴我们的政党。马克思主义始终是我们的希望之光。我们作为马克思列宁主义者，始终对马克思主义抱有坚定的信心。

习近平总书记提出推动构建"人类命运共同体"，这是非常有远见的。我们要将人类命运共同体作为共同的理想，用毕生精力为之奋斗。

安东尼奥·奥尔特加（哥斯达黎加广泛阵线总书记）

马克思的形象在不断年轻化

我在长卷上写的是切·格瓦拉的一句名言："永远胜利。"这象征了一种永远斗争的精神，是我们和中国都始终需要的。

尽管马克思已经过世多年，但他的形象是不断年轻化的，他的影响和贡献在当今愈加显著。

这次来中国，我最希望学习三个方面经验。

第一是党自身的定位。除了作为国家发展的领导核心之外，党员也接受良好的教育，保持良好的心情，彼此间像兄弟一样团结和睦。

第二是党在治国理政中的角色。我们要注重较长阶段的发展目标，找出在经济领域和政治领域面临的挑战，从而及时调整党的方针，使全体人民过上更好的生活。

第三是文化建设的经验。在深圳图书馆参观时，我看到了通过二维码直接下载电子书，正是这些日常细节，让社会变得更加团结和谐。我在这里看到了另一种发展的可能性，看到了文化和艺术的良好结合，一切都在和平有序地进行，这是我最想复制到哥斯达黎加的。

权威论坛：伟大思想在实践中绽放真理光芒[*]

——各国共产党、工人党代表高度评价马克思主义的当代意义

由中国共产党举办的纪念马克思诞辰 200 周年专题研讨会日前在深圳举行。中共中央总书记、国家主席习近平向会议致贺信。来自 50 个国家和地区 75 个共产党的 100 余位领导人和代表，围绕"21 世纪马克思主义与世界社会主义未来"这一主题展开热烈讨论。代表们高度评价习近平新时代中国特色社会主义思想及其指导下的马克思主义中国化时代化大众化的实践，并就如何进一步理解、践行、传承和发扬马克思主义达成广泛共识。

马克思主义依然拥有强大生命力

马克思是马克思主义的主要创始人，马克思主义是人类历史上的伟大创造。在人类思想史上，就科学性、真理性、影响力、传播面而言，没有一种思想理论能达到马克思主义的高度，也没有一种学说能像马克思主义那样对世界产生了如此巨大的影响。如今，马克思依然在世界各地受到人民的尊敬，马克思的学说依然闪烁着真理的光芒，在当今世界仍然拥有强大的生命力和国际影响力。

越南共产党中央书记处书记、胡志明国家政治学院院长阮春胜认为，社会主义最美好的本质和价值正在显现。马克思主义仍然是最令人

---

* 《人民日报》2018 年 6 月 14 日。

信服的科学学说，始终鼓舞着我们建设一个为了人民、以人民为中心的美好社会。

德国的共产党主席科伯勒认为，马克思主义仍然是活生生的，显示出强大生命力。马克思主义是一套系统全面的理论，包括哲学、政治经济学、科学社会主义理论等组成部分，无法相互割裂。

马克思主义在历史上的作用不可估量。俄罗斯联邦共产党中央主席团成员卡姆涅夫认为，马克思的思想在许多国家和民族的历史上发挥了决定命运的作用，证明了社会主义胜利的历史必然性。

印度共产党总书记雷迪认为，马克思关于资本主义的分析在今天看来仍具有重要意义，它帮助我们了解资本主义的运行机制以及经济危机的根源。2008 年以来，美国和西方资本主义深陷危机。西方国家的领导人也开始思考马克思主义理论，反思资本主义社会的深层次矛盾。

马克思主义今天仍然是各国人民在争取社会主义的斗争中可以运用的强大武器。埃及共产党总书记萨拉赫认为，21 世纪的马克思主义者必须充分考虑几十年来全球范围所发生的新变化。

希腊共产党中央委员利尔尼斯认为，马克思主义不是教条，也不是封闭的系统，而是一个开放和进步的思想体系，会不断吸收和分析经济发展进程中的新成分。当代马克思主义者必须在分析资本主义现状过程中考虑到当今社会出现的新情况。

孟加拉国共产党主席团成员达斯表示，马克思主义对资本主义本质的揭示表明，马克思主义仍然对现实具有深刻的洞察力和重要的影响力。

马克思主义中国化的最新成果

中国共产党人始终坚持以科学的态度对待科学，以真理的精神追求真理，锲而不舍推进马克思主义中国化、时代化、大众化，形成了一系列理论创新成果，推动中国特色社会主义进入了新时代，彰显了科学社会主义在 21 世纪的强大生机活力。习近平新时代中国特色社会主义思想创造性地传承和发扬了马克思主义基本原理和科学理论，集中体现了新形势下马克思主义中国化的最新成果，是 21 世纪的马克思主义，对中国和世界都具有重要的指导意义。

古巴共产党代表埃尔南德斯表示，习近平新时代中国特色社会主义思想立足当今中国现实，在政治、经济、社会、文化、军事、外交等各个方面均提出了一系列科学的理论创见。坚持以人民为中心的发展思想，突出体现出马克思主义基本原理与中国具体国情的有机结合，是对马克思主义科学地、创造性地继承和发展。

埃及民主社会党主席扎赫兰表示，习近平新时代中国特色社会主义思想是对中国具体国情和历史特点进行深入总结之后的新的理论概括，也是中国共产党在新形势下对马克思主义的进一步发展、完善和创新。

卡姆涅夫表示，习近平新时代中国特色社会主义思想是对马克思主义理论遗产的科学继承、完善和发扬。习近平新时代中国特色社会主义思想积极推动人类社会的共同发展和进步，是马克思主义在 21 世纪的新发展。

澳大利亚共产党副主席马特斯认为，习近平新时代中国特色社会主义思想能够让中国人民更加深入地了解马克思主义，并更加科学地运用马克思主义去认识世界和改造世界。

巴勒斯坦解放巴勒斯坦人民阵线政治局委员欧姆尔表示，习近平新时代中国特色社会主义思想和僵化保守的教条主义形成鲜明对比，是对马克思主义思想活的发展。

埃及民族进步统一集团党主席助理法拉杰认为，习近平新时代中国特色社会主义思想是马克思主义不断地实现自我革新、与时俱进，并在 21 世纪仍具强大生机与活力的最有力证明。

习近平新时代中国特色社会主义思想不仅对中国有着重要意义，对于全世界也有着重大意义。南非共产党政治局委员马丁斯表示，习近平新时代中国特色社会主义思想提出，中国现在所面临的是人民日益增长的美好生活需要和不平衡不充分的发展之间的矛盾。在不断分化的世界当中，各国需要联合起来推动构建人类命运共同体。

圭亚那人民进步党中央执委拉姆萨兰认为，习近平新时代中国特色社会主义思想是马克思主义在 21 世纪的创造性发展和创新性运用。

摩洛哥进步与社会主义党中央委员萨迪格表示，习近平总书记创造性地把理论与实践有机结合，领导中国持续地推进改革开放、满足人民对美好生活的向往。

巴勒斯坦民主联盟总书记扎希拉表示，习近平新时代中国特色社会主义思想是在兼顾本国国情和具体历史特点、不断推进马克思主义中国化基础上实现的重大理论创新。

突尼斯争取发展联盟主席沙姆希表示，习近平新时代中国特色社会主义思想是在当前形势下对马克思主义理论内涵和精神实质的准确理解和把握，它符合当今时代的特点和发展要求，为马克思主义注入了强大的生机与活力，值得我们深入学习和认真借鉴。

老挝国家政治行政学院副院长沙穆通认为，习近平新时代中国特色社会主义思想的提出是世界社会主义运动史上的重大事件，为世界社会主义的长足发展提供了重要启示和借鉴。

中国为世界社会主义运动作出表率

中国共产党正在习近平新时代中国特色社会主义思想指引下，团结带领全国各族人民为决胜全面建成小康社会、夺取新时代中国特色社会主义伟大胜利而努力奋斗。与会代表认为，中国特色社会主义建设为其他国家树立了学习榜样，是世界社会主义运动的典范。21 世纪是世界社会主义复兴的世纪，期待中国在这一伟大历史进程中发挥更大作用。

埃及社会主义党总书记沙班表示，中国特色社会主义的成功实践表明，只要坚持把马克思主义基本原理同本国现实情况有机结合，就可以找到一条符合自己国情的社会主义康庄大道。这对世界上其他追求社会主义的力量具有重要的启示和借鉴意义。

危地马拉全国革命联盟总书记查伊认为，中国共产党对于国家发展有科学规划和长远目标，赢得了中国人民的广泛信任。从中国共产党这个好榜样身上我们能够得到很多灵感和启示，并且找到更加坚定的信心来重新组织和振兴我们的政党。

捷克和摩拉维亚共产党主席、众议院副议长菲利普指出，中国共产党以实际行动践行马克思主义，成为凝聚中国社会的主要力量和中国人民的主心骨。中国的发展成就也雄辩地证明了马克思主义的生命力。中国和中国共产党是科学社会主义的坚定践行者和国际共产主义运动的重要推动者。中国在世界社会主义发展进程中作出了重要表率。

统一叙利亚共产党政治局秘书处成员拉哈姆认为，中国共产党带领中国人民在结合自身国情基础上灵活运用马克思主义基本原理，推动社会主义事业取得巨大进步。其成功经验值得世界各国共产党和左翼政党认真学习借鉴，并将其积极运用到消除不公正待遇、推动经济社会不断实现新发展的具体实践中去。

尼泊尔共产党中央常委、前总理卡纳尔指出，当今全球资本主义进入了更为深度的结构性危机。与之形成明显对照的是，社会主义国家特别是社会主义中国正在不断进行自我巩固和发展。21 世纪应该是世界社会主义复苏和复兴的伟大时代。

以色列共产党前总书记、政治局委员马霍勒表示，当前的资本主义社会表现出难以克服的局限性。越来越多的人已经开始寻求以社会主义作为解决方案。中国特色社会主义的成功实践和中国共产党的有力引领，让大家对社会主义的更大胜利更加充满信心。

沙穆通认为，中国特色社会主义在中国具体国情与马克思主义基本原理之间实现了有机结合。中国特色社会主义的成功实践为世界社会主义发展树立了一个重要的里程碑，充分表明在 21 世纪建设社会主义的条件更加成熟。

巴勒斯坦解放巴勒斯坦民主阵线副总书记盖斯表示，中国特色社会主义建设的伟大成就让世人深受鼓舞。当前，世界正处在发展的十字路口，中国特色社会主义也已经走进了一个全新的时代，期待中国和中国共产党在这个新时代中发挥更大作用，与世界各国携手建设人类命运共同体和美好世界。

土耳其爱国党副主席耶尔德勒姆表示，世界各国都注意到了新时代中国特色社会主义取得的伟大成就，许多国家业已从中受益。在 21 世纪，中国特色社会主义的发展除了为世界提供物质支持外，还提供了思想和理念支持，中国特色社会主义必将深刻改变世界。

巴勒斯坦人民党总书记萨利希认为，世界各国有不同的社会主义探索，也存在着不同的社会主义模式。中国特色社会主义建设取得了举世瞩目的成就。习近平总书记提出"一带一路"倡议、构建人类命运共同体等主张，使中国特色社会主义具有了世界意义。

摩尔多瓦共产党人党中央委员会书记博德娜连科认为，中国共产党人正在以习近平总书记为核心的党中央领导下，团结带领全国各族人民，有条不紊地逐步实现中共十九大所确立的各项宏伟目标。相信中国共产党在实现自身发展、为中国人民谋幸福、为中华民族谋复兴的同时，能够根据当前世界社会主义运动的现实情况和特点，为推动世界社会主义运动不断发展发挥更大作用。

下 篇

第十九届万寿论坛实录

2018 年 6 月 2 日

2018 年 6 月 2 日，由中共中央对外联络部主办的第十九届万寿论坛在安徽省凤阳县小岗村举行。本次论坛以"改革发展与国家治理现代化"为主题，来自 45 个国家和地区的 66 个政党领导人和代表，以及国内有关单位的专家学者近200人与会，围绕"中国改革的实践与经验启示"、"深化改革与治理体系现代化"、"新发展理念与乡村振兴"、"国际经济合作与全球经济治理体系变革"等议题深入交流，达成广泛共识。

参加第十九届万寿论坛的全体代表合影

开幕式

中共安徽省委副书记信长星致辞

尊敬的与会各国政党领导人，郭业洲副部长，

女士们、先生们，朋友们：

在迎接中国改革开放 40 周年之际，在中国农村改革的主要发源地安徽小岗村，我们非常高兴地与来自 40 多个国家的政党朋友和各位嘉宾共聚万寿论坛，分享改革开放安徽故事，围绕"改革发展与国家治理现代化"这一主题进行交流。前天，李锦斌书记在合肥会见了世界左翼政党干部考察团的部分成员，发表了热情洋溢的讲话。在这里，我代表中共安徽省委，再次对各位嘉宾和朋友们来到小岗表示真诚欢迎！对万寿论坛的举办表示热烈祝贺！

40 年前，就在我们脚下这片土地上，小岗村 18 位农民按下红手印，率先发起"大包干"，如平地一声惊雷，拉开了中国农村改革的大幕，在中国改革开放的历史上写下浓墨重彩的一笔。对此，习近平总书记在 2016 年 4 月亲临小岗村视察并主持召开农村改革座谈会时，作了极其重要和精辟的论述。习总书记指出，我国改革是从农村起步的，小岗村是农村改革的主要发源地。小岗村发生的翻天覆地的变化，是我国改革开放的一个缩影，看了让人感慨万千。

40 年来，改革开放深刻地改变了当代中国的命运，小岗村的变化更是翻天覆地。昨天下午，朋友们参观了大包干纪念馆、"当年农家"等地方，对 40 年来特别是中共十八大以来、2016 年习近平总书记视察小岗村以来小岗村的改革发展情况，有了一些形象的、直观的了解。我不知道是不是所有的朋友都能想象得到，40 年前的小岗村，连温饱问题都还没有解决，多数人家每年都要外出讨饭，几乎家家住的都是"当年农家"那样的土墙草屋。今天，如果不是为了留住那一份历史的记忆将其专门保护下来，像"当年农家"那样的住房早已完全消失了，小岗村今天的面貌和农民的生产生活条件已今非昔比。这里，我给大家提供一组数据，从中可以进一步看出小岗村近年来的变化。2017 年小岗村总产值 5.42 亿元，比 2012 年增长 55.3%；农民人均纯收入 18106 元，比 2012 年增长 77.5%；村集体经济收入 820 万元，比 2012 年翻一番。小岗村还先后荣获全国十大名村、全国生态文化村、全国文明村镇的称号，成为农民幸福生活的美好家园。

小岗村之所以能取得今天的喜人成就，最重要的是中国共产党改革开放的好政策，最根本的在于习近平新时代中国特色社会主义思想的指引、在于全面贯彻习近平总书记在小岗村农村改革座谈会上的重要讲话精神，最关键的在于大力弘扬改革创新、敢为人先的小岗精神，在于积极进取、扎实苦干。回顾 40 年来特别是中共十八大以来小岗村的发展历程，我们深切体会到，改革是小岗村的基因和底色，大改革大发展，小改革小发展，不改革难发展。发展出题目，改革做文章。只有把改革进行到底，发展才会有不竭动力；只有坚定不移深化农村改革、坚定不移加快农村发展、坚定不移维护农村和谐稳定，乡村振兴战略才能实现，才能使我们的广大农民群众和全国人民一道进入全面小康社会。小岗村的故事生动地印证了习近平总书记在中共十九大报告中讲的一段十

中共安徽省委副书记信长星在开幕式上致辞

分重要的话，那就是"必须合乎时代潮流、顺应人民意愿，勇于改革开放，让党和人民事业始终充满奋勇前进的强大动力"。

小岗村的变化，是改革开放 40 年来中国农村改革的一个缩影。40 年来中国农村在农业生产、农民生活、农村面貌上所发生的重大变化，使广大农民看到了走向富裕、过上美好生活、实现中华民族伟大复兴中国梦的光明前景，坚定了跟着中国共产党走中国特色社会主义道路的信心。我曾多次到小岗村调研，在与村里干部群众交流时，他们都由衷地爱戴习近平总书记，由衷地赞叹中国共产党好、社会主义好、改革开放好。这些朴素的话语昭示我们，办好中国的事情，关键在党。只有社会主义才能救中国，只有改革开放才能发展中国、发展社会主义、发展马克思主义。今天的小岗人，正在按照产业兴旺、生态宜居、乡风文明、治理有效、生活富裕的总要求，在中国特色社会主义乡村振兴道路上，改革再出发，开启新征程。

小岗村的变化，也是安徽改革开放的一个生动写照。在改革开放之前，安徽还是一个较为落后的农业省份。40 年来特别是中共十八大以来，安徽走上了改革发展的快车道，如今已经成为旅游大省、科技大省、制造大省、创新大省。习近平总书记 2016 年在视察安徽时指出，安徽是个好地方，推动绿色发展、低碳发展有基础，推动深化改革、内陆开放有闯劲，实施创新驱动、产业升级有优势；要求我们"加强改革创新，努力闯出新路"，在中部崛起中走在前列。

——我们按照习近平总书记"扎实推进供给侧结构性改革"的指示要求，着力推动经济高质量发展。近几年经济总量以年均 9.1% 的速度稳稳增长，2017 年达到 2.75 万亿元；合肥综合性国家科学中心、合肥滨湖科学城、合芜蚌国家自主创新示范区、全面创新改革试验省等国家科技创新平台，荟萃群英，聚力攻关，涌现出了量子信息、新型显示、智能语音等一大批科技创新成果，为全省发展注入了新的动能；煤炭、钢铁等传统产业也在加快改造提升，新能源汽车、电子信息等战略性新兴产业加速成长；绿水青山就是金山银山的理念深入人心，低碳绿色发展成为普遍共识，开展巢湖综合治理、实施长江经济带生态修复和水环境治理、实行河长制湖长制林长制等一连串组合拳，让江淮大地山更青、水更绿、天更蓝。

——我们按照习近平总书记"扎实推进现代农业建设"的指示要求，着力实施乡村振兴战略。作为全国 13 个粮食主产区之一，粮食产量连续 5 年稳定在 650 亿斤以上，去年达到 695 亿斤；优质规模农产品原料基地建设、农产品加工业转型升级、农业新业态拓展、龙头企业培育等现代农业工程深入推进，农业质量效益加快提升；农民人均可支配收入增长速度连续 8 年超过城镇居民，去年达到 1.3 万元；积极推进"四好农村路"建设，农村公路"畅通工程"3 年通路 5.6 万公里；美丽乡村建设打造了 4500 个"生产好、生活好、生态好"的中心村，厕所、垃圾、污水整治"三大革命"全面改善了农村人居环境和生活质量。

——我们按照习近平总书记"扎实增进人民群众获得感"的指示要求，着力满足人民对美好生活的向往。坚持以人民为中心的发展思想，全省财政支出的 80%以上用于改善民生，以项目化手段持续推进 33 项民生工程，帮助群众解决教育、就业、医疗、住房等方面的现实问题。特别是我们认真践行"小康路上一个都不能掉队"的庄严承诺，把脱贫攻坚作为头等大事，省、市、县、乡、村五级党委书记带头抓扶贫，坚持单位包村、干部包户，层层签订责任书、立下军令状，一村一策、一户一策，让贫困群众不愁吃、不愁穿，义务教育、基本医疗和住房安全有保障，过去 5 年全省贫困人口累计减少 550 多万人。

——我们按照习近平总书记"扎实推进改革开放"的指示要求，着力打造内陆开放新高地。遵循中央顶层设计，5 年来共推出 650 多项改革举措，主要领域改革主体框架基本确立，医药卫生体制、农村综合改革等取得重大突破，为全国面上改革提供了有益经验。全面融入"一带一路"等重大战略，主动参与全球创新链、产业链、价值链，2017 年全省进出口总额近 540 亿美元，境外世界 500 强在皖设立企业达 154 家，贸易伙伴遍及世界 220 个国家和地区。前不久我们成功举办了 2018 世界制造业大会和中国国际徽商大会，集中签约项目 430 多个、投资总额达到 4471 亿元，进一步把安徽先进制造业推向世界、把世界先进制造业引进安徽。

——我们按照习近平总书记"扎实学习和贯彻党章"的指示要求，着力推动全面从严治党向纵深发展。把抓好党的建设作为最大政绩，坚持用习近平新时代中国特色社会主义思想武装头脑，坚决维护习近平总书记党中央的核心、全党的核心地位，坚决维护党中央权威和集中统一领导，从严管党治党，各级党组织的创造力、凝聚力、战斗力显著增强，党员的先锋模范作用充分发挥。

昨天大家考察了沈浩纪念馆，了解了沈浩同志的感人事迹。沈浩同志是扎根基层、无私奉献的先进典型，集中体现了中国共产党全心全意为人民服务的宗旨。正是因为有千千万万个沈浩这样的好党员、好干部，中国共产党才能始终保持与人民群众的血肉联系，才能成为始终走在时代前列、人民衷心拥护、勇于自我革命、经得起各种风浪考验、朝气蓬勃的马克思主义执政党。

女士们、先生们，朋友们！

一滴水可以反映出太阳的光辉。从小岗看安徽，从安徽看中国，我们深切感到，改革开放的伟大实践，有力证明了习近平新时代中国特色社会主义思想的强大真理力量、思想力量和实践力量，充分彰显了中国特色社会主义的无比优越性和强大生机活力，深刻揭示了中国共产党的领导是中国特色社会主义的最本质特征和最大优势。

中共十九大制定了全面建设社会主义现代化强国的宏伟蓝图，描绘了同各国人民一道努力构建人类命运共同体的美好画卷。我们将以庆祝改革开放40周年为契机，继续用好改革开放这个"关键一招"，与时俱进，一往无前，奋力推动习近平新时代中国特色社会主义思想在安徽大地落地生根、开花结果。我们真诚欢迎大家多来安徽走一走、看一看，亲身感受安徽改革发展的蓬勃生机，实地领略徽风皖韵的独特魅力，加强合作交流，增进信任友谊，携手创造更加美好的未来。

预祝万寿论坛圆满成功！祝各位嘉宾身体健康、万事如意！

谢谢大家。

在改革开放实践中探索社会主义道路

——中共中央对外联络部副部长郭业洲在开幕式上的致辞

尊敬的信长星副书记，

尊敬的各国政党领导人，

女士们，先生们，同志们：

大家上午好！

很高兴能与大家在安徽小岗再次相聚。几天前，我刚刚与在座的同志们一道，在深圳共同重温马克思的崇高精神和光辉思想，感受改革开放给当初的小渔村带来的翻天覆地的变化。今天，我们又在中国改革的地标、中国农村改革的主要发源地小岗召开第十九届万寿论坛，感受从农村大包干开始的改革进程，共同庆祝中国改革开放 40 周年。改革开放是中国共产党在新的时代条件下带领全国各族人民进行的伟大社会革命，也是包括习近平新时代中国特色社会主义思想在内的中国特色社会主义理论体系的实践源泉。本届万寿论坛的主题是"改革发展与国家治理现代化"，在此，我想结合中国改革开放，围绕论坛主题谈几点看法。

第一，发展是社会主义的首要和根本的任务。马克思主义一个最基本的原理是，社会生产力是全部社会生活的物质前提，是推动社会进步最活跃、最革命的决定性因素。列宁指出，无产阶级取得国家政权以后，它的最主要最根本的需要就是增加产品数量，大大提高社会生产力。据此，我们党把社会主义的本质归结为，解放生产力，发展生产力，消灭剥削，消除两极分化，最终达到共同富裕。习近平总书记多次强调，发展是党执政兴国的第一要务，是解决中国一切问题的基础和关键。正是顺应生产力的发展要求，1978 年 12 月，中共召开十一届三中全会，毅然放弃"以阶级斗争为纲"的错误路线，开启了改革开放的伟大进程。40 年来，中国的国内生产总值（GDP）年均增速高达 9.3%，经济总量从 1978 年的世界第十五位跃升到今天的世界第二位，人均 GDP 从 1978 年的 381 元人民币提高到 2017 年的 59660 元人民币（近 8800 美元），跻身中等偏上收入国家行列，目前正在朝着全面建成小康社会的目标迈进。

中共十八大以来，以习近平同志为核心的中共中央带领全党全国各族人民牢牢把握解放和发展社会生产力这一社会主义的本质要求，继续进行新的探索和实践，不仅提出我国社会主要矛盾已经转化为人民日益增长的美好生活需要和不平衡不充分的发展之间的矛盾，而且提出我国经济已由高速增长阶段转向高质量发展阶段，要解决这一矛盾，必须贯彻落实好"创新、协调、绿色、开放、共享"的新发展理念。创新发展针对的是发展动力不足的问题，协调发展针对的是发展不平衡的问题，绿色发展针对的是中国在发展过程中出现的人与自然不和谐、资源浪费严重以及生态破坏日益突出等问题，开放发展针对的是开放不充分的问题，共享发展针对的是发展成果分配不合理的问题。过去五年多来，我们党坚定践行五大发展理念，载人航天、深海探测、量子通信、大飞机等重大创新成果不断涌现。高铁网络、电子商务移动支付、共享经济等引领世界潮流。环境污染治理取得明显成效。经济实力也跃上新台阶。国内生产总值从 54 万亿元增加到 82.7 万亿元，年均增长 7.1%，占世界经济比重从 11.4% 提高到 15% 左右，对世界经济增长贡献率超过 30%。所有这些都标志着中国特色社会主义进入了新时代。

二、改革是社会主义制度的自我完善和革命。马克思主义告诉我们，生产关系适应生产力状况的规律，是人类社会发展的根本规律。我们党认为，要实现发展，必须坚决破除一切妨碍发展的思想观念和体制机制弊端，自觉调整和改革生产关系与生产力、上层建筑与经济基础不相适应的方面和环节。当年，小岗村的村民"贴着身家性命"，签下了大包干的"生死状"，震响了中国改革的一声惊雷。在此基础上形成的以家庭承包经营为基础、统分结合的双层经营体制，已经成为中国共产党农村政策的重要基石。40 年来，我们党积极推动各个领域的改革，不断研究新情况、解决新问题、总结新经验，为中国发展注入了最根本最强劲的动力，形成了党的基本理论、基本路线、基本方略，成功开辟了中国特色社会主义道路，中国特色社会主义制度更加完善，全社会发展活力和创新活力明显增强。实践证明，这条路走通了、走对了，今后还要继续坚定不移地走下去。正如习近平总书记指出的，改革开放是决定当代中国命运的关键一招。实践发展永无止境，解放思想永无止境，改革开放也永无止境，停顿和倒退没有出路。

回顾中国改革所走过的路，我们有几点体会。一是要解放思想。改革是一场伟大的社会革命，不能因循守旧。要做到一切从实际出发，坚持生产力标准，解放思想，实事求是，破除各种形式的教条和迷信，不唯上、不唯书、只唯实。二是要循序渐进。改革开放是"摸着石头过河"的渐进探索过程，不能试图毕其功于一役。习近平总书记形象地把它比喻成"爬山越岭"，他说，"经济社会发展何止一座山一道坎，这是个渐进、艰难的过程，就是要过关卡、上台阶，上了一定的高度就过了一个坎，然后又要面对另一个高度，过更高的坎"。在这种理念指引下，中国改革开放经历了一个从农村到城市，从包产到户到鼓励个体经营，从支持乡镇企业到发展市场经济，从"引进来"到"走出去"融入世界经济体系的过程。三是要统筹协调。改革是一个系统工程，涉及各种社会关系、利益格局的调整。特别是随着改革进入攻坚期和深水区，改革的难度不断加大，改革的任务分外艰巨，没有坚强的政治领导、思想引导，不注重改革的系统性、整体性和协同性，改革就不可能顺利推进。只有加强党的领导，充分发挥党总揽全局、协调各方的领导核心作用，才能使改革发展成果更多更好地惠及全体人民，才能把国内外一切可以调动的积极因素充分调动起来，从而汇成推进改革开放的强大力量。

三、社会主义的优越性要体现在国家治理现代化上。毫无疑问，社会主义制度具有优越性，但这种优越性怎么发挥出来，怎样治理社会主义社会这个全新的社会，并没有现成的经验可循。根据 40 年改革开放的经验，我们认为，社会主义的优越性既要体现在根本政治制度上，也要体现在具体的体制机制和国家治理结构上；既要通过改革直接解放社会生产力，促进发展，更要通过改革建立起一整套的制度安排来保证发展的科学性与可持续性。中共十八大以来，我们党将全面深化改革的目

中共中央对外联络部副部长郭业洲在开幕式上致辞

标确定为完善和发展中国特色社会主义制度，推进国家治理体系和治理能力现代化，就是要适应时代发展要求，既改革不适应实践要求的体制机制，又不断构建新的制度和体制机制；既把中国特色社会主义制度优势转化为管理经济社会事务的效能，又通过推进国家治理现代化更好地彰显中国特色社会主义的制度优势，从而使经济、政治、文化、社会、生态文明和党的建设等各方面制度和体制机制更加科学、更加完善，推动党和国家各项工作制度化、规范化、程序化，不断提高党科学执政、民主执政和依法执政能力。

我们党在推进国家治理体系和治理能力现代化的过程中特别注意三个方面。一是坚持全面依法治国。强调任何改革措施都要于法有据，任何制度安排都必须符合宪法，任何人都不得凌驾于宪法和法律之上，绝不允许以言代法、以权压法、逐利违法、徇私枉法。二是坚持人民当家作主。人民群众是历史的创造者，任何一种治理体系都要体现人民意志、保障人民权益、激发人民创造活力，都要充分发挥人民的积极性和能动性，都必须尊重人民的首创精神，并为此形成强有力的制度保障。三是坚持党的全面领导。这是最重要的。习近平总书记讲，"中国特色社会主义最本质的特征是中国共产党领导，中国特色社会主义制度的最大优势是中国共产党领导"。中国共产党是领导中国特色社会主义事业的执政党，没有党的坚强领导，就不可能把广大人民群众的积极性、主动性充分调动起来，也就不可能形成统一意志，不仅发展社会主义民主与法治无从谈起，而且势必出现一盘散沙甚至动荡不安的局面。实践证明，坚持党的领导是人民当家作主和依法治国的根本保证，是实现国家治理体系和治理能力现代化，体现社会主义优越性的根本保证。

女士们，先生们，同志们！

马克思主义是我们共同的信仰，马克思主义所勾画的美好未来是我们孜孜以求的方向。让马克思主义在 21 世纪展现出更强大的真理光芒，是每一个共产党人的期待与责任。这既需要各国共产党不断提高发展能力、改革能力和治理能力，把马克思主义的真理力量充分展现出来，也需要各国共产党把握时代特征，顺应人民期待，加强交流合作。前两天举行的纪念马克思诞辰 200 周年专题研讨会和今天的万寿论坛都是出于同样的目的，希望大家在接下来的会议中畅所欲言、集思广益，为 21 世纪马克思主义的发展贡献出自己的智慧和力量。

预祝此次万寿论坛取得圆满成功。

谢谢大家！

俄罗斯联邦共产党中央主席团成员、奔萨州委第一书记、奔萨州立法会议俄共主席团主席吉奥尔吉·卡姆涅夫的致辞

尊敬的各位来宾，早上好！请允许我代表俄罗斯联邦共产党向大家表示敬意，并向大家转达俄罗斯联邦共产党主席久加诺夫的亲切问候和良好祝愿。

中国自 1978 年开始改革开放。7 年后，苏联也宣布开始改革，号称要重返列宁主义。在改革进程中，苏联的政治经济社会生活各领域发生了一系列重要变化。苏联领导人提出苏联社会全面加速现代化的口号，但结果只是停留在一些美丽辞藻和口号上，并没有慎重的战略和战术与之配套。苏共的领导层对制度建设"破"而不"立"，在破坏了旧的秩序之后，未能在改革涉及的任何一个领域建立起新的稳定秩序。改革中产生的一系列问题互相叠加，旧问题还未解决，新问题就接踵而

至，层出不穷的问题使当局应接不暇。苏联陷入了体制性危机，并最终导致国家解体和政权更迭，资本主义在俄罗斯卷土重来。苏联地区的数亿人民至今为这一悲剧感到无比痛心。导致这种改革结果的主要原因在于，苏联1990年取消了宪法第六条关于共产党是苏联社会的领导和主导力量的规定。这项决定推翻了苏联的政治基础，党的核心领导地位就此动摇，苏联社会逐步脱离马克思列宁主义轨道。

中国共产党的改革是令人震撼的，我们看到了中国共产党用实际行动告诉我们应该怎样进行改革。中国共产党的改革建立在全面审慎思考的基础之上。今年是中国改革开放40周年，我们坚信中国改革一定能够成功，因为中国共产党坚持马克思主义的指导，习近平同志不断强调这一点。创造性地发展马克思主义，并用于推动中国特色社会主义发展，这是中国共产党取得的最重要的成就之一。请允许我对中国共产党表示感谢，祝福中国共产党取得更大成就，祝中国繁荣昌盛！

巴勒斯坦民主联盟总书记
扎希拉·卡迈勒的致辞

各位中国共产党的同志们，各位来宾，我谨代表巴勒斯坦民主联盟全体党员感谢中国共产党邀请我们出席此次重要的万寿论坛，特别是在马克思诞辰200周年这一重要的时刻举行这一活动，更具有特殊的重要意义。因为通过中国共产党的实践，我们看到中国成功地实现了马克思主义的不断发展。中国共产党在建设中国特色社会主义过程中积累了宝贵经验，这是对马克思主义的创新发展，中国共产党是用创造性的方式重新激活了马克思主义。这证明，马克思主义可以适用于各国国情，得到不断丰富和发展。中国共产党实行改革开放 40 年来，中国从一个贫穷落后的国家，发展为一个现代化的社会主义大国，在政治、经济、社会及治理方面都取得了长足进步，这些都得益于改革开放政策。在此，我要再次感谢中联部举办这一重要会议，并为各国政党代表制定了如此丰富、充实的日程，让我们亲眼见证了中国所取得的伟大成就，特别是在科技等领域取得的重大进步。

我们第一站访问了中国改革开放的前沿深圳，真切地感受到中国共产党主动开放、锐意创新的进取精神和中国经济发展日新月异的积极气象。第二站我们来到北京，它是中国的首都，也是一个文明古都，我们通过此访更为深刻地认识了中国五千年悠久的历史和灿烂的文化。接下来我们来到了美丽的安徽，实地看到了这里的开放发展，我们特别高兴能够在小岗村出席第十九届万寿论坛。我们在小岗村参观了大包干纪念馆、沈浩纪念馆、"当年农家"等，看到了中国人民继承先辈的优良传统并面向未来的探索和开拓。中国共产党一直致力于带领人民实现国家的发展，创造一个更加美好的未来，这就是马克思主义的应有之意。

中国共产党的实践说明，命运是可以通过奋斗改变的。我们也应深刻分析自身所处的发展阶段及具体国情和特点，实行适合自身发展的政策措施，不懈奋斗，努力实现公正平等的社会，提升广大人民的生活质量。我也梦想着有一天能够改善巴勒斯坦的现状。马克思主义是我们实现国家独立的重要思想武器，我希望我们的人民也可以通过自身努力而实现命运自决，而不是任由外部力量来掌控我们的命运。我们要反对一切外来压迫和不公正，我们要向中国人民学习。我们也期待能够成为联合国的成员，希望联合国安理会能够更好地执行一系列国际决议。我们希望与中国开展更广泛、更深入的交流与合作，更好地学习借鉴中国的经验，并在吸引投资和技术支持方面得到中国的更多帮助。

今天与会的有来自世界各国的政党代表，我们一同亲身了解了中国所采取的各项政策，尤其是中国共产党坚持自我革命、勇于反腐的实践。我想我们各党所存在的一些困惑和所遇到的许多问题，能够在此访中获得解答和启示。

乌拉圭共产党总书记
胡安·卡斯蒂略的致辞

首先我想感谢中国共产党的同志对我们的邀请。我谨代表所有拉美地区的政党代表，向中国共产党表示感谢，向此次会议的召开表示祝贺！能够参加此次论坛，我们感到非常荣幸。今天我们大家齐聚一堂，共同探讨世界左翼政党的未来发展，热烈交流，互学互鉴，有助于强化我们之间的友好合作。中国共产党在世界的东方取得了社会主义建设事业的伟大成就，我们非常希望能够了解中国共产党的经验和做法，这次论坛和我们此次访问的全部行程都给我们提供了这样一个难得的机会。

我们知道，中国共产党人在改革开放这项事业中也曾遇到重重困难和挑战，但中国共产党没有退缩，而是带领中国人民不懈奋斗，一个接一个地解决了这些问题，包括农村问题、农民问题等等。凭借全国上下团结一心的奋斗和努力，中国人民的生活质量得到显著改善。中国共产党所致力实现的，正是马克思主义为人类所勾画的美好未来。

马克思指出："哲学家们只是用不同的方式解释世界，而问题在于改变世界。"当前，哲学家们所探讨的美好世界的要素，很多已经靠我们的努力实现了，我们甚至已经对资本主义社会存在的一些不足进行了改造。我们抵制战争、崇尚和平、谋求发展、争取正义，我们希望大家团结一致，共同努力，加强彼此间在经贸、发展等各领域合作，携手创建一个更加公平公正的世界。

改革开放 40 年来，中国通过自己的努力取得了巨大发展成就。习近平总书记继承发展了毛泽东思想、邓小平理论等中国特色社会主义理论，持续推进社会主义建设的伟大事业。改革开放是中国历史进程中的一场新的革命。中国共产党领导人始终把人民当家作主和依法治国放在首位，这是一个政权健康和可持续发展的标志。共产党人的理想不因国家大小而有所区分，在我们拉美地区有一些相对较小的国家，但这些国家的共产党也有着崇高的目标。我们期待在自己的国家将社会主义理想变为现实，希望实现社会公平公正，让我们国家的人民也过上美好生活。中国共产党改革开放的创举为我们做出了榜样，这种革命思想应该在世界各地开花结果。

第十九届万寿论坛会议现场

中国改革的实践与经验启示

中国人民大学重阳金融研究院执行院长
王文的发言

对整个世界政党发展史和中国改革开放进程而言，今天是非常有纪念意义的一天。正如大家所知，中国革命是从农村开始的，中国改革开放政策最初也是从农村开始推行的，在小岗村发生的农村改革具有非常重要的意义。在中国改革开放迎来 40 周年的重要时间节点，来自世界许多国家政党的主要负责人，从城市回到了农村，这在世界政党史上是第一次。通过农村再来看中国改革开放，也是非常创新的举动。中联部举办的这次论坛具有重要的纪念意义和创新意义，中国改革开放 40 年的实践能够给我们怎样的启发，值得我们一起探讨。各国在相互交流、相互学习的过程中都能获得更大的进步。

埃及阿拉伯民主纳赛尔主义党主席
赛义德·阿卜杜勒加尼的发言

首先我要感谢中国共产党的各位同志，感谢中国共产党给予我们的热情接待。我谨向大家致以诚挚的问候，非常感谢中国共产党向我们介绍社会主义建设过程中取得的宝贵经验，特别是在改革发展领域的经验。中国特色社会主义建设取得了巨大成功，这在很大程度上得益于中国共产党所制定的出色规划。

20 世纪 60 年代，埃及也曾进行过一些改革，并且取得了阶段性成就。但因为 1967 年与以色列之间爆发战争，我们的改革最终停滞。今天我们来到中国农村改革的发源地小岗村，看到了中国改革开放取得了巨大成功，积累了成功经验。这一改革是从农村开始的，通过实行大包干，不断解放和发展农村的生产力，促进了农业发展，提高了农民的生活水平，这是一条重要的经验。

中国特色社会主义极大地增强了中国的经济竞争力和综合国力。中国的这种改革是在不断的试错和纠错中积累宝贵经验，通过不断改革政策中的缺陷和不足，来推动国家逐步实现发展。这也是中国经验中非常宝贵的一条。只有不断试错纠错才能找到适合本国发展的道路，从而真正实现发展。

此外，中国不断推动治理体系与治理能力现代化，在反腐倡廉方面取得了重要成绩。在农村精准扶贫方面，中国同样成绩斐然，中国农村实现了飞跃式的发展。中国共产党在改革开放 40 年的时间，使数亿中国人民摆脱了贫困，这一脱贫速度在全世界都绝无仅有。这是值得中国共产党和中国人民感到骄傲和自豪的一项巨大成就。中国共产党在极短的时间内推动国家实现巨大发展，有效解决了就业问题，完全是在独立自主、自力更生的基础上实现的。而取得这些伟大的成就，需要不断完善制度建设，并制订有针对性的发展战略，以应对发展中出现的新问题、新挑战，而这就是改革开放的精髓所在。

更为重要的是，中国在发展进程中始终坚持中国共产党的坚强领导。中国共产党坚持以人民为中心的发展理念，发展依靠人民，发展为了人民，发展的最终目标是实现人的全面发展，中国的发展经验充满了人文精神。中国取得巨大发展成就得益于中国人民的积极参与和努力，这是中国特色社会主义的成功所在。如何调动人民的积极性，如何汇聚人民的力量实现发展，也是我们各国政党需要认真思考的问题。

埃及社会主义党总书记
艾哈迈德·沙班的发言

感谢中国共产党邀请我们参与此次论坛，并给予我这次发言机会。今天会议的主题是"改革发展与国家治理现代化"。我们非常希望利用此次机会进行深入交流，并学习借鉴中国的发展经验。

首先，我认为，中国经验最重要的一点，就是中国共产党始终坚持以人民为中心，中国共产党所推行的所有政策，都是为了实现人民的福祉。

第二，坚持践行马克思主义，以马克思主义为指导，结合中国具体实际，制定适合自身发展的政策，推动国家不断进步。

第三，坚持中国共产党的领导，在党的领导下引导市场发挥积极作用，实行社会主义市场经济。

第四，坚持推进国家民主化，在国际交往中坚定维护国家形象和国家利益。

第五，重视青年的教育和发展，鼓励青年在党和国家管理治理中努力发挥作用，善于吸收新思想、新理念。

第六，坚持自力更生。中国的发展不是通过"等靠要"获得的，而

第十九届万寿论坛专题一讨论现场

是以自力更生的精神和努力奋斗实现的。

　　这些是中国共产党在实践中所积累的宝贵经验，也是中国实践取得成功的原因所在。中国的发展也为世界的发展和各国人民的美好生活作出了巨大的贡献。

乌拉圭人民参与运动党领袖
亚历杭德罗·桑切斯的发言

　　首先，请允许我向大家致以最真挚的问候，并感谢中国共产党邀请我们参加此次论坛，为我们提供了深入了解中国改革开放进程和经验的重要机会。

我来自拉丁美洲地区，拉美国家在很多领域需要向中国学习。尽管拉美与中国相距遥远，但我们有不少共同之处。拉美国家的左翼政党也举行纪念马克思诞辰 200 周年有关活动。能够在马克思诞辰 200 周年和中国改革开放 40 周年这一重要时刻访问中国并参加相关研讨，我们感到非常荣幸。我们来到中国，就像在自己家里一样，我们认识了伟大的朋友，并将在未来继续友好合作。

很多拉美国家和中国一样，都经历过殖民地时期。中国在中国共产党的领导下最终实现了国家独立和发展，而遗憾的是，一些拉美国家未能像中国一样走上独立自主的发展道路。中国实行科学的发展战略，大胆推行改革开放政策，在开放中获得了发展，在国际市场中提升了竞争力，实现了国家的全面进步。而在拉美国家，人们对开放多有顾虑，甚至认为开放等于经济自由主义，是属于资本主义范畴的经济政策，实行开放政策本质上就是掠夺国家资源。中国的发展经验为拉美国家打开了一扇全新定义的大门，提供了一种全新的选择。拉美左翼应该深入研究中国的政策措施，更好地利用市场，在开放中迎接挑战、解决问题，推动实现独立自主的发展。同时，中国的经验告诉我们，命运掌握在我们自己手中，要通过自己的努力改变自己的命运。我们希望成为自己命运的主宰者，更好地利用我们国家的资源，来促进生产力的提高，推动社会的可持续发展。

此外，我们看到了中国共产党和中国各级政府推动"一带一路"倡议的决心和努力。这一多边合作倡议，有助于促进各国相互合作、实现共同繁荣。我相信这一倡议一定会取得成功。

中国共产党在世界范围内慷慨地介绍自己在扶贫、促进平衡发展等方面的宝贵经验。在解决贫困问题方面，中国共产党取得了举世瞩目的成就，在 40 年间使数亿人脱贫，这在其他国家是不可想象的。

当前和未来，我们都面临着许多共同挑战，要解决这些挑战，发展是必由之路。我们要积极应对各种新问题，更好地利用国内国际市场，努力建设和平和谐的社会，防止资本过度集中，全面促进人们生活水平的提高。

孟加拉国共产党（马列主义）政治局委员
莫哈迈德·拉哈曼的发言

感谢中国共产党的邀请，非常高兴能够参加万寿论坛。同志们，这次会议的主题是"改革发展与国家治理现代化"。1949 年中华人民共和国成立，中国共产党领导中国人民开启了建设社会主义的艰辛探索和奋斗的历程。1978 年，中国共产党开始实行改革开放政策，改革计划经济体制，建设社会主义市场经济体系。改革开放增强了中国经济发展活力，加速了中国经济社会全面发展。

正如邓小平所说，"不管黑猫白猫，能抓到老鼠就是好猫"。中国通过改革开放，取得了巨大的发展成就，进入了新的发展阶段，中国的未来发展充满希望。当然，中国在前进道路上会遇到一些挑战和困难，但我相信中国共产党完全有能力应对和解决这些挑战和困难。我们对中国献上最衷心的祝福，希望中国在未来取得更大的成绩！

意大利共产党中央政治局委员
弗朗切斯科·马林焦的发言

感谢中国共产党邀请我参加第十九届万寿论坛，让我有机会了解中国共产党在社会主义现代化建设中取得的成就。

十月革命胜利后，一些国家陆续开始推行社会主义，社会主义理论逐步走向实践。但这一过程充满了困难，一些国家的社会主义建设遭遇不同程度的挫折，甚至最终走向失败。而中国共产党找到了一条建设社会主义的可行道路，并取得重大成就。这对世界左翼力量是一个巨大的激励，也激发我们去思考，如何有效地解放和发展生产力，并最终实现国家发展和社会公平正义。

世界上许多国家的发展经历告诉我们，在国家独立后的一段时期，很难同时实现共同富裕和发展生产力这两个任务。一个国家的经济在得到长足发展之后，可能会面临着经济发展不平衡的问题。

中共十八大以来，中国共产党作出了继续推动深化改革的决定，并强调要充分发挥个人的作用来促进共同富裕。除中国外，世界上没有任

与会外国代表参观沈浩纪念馆

何一个国家在一份政治文件中将人民放在第一位。这一言论不仅极大地鼓励了中国人民，还鼓励了很多西方人，这意味着中国希望为全世界人民提供一个更加和平和安全的环境。

当前中国特色社会主义已经进入了新时代，中国社会的主要矛盾发生了变化。中共十九大报告主题中有"不忘初心、牢记使命"这几个字，这是在勉励所有中国共产党人要高举中国特色社会主义伟大旗帜，努力完成全面建成小康社会的目标。我相信，中国共产党人将把这些梦想和使命一代代传下去，努力实现中国梦！

约旦共产党政治局委员
阿卜杜拉·萨利姆的发言

首先请允许我感谢中国共产党的同志们，向我们发出盛情邀请，特别是在马克思诞辰 200 周年的重要时刻，邀请我们访问中国。能够参与此次万寿论坛，我们感到十分荣幸。中国致力于建设中国特色社会主义，我想借此机会谈一谈对中国特色社会主义的一些粗浅认识，以及对习近平总书记继续推动改革开放的一些认识。

推动经济发展是改革开放最重要的主题之一。中国的经济改革是从农村开始，然后从农村向城市延伸的。随着中国特色社会主义实践的不断深入，中国决定建立社会主义市场经济，特别是在 1992 年之后，中国改革开放迎来了更大发展。我认为，中国经济发展经验主要有以下几点。

第一，中国坚持"以公有制为主体，多种所有制经济共同发展"的经济制度，有效运用市场，这是一项重要的发展经验。

第二，中国在全国建立了一个统一的市场。

第三，中国将国内市场与国际市场有机结合。

第四，中国始终坚持政府对市场的宏观调控。

第五，中国以自身国情和特点为基础，来推动改革开放进程。

中共十九大为实现中国特色社会主义的伟大胜利进一步指明了方向。随着中国特色社会主义进入新时代，中国共产党及时应对新挑战，根据中国社会主要矛盾的变化推动国内新的改革与发展。中国已经解决了十几亿人的吃饭问题，现在的目标是要实现更大的发展。在深圳，我们看到中国改革开放再出发取得了很大成就，这是中国改革开放和中国经验的一个缩影。尽管中国共产党在进一步改革开放中可能会遇到一些问题和挑战，但我相信中国共产党可以领导中国人民通过继续深化改革，不断推动国家经济发展，取得更大进步。在中国共产党的成功领导下，中国已经成为世界第二大经济体，在扶贫减贫方面取得令人瞩目的成果，这些经验都值得我们学习。

留尼汪共产党中央委员、国际委员会负责对华事务委员菲利普·叶仲齐康的发言

首先请允许我向中国共产党对我们的邀请表示感谢。中国农村改革是从小岗村起步的，40 年前小岗村开启了大包干政策，农民决定通过自己的努力来提高生活水平。中国共产党意识到了农村和农民的力量，决定开始实行农村改革政策。

中国的改革开放之所以取得巨大成功，其中一个重要的原因在于它是一种共享性的政策。在国内，它由人民共同制定，发展成果由人民共享，人民对中国共产党有信心。在国际社会，它本着共商共建共享的原

则，积极融入全球经济大潮，不断为全世界的繁荣稳定和发展进步贡献力量。因此，中国的改革开放事业不仅关乎中国人民也关乎世界人民的福祉。随着中国特色社会主义进入新时代，中国开放的大门进一步打开，习近平总书记提出的"一带一路"倡议和构建人类命运共同体的主张，集中体现了这样一种世界情怀，并与联合国的可持续发展计划不谋而合。在改革开放政策的指引下，我们对中国和世界的未来充满信心。

摩洛哥人民力量社会主义联盟政治局委员
马什吉·卡尔克里的发言

首先，我想感谢中国共产党邀请我们访华并出席第十九届万寿论坛，使我们能够实地了解中国的发展和进步。中国具有悠久的历史和灿烂的文化，是一大文明古国。中国共产党把马克思主义作为中国发展的强大思想武器，并结合本国历史文化特点，制定适合自身发展的政策，推动国家发展和进步，取得了巨大成就。中国共产党一直致力于服务人民，致力于实现国家全面发展和社会公平正义。中国特色社会主义建设以及改革开放政策充分展现了中国共产党的勇气。中国共产党有能力、有勇气根据自己的国情和特点，来制定适合自身发展的政策。当前，摩洛哥政府也在致力于推动我们的国家社会发展，我们呼吁世界各国政党和各国人民加强交流合作，互学互鉴，推动共同发展。各国政党应加强经济、政治、社会、文化等各领域交流与合作，积极发挥政党作用，通过政党之间的交流合作推动国家间关系的发展。

我们对在深圳的考察感触良多。深圳作为中国改革开放的前沿，是中国发展的缩影和样板。

　　通过此次访问，我们近距离地了解了中国发展成就和经验，了解了中国改革开放进程。中国共产党一直致力于服务中国人民，推动社会的公平正义和国家的全面发展。中国共产党带领中国人民选择的中国特色社会主义道路，尤其是根据具体国情制定的改革开放政策，突出体现了中国共产党的巨大政治勇气。在此次访问中，我们不仅系统了解了改革开放进程及相关宝贵经验，而且近距离地了解了这一进程背后以沈浩精神为代表的巨大精神财富和无形力量。正是有了千千万万沈浩这样有责任和担当的中国共产党员，改革开放各项政策才能得到有效落实，人民福祉和国家发展进步也才能得到充分保障。

　　世界各国人民都把中国人民视为朋友，将中国看作促进世界和平稳定的一支重要力量。中国提出的"一带一路"倡议，正是为了实现世界的共同发展。中国反对霸权主义的努力得到世界各国广泛认可与支持。

与会代表为万寿论坛点赞

此访使我们受益良多，我想再次向中国共产党表示感谢。

尼泊尔共产党（马列）中央委员
卡尔·普亚尔的发言

我想感谢中联部举办第十九届万寿论坛，希望论坛取得圆满成功。此次论坛主题是"改革发展与国家治理现代化"，讨论这一话题具有重要意义，因为改革开放是中国共产党建设中国特色社会主义的重要一步。在中国共产党强有力的领导下，中国开启了改革开放的伟大进程。1978 年中共十一届三中全会决定开启改革开放，是中国共产党在本国国情的基础上探索发展道路的创造性之举。在中国共产党一代又一代领导人的正确引领下，中国特色社会主义建设不断取得新的成果。

在中共十九大上，习近平总书记作出"中国特色社会主义进入了新时代"这一重要论断，并为中国特色社会主义下一步发展提供了行动指南。中国当前已成为世界第二大经济体，中国的发展不仅提高了本国人民的生活水平，也促进了全球经济的稳定发展。我相信，中国共产党一定会顺利实现"两个一百年"奋斗目标。中国的经济发展经验和国家治理模式可以为世界各国提供借鉴和启示。

中国人民大学经济学院教授
杨志的发言

大家好！我从踏上小岗村这块热土的那一刻起内心就不能平静。虽然小岗村作为中国农村改革的发源地早已闻名于世，但是包括我在内的很多人，在没有走进大包干纪念馆和沈浩纪念馆之前，对小岗村承载的深刻内容和丰富价值理解得很不到位，甚至在某些方面还有错位。为此，我由衷感谢论坛主办方和承办方给我一个"零距离"了解小岗村的机会。在这里，我与大家分享自己的几点"感动"。

在我看来，40 年前小岗村 18 位农民奋不顾身也要分田到户大包干的行动，是在告诉自己也告诉同伴，从来就没有什么救世主，也没有神仙皇帝，要改变自己和家庭的命运全靠我们自己。这是什么精神？这是国际歌弘扬的国际共产主义精神！这是我们的领袖毛泽东曾经赞扬的"谁说鸡毛不能上天"的人民创造历史的认识论！同样，2004 年至 2009 年沈浩同志"舍小家为大家"这一共产党人标志性的行动，是在鼓励自己也是在引领小岗村人民，要想可持续地发展，就必须跟定中国共产党，在党的旗帜下奋勇向前！这是什么方法论？这是中国共产党人全心全意为人民服务的方法论。这是什么世界观？这是马克思主义为了谋求人类的解放鞠躬尽瘁、死而后已的世界观！

小岗村，我感谢你！你用 40 年改革实践很好地诠释了"人民，只有人民才是创造世界历史的动力"这个唯物史观的伟大命题！你用 40 年改革的实践为世人展示了中国农村改革的真实画卷。

中国改革开放论坛战略研究中心主任
马加力的发言

非常高兴能够来到小岗村这个我期待已久的地方。我们来到了中国农村改革发源的地方，看到了中国改革开放最初始的阶段，感受到了中国改革开放最前沿的气息。各位嘉宾从不同的角度、不同的层面、不同的领域对中国改革开放和国家治理现代化发表了很好的意见。我能感到大家对中国改革开放的模式、道路和故事都给予了很高的认同，我特别感谢大家的这种认同，这种认同使得中国在改革开放和国家治理能力现代化方面更加信心满满。

小岗村在过去 40 年中经历了不同的发展阶段。我参观了小岗村后的一个深刻感触是，生产关系一定要适应生产力发展水平。如果生产关系是超前的或者过时的，甚至是扭曲的，那它一定得不到人民的欢迎，一定会拖累经济发展。

在当时的生产力水平下，小岗村 18 位村民非常勇敢地走出了第一步，走出了一条求实求真的道路。从实际出发，从人民群众的利益出发，这是我们党建党的初衷，也是我们党发展的动力。只有适应了现实条件，满足了人民群众的利益，才能够得到发展，才能够得到人民的拥护，人民群众也才能够从中获得自己的幸福。我们在今后也要本着这样的精神，从实际出发，从人民群众的利益出发，这是我们需要总结的教训和经验。

各位代表对中国经验给予了很大的认同。我也希望大家能够对中国的经验提出一些批评和建议，这对于我们来说比表扬更加重要。善于学习、虚心接受意见，也是中国的经验之一。改革开放发展至今，取得了重大发展成就，离不开中国共产党的不断努力。这么多年来，中国共产党与世界各国政党积极开展交流交往，加强彼此间的沟通和探讨，使得中国共产党能够更好地进行道路选择和道路把握。我希望各位代表能够对中国的经验提出建议，欢迎世界各国左翼政党与中国共产党加强交流与合作，增进彼此间的友好关系，实现共同发展。

最后，我祝愿世界各国左翼政党能够根据自己的国情，从实际出发，从人民的利益出发，找到适合自身发展的道路，取得更大发展，并同中国共产党一道，努力推动人类命运共同体这一伟大事业，实现共同发展与繁荣。

专题二

深化改革与治理体系现代化

外交学院国际关系研究所教授
卢静的发言

1978 年中共十一届三中全会开启了中国改革开放的伟大历史进程，从此中国的面貌发生了翻天覆地的变化，中国与世界的关系也发生了根本性的转变，中国的发展也改变着世界历史的进程。

2013 年中共十八届三中全会提出了推进国家治理体系和治理能力现代化这一改革开放的目标。我认为，它标志着中国改革开放进入了一个新的历史阶段。过去的改革开放是围绕经济发展和经济建设展开，今后改革开放在推进经济发展的同时，也要推进国家治理体系和治理能力现代化。当前，发展仍然是首要任务，中国的基本国情决定了中国还是发展中国家，中国仍然处于社会主义初级阶段。但为了让中国更好地发展，并且让中国的发展能够更好地惠及普通百姓，我们必须要加强国家治理体系和治理能力现代化。因此，中国的改革开放进程在追求经济发展和国家治理这两方面要相辅相成，相互促进。

国家治理虽然是一个国家范围内的事情，但经济全球化和社会信息化加深了世界各国的相互依存关系，而且各国在国家治理上需要具备开放包容的心态去向一切优秀的成果和实践去学习，我们有必要加强彼此间的交流。今天的论坛就为我们提供了一次相互交流、学习的重要机会。

第十九届万寿论坛专题二讨论现场

哥斯达黎加广泛阵线总书记
安东尼奥·奥尔特加的发言

首先我想感谢中国共产党和中国人民对我们的热情接待。这些天我们学到了很多，也很激动。非常高兴能够和世界各国左翼政党代表齐聚一堂，共同讨论。

20 世纪 30 年代资本主义世界经济大危机后，凯恩斯主义成为西方主导政治经济理念。这一经济政策反对自由放任，主张国家干预，对缓和经济危机和促进经济发展起到了积极作用。20 世纪 70 年代末，西方国家的经济出现"滞胀"现象，新自由主义开始大行其道，占据西方世界主流经济政策地位，并向世界蔓延。20 世纪 90 年代，苏联解体使世界社会主义发展陷入困难，客观上为新自由主义的扩张提供了机会。许多国家的左翼政党为继续发展社会主义事业作出了很多的努力，但仍面临重重挑战。

新自由主义经济政策会造成社会财富分配不均，我们需要努力思考如何才能够解决新自由主义的问题、如何抵抗新自由主义强加给我们的各种障碍、如何才能在苏联解体后继续发展社会主义事业等问题。我们在资金、力量等各方面都存在很大不足，直到现在，新自由主义仍在西方国家盛行。

中国共产党则通过自身努力，开辟出一条独立自主的发展道路，取得了巨大发展成就。我们应该深入研究中国共产党是怎么做的，应该认真学习中国共产党的发展理念和发展经验，尤其是中共十八大以来关于治国理政的经验，包括如何促进马克思主义中国化，如何使马克思主义更好适用于自身国情等。我们要研究政党和政府在国家治理中发挥的作用，中国在这方面最有发言权，是我们学习的榜样。

科学治国在新时期是非常重要的，也是革命的一部分。我们要想走出社会主义理论的危机，就需要进行创新。拉美左翼政党需要汲取中国共产党的经验，在推动社会主义理论创新上作出自己的贡献。同时，我们要把改革作为发展的利器，只有以负责任的态度不断改革创新，我们才能实现发展的目标。此外，我们永远都不能忘记革命的精神。我们应在革命理念的推动下持续开展交流合作，加强各国国情研究和社会主义建设规律研究，面向未来，开拓创新。

中国共产党取得的所有发展经验，对我们而言都是非常重要的。我们希望从中国汲取智慧，使我们的国家在未来发展得更好！

新英国共产党总书记
安迪·布鲁克斯的发言

同志们，我想谈一谈地方政府管理的相关问题。在资本主义社会中，地方政府以各种形式提供一些公共服务，包括医疗、交通等方面的服务。这些公共开支的经费来源是地方的财政收入，有时也会有中央政府的财政收入。过去很多公共服务由地方政府提供，而现在公共服务越来越多地承包给了私人企业。这一状况有利于剥削者的利益，而有损于公众的利益。

一些地方政府会直接提供公共服务，但在提供过程中存在很多问题，有时甚至连人民的一些基本要求都无法满足。事实上这些地方政府并不缺钱，但由于腐败盛行，公共服务的质量得不到保障。这是资本主义社会难以避免的问题，在一些竞争性竞标中也存在着腐败。而根除腐败的力量只能来自于腐败阶级以外。对地方政府管理而言，需要增强问责和透明度。

共产主义者希望为民众提供更好的服务，我们应该为了实现这一目标作出自己的贡献，完成共产主义政党的使命。

巴勒斯坦解放巴勒斯坦民主阵线副总书记
盖斯·海德尔的发言

各位同仁好！首先请允许我感谢中国共产党和中国人民，是你们缔造了中国这样的发展奇迹，这是人类现代发展史上的奇迹。在此，我还要感谢你们一直所秉持的谦虚态度，你们还认为中国是发展中国家。现在世界上确实有很多发达国家，但是有些发达国家的发达程度其实不及中国。我们看到中国完成了巨大的飞跃，实现了全面的发展，而且是在极短的时间内取得了巨大成就。这表明社会主义在 21 世纪仍具有强大的生机与活力，社会主义有助于提高全人类的生活水平。

中国的发展是一个奇迹。人的全面发展不局限于经济和物质领域，而是包括生活的各个领域，包括教育、文化、艺术。事实证明，社会主义是人类走向繁荣和发展的必由之路，也是拯救人类免遭帝国主义野蛮压迫的正确道路。美国特朗普政府的种种行径昭示了帝国主义的野蛮本质。我们衷心祝贺中国取得的巨大发展成就和宝贵发展经验，我们可以从中学习借鉴。中国的经验表明，人民是实现国家发展的基础，中国共产党正是依靠人民推动国家实现了发展，摆脱了贫困，并成为全世界的榜样。

我们在参观的过程中，亲眼看到了改革开放以来中国所发生的翻天覆地的变化。当前中国已经成为世界第二大经济体，中国全体人民都切实从发展中受益，享受到了发展成果。我想强调的是，党对改革开放进程的领导是国家发展的重要前提，党的自身建设是改革开放取得成功的根本保障。中国共产党在反腐败斗争领域作出巨大努力，反对一切形式的独裁，始终加强党的先进性、纯洁性建设，为国家发展提供坚实后盾。我们一直认为，中国取得的巨大发展就是对巴勒斯坦发展的有力支持，也是对巴勒斯坦民族解放事业的最大支持。我们相信，一个更加强大的中国，一个更加富裕的中国，将会努力推动构建人类命运共同体，帮助世界各国人民过上更加美好的生活。人类命运共同体也是巴勒斯坦人民不断进行民族解放斗争、实现国家独立的重要载体和动力。我要向中国表示衷心的感谢，也感谢中国共产党向我们提供此次机会，让我们能够实地考察和学习借鉴中国的经验。

突尼斯争取发展联盟主席
法特希·沙姆希的发言

亲爱的各位同志，首先请允许我向中国所取得的一切发展成就表示祝贺！大约在中国开始实施改革开放政策同一时期，突尼斯也实行了类似的政策，同样也是为了改善突尼斯人民的生活状况。但是这一政策却没有像中国的改革开放一样取得如此重大的成就。中国的改革开放成功了，但突尼斯却没有。这值得我们深思，我们应该如何看待中国的改革开放政策，又该如何从中受益呢？

中国改革开放取得成功的一个重要原因就在于中国共产党坚持马克思主义。而突尼斯的情况则非如此，政策制定和施行都掌握在专权者手中，没有遵循马克思主义道路。即便推行了类似的政策，突尼斯仍一直处于资本主义控制之下。

在中国，我们看到改革开放的目标是实现全体人民共同富裕，推动建设具有中国特色的社会主义。这又向我们提出了一个问题，即如何落实改革开放政策，真正让发展成果惠及普通人民？我认为，首先要加大反腐力度。腐败可能延伸到国家的任何一个角落，危害国家政治经济生活的方方面面。我们需要对症下药，找到有效方法大力反腐。中共十九大强调全面从严治党，将从严贯彻到全党各个层级，并且继续大力反腐。中共全党上下思想统一，立场坚定，坚持推进马克思主义。我们非常赞赏中国推行改革开放的坚定决心和付出的艰辛努力，我们对中国取得的重大成就表示祝贺！

埃及民族进步统一集团党主席助理
穆罕默德·法拉杰的发言

各位同志，大家好！很高兴今天有机会同大家一起探讨中国特色社会主义建设经验。社会主义在世界各国经历了不同的发展路径，也产生了不同的结果。可以说，中国特色社会主义特别是改革开放以来和习近平新时代中国特色社会主义思想形成以来所取得的巨大成就，都说明中国走出了一条独特的进步和发展之路。埃及民族进步统一集团党及整个阿拉伯世界都认为，中国经验成功地解决了社会主义发展中的理论问题和实践问题，值得阿拉伯国家学习。中国共产党领导人为世界各国所面临的共同问题提供了中国方案。

中国共产党通过改革开放，在 40 年的时间里使一个贫困落后的国家发展成为世界第二大经济体，这是举世瞩目的巨大成就。但中国领导人和中国人民非常谦虚，中国仍自称发展中国家。我认为，中国应该为自己所取得的成就和积累的经验感到骄傲和自豪。习近平总书记领导中国特色社会主义进入了新时代，中国的社会主要矛盾已经发生变化，中国共产党一方面以马克思主义基本原理为指导，另一方面迅速适应新形势、新变化，持续推动中国实现发展。

中国特色社会主义对于科学社会主义而言是一个全新的模式，它的内涵非常丰富和深刻。中国特色社会主义最重要的特点在于从自身的国情出发，将马克思主义基本原理同中国的具体国情相结合，不断对理论进行科学创新，来解决社会主义建设进程中遇到的新问题。我们并不要求中国放弃谦虚的良好品德，但希望中国能更多地向世界宣传和分享自己的经验。

孟加拉国共产党主席团成员
阿尼鲁达·达斯的发言

首先，我想向中国共产党表示感谢。经济改革和对外开放的目的之一，在于促进国家经济发展并让发展成果更好地惠及人民。中国改革开放已经做到了这一点，农业改革成效显著，国家经济各领域取得了长足进步和发展，人民生活显著改善。但我们不能忽视另一方面，政治制度的发展和完善也是改革开放的重要成果之一。

政治制度非常重要，完善政治制度要致力于建设一个没有腐败的政府。新时代中国特色社会主义给我们带来了一个有效的、创新性的马克思主义方案。它能够确保发展成果惠及人民，以"创新、协调、绿色、开放、共享"的发展理念，有效执行发展政策，真正改善了人民生活和福祉。此外，中国共产党注重依法执政、依法治国，这也非常重要。同时，中国共产党大力反腐，对腐败零容忍，这让我们印象深刻。

完成所有权的转变，最终实现人的全面发展，对于建立社会主义至关重要。我们相信，在中国共产党的领导下，中国特色社会主义能够完成它的使命。中国特色社会主义将马克思主义与中国具体国情结合起来，以推动国家繁荣和社会发展。社会主义万岁！中国共产党万岁！

与会外国代表与部分当年大包干带头人会面

尼泊尔共产党中央政治局候补委员
贾甘纳特·卡蒂瓦达的发言

　　各位同志，能够有这个机会和各位分享交流意见，我感到十分荣幸。1978 年中国共产党十一届三中全会决定开始一段新的建设伟业，开启了中国经济改革和现代化的征程。这一过程持续至今，已经取得了巨大发展成就。中国的经历激发我们思考中国共产党治国理政的成功经验。

　　中国共产党始终致力于实现广大人民的利益，它对人民的无私奉献贯穿改革开放全过程。我们看到，中国共产党在马克思主义的指导下，不断推动中国政治经济社会发展，特别是在科学技术领域，中国的进步令人惊叹。

中共十九大进一步强调创新的重要性，要努力将中国建设成为一个创新大国。中国社会正逐步变得更加智能化，大大便利了人民的生活，使人民真正分享到了发展的成果。事实上，中国共产党并未止步于此。中国在各个领域取得的进步，不仅惠及了中国人民，也促进了整个世界的发展。

我们所看到的中国取得的巨大发展成就，是在中国共产党的领导下所取得的。中国的成功是中国人民所取得的成功，是社会主义的成功，是马克思主义在中国的成功。中国人民接受了马克思主义，以其为指导，推动实现国家的发展和繁荣。这说明，人民是历史的创造者，人民对政府事业的参与非常重要。中国共产党重视人民的力量，尊重人民的选择，激发人民的活力，从而带领人民取得了社会主义建设的重大成果。

中国共产党始终注重与时俱进，加强执政能力建设，坚决打击腐败，保持党的纯洁性和战斗力。反腐斗争回应了民众诉求和社会治理现代化的需要，有助于促进社会和谐稳定，夯实改革开放的社会基础，进一步团结全国力量开展社会主义建设。

中国的发展深刻影响了世界的发展，对世界经济繁荣稳定和全球治理体系合理化起到了积极作用，得到了国际社会广泛赞誉。习近平总书记提出构建人类命运共同体，致力于建立一个持久和平、普遍安全、共同繁荣、开放包容、清洁美丽的世界，一个全人类携手实现共同梦想的世界，这有助于促进发展成果惠及全球人民，真正实现全人类的发展。中国正以实际行动推动实现这一理想，在一系列合作平台和国际论坛上，中国积极提出关于全球治理的倡议，这些倡议对于各国经济发展和人类社会的共同福祉都至关重要。

中国共产党能够取得今天的成就，经历了一段漫长而艰辛的探索和努力过程。现在，中国共产党再接再厉，再次出发，我相信他们一定能再次取得成功和胜利。中国的发展同样鼓励着尼泊尔努力实现良政善治，更好地贯彻执行政府政策，实现社会安定和可持续性发展，改善人民生活水平和质量。

最后，我们真诚祝愿中国共产党取得更大成功！

葡萄牙共产党中央政治局委员
若泽·阿尔维斯的发言

我们这次来中国，访问了几个城市，亲眼看到了中国发生的历史性变革和取得的重大进展。我们也看到了中国共产党在促进世界各国政党交流交往中所作的努力和贡献，对此我们表示非常感谢。我认为，我们可以在相互尊重、相互理解、独立和团结的基础上，与中国共产党加强交流与合作，共同推进社会主义在世界的发展和进步。中国共产党总书记习近平也倡议加强政党交流。当前，世界面临诸多不确定性、不稳定性和挑战，世界的发展可能是一个非常复杂的进程。世界的前进方向与社会主义的未来发展密切相关。

生产关系是我们赢得社会主义斗争最核心的因素之一。社会主义国家在物质建设和文化建设方面取得的进展对世界社会主义发展而言是非常重要的，也是我们最终战胜资本主义的重要基础。中国取得了重大发展成就，这对我们是巨大的鼓舞。在过去 40 年里，中国已经让几亿人口摆脱了贫穷，中国共产党回应了中国人民的问题和需求，包括给人民提供住宿、医疗、教育、就业等保障，这些都是中国特色社会主义建设取得重大进展的证据，我们相信中国共产党一定能够将中国建设成为富强民主文明和谐美丽的社会主义现代化强国。

当然，中国还面临着很多挑战，包括发展不平衡、不充分等问题。我们可以看到，中国共产党已经采取了相应措施，促进社会公平公正，更加重视教育投入和环保。中国共产党清醒地认识到社会主义建设中面临的问题和挑战，并积极行动，推动社会主义事业不断进步。中国共产党提出推动国家治理体系和治理能力现代化，就是应对新挑战的重要举措。

当前，葡萄牙社会主义建设的主要任务就是要进一步推进民主，促进政治经济文化等各领域的平等与和谐。我认为，只有在共产党、工人党的推动之下，这些目标才能实现。中国共产党在推动改革开放及国家治理体系现代化中的成就和经验对葡萄牙具有重要的借鉴意义。我们也祝愿中国能够取得成功。

叙利亚统一叙利亚共产党政治局秘书处成员
福阿德·哈里里·拉哈姆的发言

各位同志，首先我要感谢中国共产党组织此次重要的论坛，这一主题至关重要，也是我们各国现在所面临的一个重要的问题。我今天想主要讲以下几个方面的问题，包括全面深化改革，以及治理体系现代化等。

我认为推进改革有两种途径，一种是通过革命来进行改革，另一种是通过政治变革来推动改革。改革的结果应该是推进了国家的全面发展，否则改革就失去了它的应有之义。因此，我想谈的第一点是，政府和政党在开启改革时需要提前制定相应战略，并在改革过程中不断重新审视战略，根据形势变化和遇到的问题来逐步调整和完善战略，这是非常重要的一点。

第二，我们必须考虑改革的目标人群的接受程度，稳妥、有序地推进改革，避免急躁冒进。此外，我们还要防范一些可能出现的风险和问题，包括外部风险，采取措施予以预防和应对。

第三，我们需要高度重视腐败问题。腐败问题可以分成两种，一种是大腐败，一种是小腐败，如果大腐败得不到惩治，很容易出现很多小腐败。在改革过程中要注意打击腐败，避免因腐败问题导致其他社会问题浮现。

第四，我们在改革进程中要秉持透明性原则，包括保障言论自由、

与会外国代表参观大包干纪念馆

新闻出版自由等,只有一个自由的环境才能确保有关政策得到人民的支持,真正能够落实。政府要允许不同意见存在,让人民有表达自己意愿的渠道。如果人民能够提出一些建设性的意见和批评,将会对改革政策形成有益的补充。

我认为中国共产党在上述这些领域都取得了宝贵的经验,值得各国政府和政党学习。我们党以及叙利亚的其他政党都迫切希望学习中国共产党的这些经验。

复旦大学世界政党研究中心主任
郭定平的发言

政党是代表一定的利益通过谋求政治权力实现自己的政治纲领的组织,任何一个政党都必须面临处理政党与国家政权的关系、政党与政党的关系、政党与社会公众的关系、政党内部关系的任务。由此,我们可以发现中国共产党治国理政有以下突出优势。

第一,党政一体,执政能力更强。中国共产党是执政党,是中国特色社会主义现代化事业的领导核心,党政军民学,东西南北中,党是领导一切的。在执政党与国家政权的关系上,不仅党是高度统一的,国家权力也是高度统一的,中国共产党通过一整套的法治、体制与机制对国家政权实行全面掌控和有效领导,真正做到总揽全局、协调各方。

第二,党际合作,利益代表更广。中国与西方各国不同,实行的是中国共产党领导的多党合作和政治协商制度,这是一种独具特色和优势的中国式政党制度。中国共产党是中国工人阶级的先锋队,同时是中国人民和中华民族的先锋队,代表中国最广大人民的根本利益。此外中国有八个民主党派，由来自不同领域、不同界别的代表人士组成，代表他们的利益，反映他们的呼声。中国共产党是执政党，民主党派是参政党，他们长期共存、互相监督，形成一种多党合作与政治协商的制度。这种党际合作就能够使人民群众的更加广泛的利益和要求反映到党和国家的决策过程之中。

第三，党群关系和谐，政治支持更高。中国经济持续高速发展，广大人民群众的生活水平得到显著改善，中国的党群关系、干群关系总体和谐，人民群众对中国共产党和政府的政治支持一直处于非常高的水平。例如，亚洲晴雨表调查（Asian Barometer Survey）显示，90%以上的中国被访者认为全国性的政治组织和政权机构非常可信，具体包括中国共产党、中央人民政府、全国人大和中国人民解放军等。

第四，管党治党，政治纪律更严。严密的组织体系，严明的组织纪律，严格的政治规矩成为中国共产党治国理政的鲜明特征和巨大优势。早在改革开放之初中国共产党的十一届五中全会就通过了《关于党内政治生活的若干准则》，对于严肃党的纪律、加强和改善党的领导发挥了重要作用。2016年中国共产党十八届六中全会又通过了《关于新形势下党内政治生活的若干准则》，对于全面从严治党提出了更高的要求。

由于中国共产党治国理政的这些特点和优势，党在领导中国特色社会主义现代化建设事业的过程中就能够发挥更大的政治效能，取得更大的发展成就。中国共产党的治国理政经验和取得的发展进步，对于推动人类文明的进步和发展，也作出了应有的贡献。我想具体谈以下几点。

第一，治理模式的创新与政治范式的革新。传统政治学中对政治现代化历史经验的建构大致分为两种路径，一种是主张个人权利的社会中心主义；另一种是强调国家自主性的国家中心主义。基于中国共产党建构民族国家、重塑社会规范并推动国家治理体系与治理能力现代化的经验，中国共产党的治国理政已经成功创造出了"政党中心的治理"新范式，为人类政治文明的多元化发展贡献了中国智慧与中国方案。

第二，政治价值的转换。政治价值本来多种多样，有序、稳定、自由、正义、和谐、平等、高效、安全、幸福无一不是政治发展的重要目标。长期以来，在政治理论和实践当中，对于政治价值的选择和评判，往往过于强调自由民主人权等等。然而，这种价值不中立的分析视角不可能全面和客观地评价一种政治文明。从实践和逻辑上讲，民主政治并不意味着善治，非民主政治并不意味着乱世。民主只是西方政治文明发展到一定阶段的产物，并非人类政治文明的价值。西方选举体系下出现的政党非理性竞争使得治理赤字逐渐明显，而中国共产党在既有政治传统的基础上着力偏向治理绩效，取得了世人瞩目的成就。

第三，政治文明的进步。西方政治实践强调分权与制衡基础上的政党竞争，非理性的政党竞争常常将治理危机锁定在一个无解的僵局之中。中国共产党不但提供着秩序的维护、法律的供给、认同的凝聚，并将其积极嵌入到国家的治理之中，在经济、政治、文化、社会、生态五大领域处于领导地位，创造了一种协商基础上的共治，与西方的竞争政治形成鲜明的对照。这就是人类政治文明发展中一种和谐合作的政党中心的治理模式。

第四，政治科学的繁荣。基于中国具有深厚底蕴的政治文化传统和中国共产党治国理政的巨大成就而进行的中国政治研究就应该而且能够结出理论创新的累累硕果，为比较政治学和国际政治学的发展提供鲜活的案例资料和崭新的理论范式，推动政治科学的发展与繁荣。随着中国的快速发展以及国际社会的广泛关注，加强中国发展模式和现代化的经验研究，已经成为国内外的共同呼声。中国为世界各国提供了新的发展路径，并将为理论创新贡献新的成果。

复旦大学国际关系与公共事务学院执行院长
苏长和的发言

我想谈一下对中国的制度体系的几个看法。

中国的制度体系不是按照对抗和制衡的原理来运行的，而主要建立在合作、协商的原则上。中国共产党领导的多党合作和政治协商制度是一种新型制度，既能发挥执政党的优势，也能发挥多党合作的作用，通过制度化、程序化、规范化的安排，集中各方意见和建议，推动决策科学化和民主化，有效避免了西方政党制度的缺陷。习近平总书记在两会期间的讲话中对此进行了深刻总结。习近平总书记提出的"六个防止"，是社会主义民主政治必须要避免的。

中国的制度体系实现了党的领导的集中统一性、人民当家作主的积极性、依法治国有效性的有机结合。同时，在民族和谐与团结上，中国的制度体系为多民族国家维护统一、实现民族团结提供了参考和借鉴。

在政商关系上，中国的制度体系始终保持政商的亲和清的关系，而不是资本为中心的发展道路。

在对外关系上，中国的制度体系坚持在合作协商的基础上开展对外交往，在共商共建共享的基础上处理对外关系。与此同时，我们需要防止一些国家由于内部政治因素频繁否决双边和多边国际合作的现象。

在制度体系和人的关系上，制度能够发挥作用关键在于制度中的人要发挥作用，人的因素同样重要。人对制度的认同，有利于制度的贯彻执行。因此，我们需要不断提高干部能力，这对国家治理体系和治理能力现代化非常关键。

　　这是中国制度体系的几个特点，中国的制度体系还在不断发展和完善中，我也希望参加本次论坛的各国嘉宾展开深入交流，对制度体系的完善和发展多提建设性意见。

专题三

新发展理念与乡村振兴

复旦大学政党建设与国家发展研究中心主任
郑长忠的发言

很多代表都提到，中国的发展始终坚持以人民为中心，提到了马克思主义致力于实现人的全面发展的命题，我们的一些讨论也围绕这一问题展开。实际上，人民不是抽象的，而是具体的。具体的人民在国家发展的每个阶段都会有每个阶段的需求和每个阶段的交往关系及生存形态。值得注意的是，人民既然是具体的，就要吃饭，人民吃饭就需要农业生产来提供粮食。中国有一句话，是"民以食为天"。那么，解决人民的吃饭问题、在农村发展过程中坚持以人民为中心的问题，就是一个重要的问题。

要解决好这个问题，就需要遵循唯物辩证法，每个阶段的工作要结合生产力的发展水平、人民的实际需求及生产关系的组织方式，来谋划农村的发展。我认为，在推动农村生产力发展的过程中，有两点很重要。一是促进整体发展和调动每个人的积极性之间如何有机统一的问题；二是如何与时俱进加强理念创新，以适当的方式实现发展。

这一节我们讨论"新发展理念与乡村振兴"，就是要探讨当前中国实现乡村发展的新理念。整体与个体的内在张力体现在中国改革开放 40 年中，如何做到促进整体发展和调动个人主观能动性的有机结合，中国共产党形成了自己的一套逻辑和做法。关于如何在农村发展中贯彻马克思主义，以及中国的经验有何启示，各国如何解决自身遇到的问题，我相信大家都会有自己的理解和认识。我想，我们可以努力进一步推动多层次、多领域、多方式的交流，相互学习和借鉴，共同探索农村发展之道。

危地马拉全国革命联盟总书记
格雷高里奥·查伊的发言

大家好！我非常感谢中国共产党关心世界其他国家社会主义事业的发展，能够举办此次论坛，让我们近距离地看到中国改革开放所取得的成就，并探讨中国的发展理念和经验。中国的发展对世界而言是一个好的范例，是世界人民所向往的发展样本。而中国所取得的成就，与中国共产党顶层设计的科学性及其自我约束力是密不可分的。中国共产党充分信任人民群众，人民群众也充分信任中国共产党。我们高度赞赏中国共产党所取得的成就，对中国共产党的艰苦奋斗深表钦佩。我们也相信，中国共产党在未来将会取得更大的发展成果。中国共产党的有关做法和经验也给了我们许多启发。

危地马拉的一些做法与中国正好相反。我们的出口掌控在少数人的手中，财富分配也很不均衡。大型跨国企业剥夺了人民群众获得美好生活的权利，抢占了我们的资源。危地马拉的贫困率非常高，这是我们亟须改变的现实。

此外，我们对国际市场的适应也很不够，产品缺乏国际竞争力。普通居民的生活条件有待提高。危地马拉在农产品税收方面做得不够好，对一些农产品采取零关税，这对我国的小农经济和农民生活造成了毁灭性打

第十九届万寿论坛专题三讨论现场

击。危地马拉土著人民的比例相当高，但政府不够关心他们的生活水平。我们从中国学到了很多经验，我们认为我们需要做的第一件事就是要改变我们的管理思路，充分重视国家在粮食问题上的主权，让人民群众拥有体面的生活。同时，我们不能破坏自然规则，要尊重环境，尊重自然。我们从中国获得了很多能量和知识，中国的做法激励我们以极大的热情投入到我们的工作中去。中国万岁！中国共产党万岁！世界各国人民万岁！

奥地利共产党联邦委员会、主席团成员
米夏埃尔·格拉贝尔的发言

非常感谢中国共产党让我们有机会参与到这一论坛的讨论中。我想

谈一谈农村发展政策,在这方面我发现了很多有趣的话题。中国采取综合性政策来实现农业发展,高度重视农村、农业,重视第一二三产业联合发展,并兼顾地区平衡。中国共产党的政策充分体现了这些发展理念。

中国共产党重视保障农民的权益,通过加强教育推动农民摆脱贫穷,在扶贫减贫方面取得显著成果。此外,中国共产党高度重视反腐败工作,近年来大力打击腐败,并致力于促进社会公平公正,逐步缩小不同地区之间的发展差距。这些举措不仅有利于中国内部市场的打通和开放,而且有利于促进社会关系和谐稳定。中国共产党的这种整合协调性的发展理念,不仅坚持了社会主义的价值导向和追求,而且灵活运用了市场化原则。

奥地利是一个富裕国家,也是欧盟的成员国之一。奥地利政府声称非常重视农村的公共服务,但实际上,农村地区的小医院、邮局、学校等公共基础设施却减少了,农村的个体经营户也减少了。越来越多的年轻人离开了农村,农村劳动力大大减少。我希望中国的发展可以给我们树立一个农村可持续发展的榜样。

孟加拉国工人党中央委员
沙克哈瓦特·侯赛因的发言

大家好!这次访问中国,我们去了深圳,也来到了小岗村。在小岗村,我们了解了 18 位村民开启大包干的创举。今天,我们在这一论坛中再次讨论中国农村的发展。这个小村子的发展给我们指明了一条农村发展的道路,是社会主义发展过程中的一次创举。

　　在资本主义国家，类似的改革是想缩小农村和城市之间的差距，并加强市场的角色和作用。然而，相应的举措却往往导致农业生产成本上升，使更多农民陷入贫困。但中国共产党却真正使人民摆脱了贫穷。在很多国家，政府官僚主义成为发展的一大障碍，政府并不了解人民的需要和想法，政府政策并非基于国家的真实发展情况。中国始终坚持以人民为中心的发展理念，关心农村、农业和农民，农民的实际需要在国家政策中得到了很好的反映。

　　任何农村发展理念都应该是包容性的、以人为本的，只有这样才能实现农村的振兴。我很高兴看到中国的发展理念取得了成功，这有助于社会主义经济的发展。

捷克和摩拉维亚共产党国际部部长
雅罗斯拉夫·罗曼的发言

　　非常荣幸有机会在这次论坛上发言。在当今世界，国际治理遭到了遗弃，强权政治盛行，以美国为主导的西方国家极力把持世界政治经济发展方向。在苏联解体后，美国成为国际体系的主导者，开始在全球推行泛美国化的政策。美国不允许有第二个超级大国来改变其对世界的主导权。特朗普政府把目标瞄准俄罗斯和中国，在外交政策中加紧施压。美国对中国挑起贸易战，并对其他国家展开越来越多的制裁，这些举动对世界和平稳定将产生负面影响。没有任何一个国家像美国这样，给叙利亚、巴勒斯坦、利比亚等其他国家的人民带来如此深重的痛苦。

　　我认为，国际法应该得到普遍适用，而不是被某些人根据自己的利益需求来适用。互相尊重主权和领土完整，应该是我们在发展对外关系上秉承的原则。为了推动国际体系合理化，世界各国政党应该共同努力发挥作用，加强沟通与互信，联合起来为构建一个新的国际体系而奋斗。各国政党应当为世界和平作出贡献，因为和平就像氧气和阳光，是人类生存必不可少的条件。希望这次会议能够取得成功。

印度全印前进同盟中央委员会副主席、
泰米尔纳德邦委员会总书记
戈提拉万·维卢曼迪的发言

大家好！首先对各位表达诚挚的问候。过去几天我们相互交流，讨论了很多重要话题，我们也有机会探讨了各自国家的发展经验以及在发展中存在的问题。中国共产党将马克思主义与中国具体实际相结合，在40年前开启了改革开放的伟大进程，努力建设中国特色社会主义，在世界上高高举起了社会主义大旗。

习近平总书记提出构建人类命运共同体，有助于推动社会主义的光辉在全世界照耀。在中国，我们亲眼看到了很多高楼大厦，看到了中国特色社会主义所取得的巨大成就。我们访问了中国的几个城市，它们代表了中国发展的缩影。在中国，我们学到了很多经验，这些经验有助于我们在自己的国家推进相关领域改革。

我们祝愿中国在推进社会主义建设中取得更大成就，期待中国给我们提供更多创新的理念，也向我们提供更多帮助，包括国家社会治理、教育以及资金方面的援助，促进世界各国的共同发展与繁荣。印度在发展中遇到了很多问题，特别是在农村发展方面，中国的发展经验为印度提供了有益的借鉴。

黎巴嫩共产党政治局委员
卡迈勒·哈姆丹的发言

感谢中国共产党举办此次论坛，这充分体现了中国共产党的国际主义精神。中国的发展理念和经验对世界各国政党而言都具有重要的借鉴意义。

一直以来，黎巴嫩共产党高度关注中国改革开放进程以及中国共产党所积累的重要经验。中国共产党始终坚持马克思主义，坚持辩证唯物主义和历史唯物主义，我们对中国共产党的这种坚守表示赞赏。中国共产党的做法对世界各国特别是在帝国主义强权政治包围之下的国际社会具有重要借鉴意义。

当前，我们身处于全球化时代，世界正在飞速变化。我们需要在这个充满着变化和不确定性的时代，更好地推进马克思主义的发展。在这个新时代，我们应该对农村的发展给予更多的重视。我们都希望学习中国在这方面所积累的经验。

首先，我们需要学习中国处理国家和市场间关系的有关经验。资本主义制度未能较好处理国家与市场间的关系，也未能实现可持续发展。资本主义无法避免其内在矛盾，因此也无法避免资本主义经济危机的发生。与之相反，中国在中国共产党的领导下妥善地处理了政府与市场之间的关系，创造了经济高速发展，并同时巩固了经济发展的社会基础。

其次，我们应该学习中国在创造就业方面的经验。资本主义国家为了实现经济利润最大化，存在过度使用技术代替人工的问题，虽然生产效率确实得到了提高，但也引发了一些社会问题，技术发展的同时却让人民失业了。中国则较好兼顾了技术进步和人民就业。改革开放 40 年来，中国一方面实现了技术革新，各领域技术得到了飞速提升；另一方面也做好了就业工作，创造出大量新的就业岗位，有效解决了这两者之间的矛盾。

此外，我们还要学习中国在促进社会公平正义方面的经验。资本主义倡导自由市场，但市场无法在满足人民需求方面有效发挥作用，教育、医疗、社保等问题难以通过市场得到妥善处理，从而导致社会问题和治理危机不断滋生。而中国共产党始终关注人民群众的需要，一直致力于实现人民的福祉。这也是中国改革开放取得成功的一个重要经验。

与会外国代表在大包干时期农家旧址摄影留念

秘鲁共产党（团结）全国执委
伊尔德布兰多·卡瓦纳的发言

同志们，大家好！首先，我想感谢中联部能够给我们这一重要的学习机会，让我们能够近距离地接触到中国特色社会主义的举措和成果。建设现代化的社会主义国家，需要有现代化的治理理念。中国提出了自己的治理理念，致力于"创新、协调、绿色、开放、共享"的发展等等。

中国发展理念的核心之一就是要创新，随着发展阶段的推进，不断进行创新，创造新的发展动能。创新已经融入了中国的国家精神。我们看到，中国在创新方面已经取得了重大成果，中国的发展正在迈向更高的层次和水平。中国发展理念的另一个重要概念是协调，兼顾各个地区发展，努力解决发展不平衡问题，实现国家整体发展。同时，中国强调可持续发展，注重环境保护，促进人与自然和谐发展。此外，中国强调市场开放，在开放中谋求发展，提高国际竞争力，促进国家现代化水平的提升。

中国在国家治理上充分考虑自身国情，注重科学治国。这是我们应该向中国学习的地方，每个国家都应该在充分研究自身国情的基础上制定适合自身发展的政策。

斯里兰卡人民解放阵线政治局委员、国会议员
维吉塔·赫拉特的发言

各位同事，大家好！资本主义的发展对环境造成了极大破坏，因为

资本主义为了追求利润最大化，不加节制地使用自然资源。我们已经看到了这一行为的恶果，全球变暖，城市地区人口激增，水资源、土地资源遭到污染，大量森林被砍伐，等等。资本主义的发展消耗了我们应该留给子孙后代的自然资源。资本主义发展方式是不可持续的，我们必须采取行动。

在经济发展的同时，我们需要考虑环境保护，可持续地利用自然资源，对自然资源实行有效管理。过去许多国家在发展中并没有对自然环境保护予以足够重视，我们应该引以为戒。发展不应该以破坏环境为前提，我们需要将自然资源保护纳入考虑范围。

我们一直在谈论可持续发展，可持续发展也是马克思列宁主义的应有之义。我们应该致力于增进全世界人民的福祉，积极改善人类生活环境，确保所有人都能享有安全、清洁的自然环境，过上健康、快乐的生活。这是一个巨大的挑战，对资本主义国家和社会主义国家而言均是如此。人类与自然之间的矛盾是资本主义的主要矛盾，我们必须打破资本主义思维的桎梏，改变对自然的看法，学会尊重自然、善待自然。

中国在推动可持续发展方面取得了巨大进步，这令人钦佩。中国的经验值得世界各国学习和借鉴。我们要采取具体的、实际的手段来应对发展挑战，在保护自然的基础上促进农村的发展。第一，要加强发展的计划性。第二，要注重在经济发展中保护资源。第三，要推动人民参与。第四，要处理好资源和财富分配问题，防止两极分化。这四点对于农村的发展非常重要。社会主义国家和马克思主义政党可以通过努力，在资本主义全球化进程中推动国家发展。我认为在不久的未来，我们的理想将会得以实现。

突尼斯民主爱国人士统一党副总书记
穆罕默德·吉穆尔的发言

各位同志好！我想主要谈一谈我对此次访问的印象。这次访问，特别是在小岗村的考察，让我感慨很深。

首先，农业应该成为我们共产党人在建设社会主义过程中高度关注的一个领域，农村和农民不应该被忽视。

第二，对于一些曾经的殖民地、半殖民地国家而言，发展农业至关重要。由于此前遭受着外来殖民统治，这些国家需要建立民族经济，需要领导国家实现真正的发展。我们此次到小岗村考察，亲眼看到了中国改革开放在各个领域所取得的巨大发展，让我们感到非常震撼。中国曾经也遭受了帝国主义的侵略，从这样一个贫穷落后的国家发展成现在的社会主义强国，中国特色社会主义取得了惊人成功。

此外，我还想提出几个问题，我想很多代表可能都有相同的疑问。一是关于中国的经济结构，当前中国的公有经济和私营经济在国民经济中的比重各是多少，一二三产业在国民经济中的比重各是多少。二是中国当前的税收政策如何。三是关于劳工权益保障问题，中国农民是否也能受到劳动法的保护，中国如何在鼓励私营经济发展的同时，避免一部分人对另一部分人的剥削。四是中国的城乡差距当前处于何种状况，是否在改革开放 40 年后得到了一定程度的缓解。我们期待了解这些问题，学习中国的经验。我也相信中国的改革开放政策能够一直取得成功。

与会外国代表在签名墙上签名留念

清华大学公共管理学院副教授
鄢一龙的发言

各位同志好！我讲的主题是"中国农村社会主义探索的三次飞跃"。在占据中国大多数土地和人口的农村，建设什么样的社会主义，如何建设社会主义，是中国共产党与中国人民的长期不懈探索，新中国成立以来，经历了三次飞跃。

20 世纪，我们理解的农村社会主义就是集体。毛泽东时代的伟大创造就是构建出集体——这个前所未有的乡村共同体，从而改变了数千年来的农村生产方式与生活方式。集体成为农民与国家连接的组织平台，并为农民提供了安身立命之所。同时，也使得农民束缚在集体之中，无法作为自主的经营主体参与交换，劳动力无法自由流动。

改革开放以来，中国的农村社会主义建设产生了第二次飞跃。农村改革的最大成功在于从实际出发，尊重农民的自主选择，走出了不同于标准发展经济学教科书的中国道路，这是一条由刚性的城乡二元结构转变为弹性的城乡四元结构，从而实现了城市与乡村、非农业与农业之间协调发展的道路。

改革开放之初，中国总体上是一个城镇正规经济和农村农业经济的二元结构，城镇正规经济比重达到 66%，农村农业经济比重达到 28%，二者之和为 94%。经过 40 年的改革开放，中国已经转变为城镇正规经济、城镇非正规经济、农村非农业经济、农村农业经济的四元经济结构，后三种类型的经济，农民与农民工都是最主要的参与主体。乡镇企业曾经三分天下有其一。2000 年，乡镇企业增加值占 GDP 的比重达到 27.4%，出口交货值占出口额的比重达到 43%，到今天，农村的非农业占 GDP 的比重仍占 20% 左右。农民工成为城市非正规经济的主体，到 2011 年中国的城镇非正规经济比重达到了 36.5%。

这种弹性的城乡四元结构，形成了城乡、工农双向调节的互补关系，根本原因在于农民的自主性从集体中释放出来的过程中，并没有完全丧失集体共同体给予的保护。土地集体所有制的性质没有改变，农民作为集体的成员，拥有对集体土地的承包权与收益权，并有权分享集体经济的收益。

这一方面使得中国农民参与工业化、城镇化的过程，没有伴随着许多国家曾经出现过的无产化与流民化的过程，农民可以在城乡之间双向流动，在工农之间实现互补与兼业。改革开放以来，农民纯收入年增长率达到 7.6%，其中非农业收入与务工收入成为家庭收入主要来源。另一方面也使得中国前所未有的大规模城镇化过程，以比较平稳的方式进行，避免了许多国家出现的贫民窟等问题。

与此同时，城市化与市场化的过程中，我们也面临着乡村共同体持续解体的过程，大量的村落消失，一半以上的村庄成为没有任何集体经营资产的空壳村，青壮年流失，熟人社会转变为半熟人社会，村民个体权益日益抬头，集体意识日益淡漠等。

进入新时代，随着乡村振兴战略的提出，标志着中国农村社会主义建设的第三次飞跃，即在乡村建设新型的共同体，形成城乡更加协调的关系。这就需要在乡村进一步巩固集体经济基础，除了保持土地集体所有制长期不改变，同时在土地所有权、承包权和经营权三权分置改革过程中，要鼓励经营权更多向集体组织以及合作社流转；资本等城市要素下乡的过程中要服务乡村共同体的建设，而不是形成对乡村资源的新一轮掠夺；将乡村的自治、德治、法治有机的和党的领导结合起来，只有坚持中国共产党的领导，才能建设一个保障共同利益、具有共同意志与共同行动的共同体；推进乡村社会主义新风尚建设，建设乡村价值与情感共同体；推进城乡公共服务均等化，不断缩小城乡、农业与非农业之间的收入差距。

马克思曾经说过："在真正的共同体的条件下，各个人在自己的联合中并通过这种联合获得自己的自由。"我们期待的 21 世纪的农村社会主义就是努力建设这样一种真正的共同体，它是所有成员共同拥有和共同建设的利益共同体、情感共同体与命运共同体，而这也将成为自由竞争逻辑与共同体逻辑有机结合的乡村社会主义的新形态。

北京师范大学新兴市场研究院院长兼发展研究院院长
胡必亮的发言

各位嘉宾大家好！我想根据大家的发言，结合中国乡村振兴、农村发展的经验和我自己的感受体会，谈几个观点。

第一，关于乡村振兴，乡村振兴实际上是一个普遍性问题。中国的发展实际上是共性和个性的统一，完全的特殊性和个性在中国是不存在的，至少在农村发展是不存在的。生产粮食是具有普遍规律的。

第二，对于乡村振兴，有一个目标制定问题，这也不是特殊的。农村发展需要规划，规划就要定目标。我们在 20 世纪八九十年代，学习借鉴了美国和欧洲的农业化发展经验，首先是要制定目标。就农业和农村发展的目标而言，我们的乡村振兴是要发挥农村和农民的积极性实现乡村自我振兴，是围绕支持农业和农村现代化的振兴。就国家发展的整体目标而言，乡村振兴要对促进全面建设小康社会起到积极作用，要有助于建设社会主义现代化强国。

第三，乡村振兴包括丰富的内容。在其他国家，乡村振兴也会有很广泛的含义。刚刚有同志在发言中指出，当资本主义发展到一定程度，可能会损害农村和农业发展。这是许多国家都可能遇到的问题，我们要予以关注和纠正。中国共产党充分认识到，农村和农业的发展是整体性的，统筹谋划农村经济建设、政治建设、文化建设、社会建设、生态文明建设和党的建设。产业兴旺、生态宜居、乡风文明、治理有效和生活富裕，是中国共产党推动乡村振兴的总要求和总任务，其中任何一项任务都不是单独推动和实现的。这是中国共产党的做法在共性中的一些特殊性。

第四，任何国家的农业发展和乡村振兴政策都要在执行中才能落到实处、发挥作用。没有执行，再好的规划也是白搭。中国的一个突出特点和优势，就是执行力强，能够真正将规划变为现实。

第五，任何制度都需要不断改进以适应形势变化和发展。首先是经营制度。中国在乡村振兴过程中，对农村的基本经营制度进行了创新和改革。其次是土地制度。很多国家都经历过土地改革，进行土地再分配。土地所有制应该适应国家农村生产力的发展。再次是治理制度。中国的乡村治理将自治、法治和德治相结合，实现有效治理，这是中国的一大特色。

所有国家都应该结合自身特色来制定规划、执行规划，从实际出发，探索出一条适合自己的发展道路，也探索出一条适合自己的乡村振兴道路。一国的经验不是绝对的，但可以供大家一起探讨和借鉴。

专题四

国际经济合作与全球治理体系变革

上海外国语大学国际关系与公共事务研究院院长
郭树勇的发言

　　第四节的讨论将聚焦"国际经济合作与全球治理体系变革"。之所以选择这个话题，是因为在当今世界，任何一国的现代化都不是孤立的，都必须在开放的条件下、在全球治理体系和世界秩序变革的背景下去探讨和实行，乡村治理、国家治理与全球治理密切相关。40 年前小岗村积极寻求改革突破，与当时中国大江南北的改革浪潮有内在联系。中国共产党坚持在开放中实现发展，在自身发展的同时努力为全球发展作贡献。一方面，中国共产党直面全球化的形势、机遇和挑战，正确地处理国际主义和爱国主义的关系、内政与外交的关系、区域治理与全球治理的关系，以提高党的领导力和国家现代化建设水平。另一方面，中国共产党直面全球治理实践与全球治理体系的不适应、不协调等矛盾，提出推动构建人类命运共同体，坚持共商共建共享的全球治理观，以"一带一路"倡议、金砖国家合作等平台全面深入推进全球治理体系改革，促进全球治理体系公平化、合理化。

突尼斯左翼工人联盟党总协调人
尼扎尔·阿玛米的发言

各位同志，首先我想代表突尼斯左翼工人联盟党向中国共产党的各位同志们致以热烈的问候！

我非常高兴能有机会到中国访问，来近距离地了解中国的发展经验。当今世界正处于新自由主义经济危机之中，面临着自然资源减少、环境污染等严峻挑战，甚至存在爆发新的全球大战的风险。资本主义强国仍然在剥削贫穷落后的国家，掠夺他们的资源，打乱全球经济稳定发展，他们正在将世界变成一个难民营。一些现有的全球治理机制和平台充当了资本主义大国的工具，非但无益于解决全球治理中的层出不穷的问题，反而使一些落后国家愈加落后。

与一些国家遭受的失败相比，中国取得了巨大的成功。改革开放40 年来，中国政治经济社会等各领域取得了长足发展。事实证明，中国实行的政策是有效的。中国用创造性的方式克服了前进道路中面临的重重困难和挑战，实现了飞跃式发展，已经成为世界第二大经济体，这些成就得益于改革开放政策。

事实上，中国在改革开放中遇到过各种困难，中国共产党也面临着诸多新挑战。但中国共产党始终没有放弃奋斗和努力，致力于让发展成果惠及所有人民，促进财富分配的公平化。而西方资本主义国家还停留在过去的思维中，国家治理和全球治理面临多重危机。近年来，中国共产党坚持贯彻可持续发展理念，积极推动国家治理体系和治理能力现代化，并在国际舞台上展现其大党风范和担当。中国共产党提出的"一带

第十九届万寿论坛专题四讨论现场

一路"倡议，就是其为推动世界各国共同发展而作出的一项重要尝试和努力。

　　中国人民是世界各国人民的朋友。我们衷心希望世界各国人民能同中国人民一道努力，支持世界各国的民族解放事业，推动共同发展与繁荣。我们相信，中国能够为全球化时代提供新的方案，能够维护世界和平与稳定，避免人对人的剥削，最终实现人的全面发展。共产主义万岁！马克思万岁！中国共产党万岁！

澳大利亚共产党副主席
大卫·保罗·马特斯的发言

　　各位同志，大家好！我想代表澳大利亚共产党向各位表示祝福。

半个月前，我去了澳大利亚新南威尔士州中部的一个村庄参加聚会，今天我来到了小岗村，我觉得这两个地方有一些共同之处，两个小村子的村民都在积极开展生产活动，为了改善生活而奔忙。但两个地方又有不同之处，澳大利亚那个小村子的村民告诉我，虽然他们很热爱自己的村子，但在那里生活越来越难。如果想要获得医疗设施和其他公共服务，村民必须驱车前往附近规模更大的镇上。事实上，那里的年轻人在发展过程中成为了牺牲品。澳大利亚政府可能并不知道这样一个村庄的存在，也没有给他们足够的关注。而小岗村的发展则得到了政府的关注和帮助，中国共产党在习近平总书记的领导下，重视发展农业、保障农民利益，为农村发展提供了很大支持。这与澳大利亚政府的所作所为正好相反。

我在两个村子都看到了村民的奋发精神，他们都希望打破小村庄的地域局限，同世界其他国家相互联系。比如澳大利亚的鸸鹋养殖就有海外合作。我想，澳大利亚的农民也可以与中国农民展开合作，这会是双赢。

当前，全球治理的不足也体现在农业领域，问题之一就是未能有效应对农作物病变和生物灾害。我认为，农业领域的国际合作需要加强应对生物灾害的共同举措。

非常感谢中国共产党给我提供此次发言机会。我们要记住，行胜于言，每个国家都应努力找到适合自己的发展道路。

毛里塔尼亚进步力量联盟副主席
卡利卢·代德的发言

各位同志，首先请允许我代表我们党的主席和所有同志对中国共产党表示感谢！感谢中国共产党组织此次会议并邀请我们参加。我想具体谈一谈两点看法。

第一，当前的全球经济合作仍然可以分为北方国家和南方国家两类主体。南方国家向北方国家提供原材料，北方国家向南方国家出口制成品。两者之间的剥削和被剥削关系并未得到实质性改变，北方国家仍在剥削和利用南方国家的市场和资源，这种不公平的关系容易引发严重危机。非洲在当前全球经济合作体系中就遭到了不公正待遇，是南北合作的受害者。整个非洲就像中国一样，是一个庞大的市场，但是现在非洲对世界经济发展成果和财富的分享比例却非常低。资本主义强国抢占非洲的资源，间接引发非洲国家内部危机，使一些国家陷入贫困落后和不稳定局面，导致一些人民流离失所。

第二，全球治理体系变革，包括全球经济治理体系变革，真正的推动力量只可能来自以金砖国家为代表的新兴发展中国家。金砖国家应该加强团结，通力合作，在现有国际组织及合作平台，包括世界贸易组织、国际货币基金组织等框架内提出新的倡议，推动这个世界变得更加公平公正，促进各国开展真正意义上的合作。全球治理体系变革至关重要，它将成为世界各国人民新的希望源泉。中国共产党提出的"一带一路"等倡议就是着眼于推动全球治理体系变革的重要举措。毛里塔尼亚期待与中国开展更为广泛和深入的合作，能够更好利用中国的投资，做好合作项目对接。我们期待中国及其他金砖国家加大对毛里塔尼亚等非洲国家的投资和支持。与此同时，毛里塔尼亚也应做出相应努力。如何进一步完善国内治理，使国际合作真正成为推动国家发展的动力，是毛里塔尼亚急需思考和解决的问题。

塞浦路斯劳动人民进步党政治局委员、
中央书记处书记、发言人
斯蒂法诺斯·斯蒂法诺的发言

非常感谢中方的热情接待！非常感谢主办方给我们这个宝贵机会来实地感受中国特色社会主义的发展。谈到全球经济合作，我想先谈一下当前全球经济的发展情况。

如今，生产力和科技水平已经发展到相当高的程度，它们创造了大量财富，但这些财富落入了一小部分国家，由一小部分人掌握。社会不平等日益加剧，尽管物质发展水平达到了前所未有的高度，但是贫穷也随之加剧，包括社会各领域的不平等现象。资本主义试图向我们解释，国际社会和国内社会不平等现象都是无法避免的，想让我们接受现状。当然，我们都知道事实并非如此。我们所处的困境、我们遇到的问题，是资本主义的本性所造成的，马克思早已就此做了论述和分析。这是资本主义的内在缺陷，是对人类文明的羞辱。

当前的全球经济关系，并不是真正意义上的合作关系，而是基于资本主义视角所描述和定义的关系。国家之间的经济关系过于不平等、不公平、不民主，竞争性大大超过了合作性。当前的全球经济关系仍由帝国主义主导，存在明显的弱点和矛盾。我们需要思考，如何使全球经济关系变得更为公平合理，如何推动国际经济体系变革。如果我们不消灭资本主义，不平等的经济关系就不会得到根本改变。但在当前条件下，我们首先要做的是，在现有国际体系中逐步推进改革，而不能将社会主义与资本主义抽象地对立起来。正如列宁所指出的，共产主义是从资本主义中发展起来的，它是资本主义产生的那种社会力量发生作用的结果。

虽然这样的举措在短期内不会实现社会主义，但却为社会主义准备了基础。同时，我们也要对问题复杂性和艰难性有所准备，因为这一问题难以通过一国的努力解决，而需要各国共同努力，通过广泛的国际合作才有望得以解决。在反帝国主义的斗争中，变革全球经济关系应该是一大重要目标。

同时，一些国际组织，例如国际货币基金组织、世界银行、世贸组织等，不应继续充当资本主义强国牵制发展中国家、对抗发展中国家人民意志的政策工具，而应成为更加公平合理的全球经济治理机构。

此外，我们需要努力加强全球经济合作。在这方面，中国作为世界第二大经济体，作为世贸组织的成员国，应该扮演更为重要的角色。中国能在推动全球治理体系合理化方面发挥正向作用，更好地保护贫穷国家的权利。我们看到了中国作出的努力，期待中国作出更大贡献。

英国共产党（马列）中央委员
丹尼尔·科斯比的发言

非常感谢中国共产党能够邀请我们党参加本届万寿论坛。在大工业化时代，帝国主义强国掠夺其他国家的资源，使得这些国家的技术水平和军事能力被迫陷入落后。而当前，帝国主义国家不仅有强大的军队，而且通过其他各种手段来操控其他国家。帝国主义国家剥削其他国家的物质财富，使得他们没有足够能力建设关键的重工业以促进经济发展，也没有足够的资源来满足人民的需要。世界银行、国际货币基金组织等提供的贷款附加上了剥削性条件，实际上充当了帝国主义强国实现自身利益的工具。跨国公司更是毫不掩饰贪婪的本性，追求利润最大化，进一步加剧了发展中国家的贫困，使国家缺乏足够资金用于基础设施建设、教育、医疗等，更不用说开展他们自己的研发和工业化了。非洲国家的食品大部分来源于进口，非洲进口咖啡远大于本土咖啡生产量。因为大多数咖啡农场主都没有资金购买加工设备，非洲咖啡出口缺乏基础设施。而由于农产品价格过低和社会消费水平过高，农民们永远无力改善自身处境，他们只能拿着微薄的工资勤俭度日。而这些，都是不合理的全球经济体系所造成的恶果。资本主义经济危机殃及广大发展中国家，使他们成为资本主义内在缺陷的受害者。除了把不公平的经济关系强加给发展中国家，帝国主义强国有时甚至直接干预，将发展中国家的国内政治塑造成更有利于其自身利益的形态。当出现一个他们不喜欢的

与会外国代表考察小岗村党建情况

政府时，他们就会采取行动，扶持一个更听话的政府上台。这就是帝国主义全球治理的逻辑。

近年来，帝国主义对全球经济的把控力持续减弱，这在很大程度上得益于中国经济的发展，以及金砖国家合作的发展壮大。但帝国主义仍在发挥着不同程度的作用，因为帝国主义强国垄断了全球的金融机构，掌握了国际规则的制定权，如果帝国主义不被推翻，其他国家就会始终处于被剥削、被压迫的地位。我们必须努力争取和平与平等，我们希望加强与各国共产党、工人党的联系与合作，将马克思列宁主义发扬光大，将解放带给人类。

希腊共产党中央委员
格里格奥里斯·利尔尼斯的发言

亲爱的同志们，非常感谢中联部让我们有机会参加第十九届万寿论坛。此次访华，我们亲眼看到了中国人民在中国共产党的领导下经过艰苦卓绝的斗争，取得今天的巨大成功。我们真诚祝愿中国共产党实现自己的理想，完成伟大的使命。中国共产党一定会将中国建设成一个社会主义现代化强国。就国际经济合作，我想谈以下几点看法。

全球经济合作在一定程度上是总体稳定的。资本主义国家垄断并不是绝对的，垄断在国家层面体现得更为突出。在短期内而言，资本主义能够对国家经济发展起到一定积极作用；但长期来看，资本主义会破坏一个国家稳定的社会结构。因此，资本主义国家需要采取措施，来应对各种内部危机。但由于资本主义的内在缺陷，在不变革经济制度的情况下，很难找到有效的方法来一劳永逸地解决这些危机。一些帝国主义国家为了缓解国内危机，将目标转向其他国家，在全世界范围内进行扩张，通过在国际经济体系占据优势地位，维持其自身利益。

这也是为什么中国的"一带一路"倡议饱受资本主义国家的诟病。因为他们惧怕一个公平合理的国际经济合作模式会对其垄断地位构成威胁。为了一己私利，他们采取一切可以采取的手段。美国最近实行的保护性政策，例如发动贸易战，就是为了保护自己的利益而置世界人民的利益于不顾。欧盟国家的合作也出现了裂痕。世界各国人民早已做好了摆脱帝国主义剥削的心理准备，世界不再需要帝国主义的垄断和统治，而是需要一个互惠共赢的合作框架。只有在世界范围内开展平等、公平的经济合作，才能使发展有益于所有人民。我们需要推翻帝国主义的统治，才能为全人类建立一个和平与繁荣的未来。

秘鲁共产党（红色祖国）全国执委莱昂尼西奥·阿库里奥的发言

各位同志大家好！我想对中国共产党的各位同志致以最崇高的敬意。我想就本节主题谈谈自己的看法。

资本主义的深层次危机正在持续浮现。我们看到，美国近来的举动表现出他非常胆怯。美国看到中国经济实力的增长和生产水平的提高，非常担心自己的资产向外流失，在美中贸易逆差上大做文章。之前有的同志谈到过，资本主义现在面临的是深层次危机，资本主义有其内在缺陷和局限性，这一点在 20 世纪就已经被事实证明过了。资本主义的问题并不仅仅是学术性问题，更是根本性理论问题和关系重大的实际问题。资本主义危机并不仅仅是经济领域的危机，也包括社会治理问题等各领域。2008 年的资本主义危机蔓延至今，让很多发展中国家承受了危机的后果，处境更为不利。

我们相信，社会主义为我们提供另一条道路，我们期待的社会公平公正只能通过社会主义来实现。资本主义追求利润最大化，使财富不断集聚。资本主义遭遇系统性危机充分表明，社会主义才是解决当前问题的正确道路，只有社会主义才能让所有人民共享发展的成果。中国的社会主义发展是典范性的，中国在各领域发展中都取得了辉煌的成就，中国为广大发展中国家变革不合理的全球治理体系提供了新的希望和力量。我相信改变的时候到了，我们应该利用资本主义危机的契机，推动更为公平合理的治理理念。我相信在中国的指引下，我们能够探索出一条环境友好型、资源节约型发展道路，我们能够找到真正适合本国发展的政策。我们不仅需要赚钱，不仅需要让国家富起来，而且要像中国展示给我们的一样，大力推动社会公平正义，结合本国实际，在新时代推动马克思主义的丰富和发展。

斯里兰卡共产党政治局委员、国际部部长
吉加纳吉·维拉辛哈的发言

同志们，首先我想代表斯里兰卡共产党向中国共产党表示诚挚的感谢，感谢你们邀请我们来参加相关活动，让我们有机会与在座的各位进行交流和研讨。

马克思早在一百多年前就预见到全球化的出现，当前全球化已经成为我们所处世界的一大特征。马克思的世界历史理论为我们考察全球化提供了重要的世界历史视野。全球化体现在我们生活的方方面面，我在

这里就不作具体阐述了。国际合作也成为我们应对全球性问题的重要渠道。

但在一些领域，国际合作仍有待加强，如在应对气候变化、贫困、腐败、贩毒、恐怖主义等问题上，我们应该进一步加强政策协商和协调。中国为促进国际合作作出了重大努力，中国提出的"一带一路"倡议、构建人类命运共同体等理念，为世界各国提供了更多合作机遇，有助于各国加强沟通与互信，指出了人类未来的发展方向。

但一些西方国家仍然在采取不公正的贸易措施，如实行贸易禁运和封锁，发动经济制裁，这些举措不利于全球经济的健康稳定发展，也有损世界和平与安宁。我们需要在平等公平的基础上开展国际合作，在合理的国际经济体系中进行公平竞争，就我们面临的共同问题展开对话，互学互鉴，通力合作，努力创造更好的全球环境。

与会外国代表学打凤阳花鼓

　　在全球经济下行压力增大的背景下，一些西方国家只顾自保，逆全球化趋势而动，退出国际合作平台。我们不能把希望寄托在西方国家身上，社会主义国家、崛起的新兴市场国家以及其他发展中国家应该加强团结合作，推出全球经济合作新举措。世界左翼政党应该加强对社会主义国家的支持，加强彼此交流合作，这样才能携手推动全球治理向更好的方向发展，实现构建人类命运共同体的伟大理想。社会主义万岁！

瑞典共产党国际书记
伊利亚·佐立金-尼尔森的发言

　　亲爱的同志们，苏联解体后世界政治经济力量对比发生重大改变，牵动国际格局的复杂演变。对欧洲而言，这意味着北约的扩张以及帝国主义的反击。对瑞典来说，帝国主义的攻击更加猛烈。苏联强盛之际，瑞典的资产阶级意识到他们必须要作出调整和让步，才能够生存下来。但苏联的解体使瑞典资产阶级放下了顾虑，更加肆无忌惮地从阶级统治中获利。

　　共产主义政党在欧洲的发展陷入了低潮。过去一部分人不接受带着温情面具的资本主义，而现在却对这样的资本主义欣然接受。在部分欧洲国家，极右翼政党声势浩大，劳工的权益遭到漠视。有的人把当前所有问题归结于新自由主义，但我们党不这样认为。我们认为问题的症结在于资本主义制度本身，资本主义制度的内在缺陷才是导致种种问题的根本原因。

　　当前，欧盟内部的矛盾日益增多，英国脱欧是一个突出例证。我们看到欧盟越来越军事化，一些国家为了实现垄断阶级利益、寻找新的市场和资源，不惜发动战争，叙利亚、乌克兰的遭遇就是如此。一些帝国主义国家甚至混淆视听，把所有的问题归咎于中国和俄罗斯。

总体来看，当前发展社会主义的客观条件已经在大多数发展中国家出现了，社会主义国家的存在特别是中国特色社会主义的成功，表明实行社会主义是可行的，社会主义是可以取得成功的。不管资本主义危机给人们的生活造成了多大痛苦，危机本身不会自动引发资本主义的终结。从这个角度而言，共产主义政党需要主动发挥作用，努力推翻资本主义统治。因此，我们加强相互间的交流至关重要，共产主义政党必须团结起来。

北京师范大学金砖国家合作中心主任
王磊的发言

各位同志、各位嘉宾，大家好！我希望能够与各位代表开展更多的交流与合作，我想从历史的视角谈一下自己的观点。

随着中国近年来的快速发展，国际社会日益关注"中国与世界"这一话题。中国怎么看待世界、中国在实现发展发达之后如何处理与世界的关系，这一问题显得越来越重要，也引发学术界和国际社会高度关注。在中国与世界的关系问题上，我们可以看到，中国坚持在开放中谋发展。改革开放是中国共产党的重大政治决定，中国共产党实行对外开放，融入全球化，并积极推动世界各国实现共同发展。国际社会不乏关于中国能否和平发展的讨论，加之最近一段时期逆全球化潮流涌动，人们对中国的未来选择也存在一些困惑：中国对外开放的决定会改变吗？中国在收获了改革开放的成果后，会不会停止开放步伐？中国会不会像一些发达国家那样，处于体系变革的压力之中，只顾自保，采取保护主义、排他主义政策？国际社会上对这些问题的讨论非常多。事实证明，类似的担忧毫无必要。中国作出了坚定选择和承诺，中国不会停止开放的步伐，反而会加速推进对外开放，坚定不移地推动构建开放型世界经济体系，并将把对外开放的大门越开越大！之前有观点认为，中国的发展动向不确定，中国是个不确定的力量。但现在来看，中国对全球体系发挥了稳定器的作用，某些发达国家则开始成为世界和平与发展的障碍。

中国作出扩大开放的决定主要有以下几方面原因。

第一，这一决定基于中国共产党对历史正反两方面经验教训的总结。中国有过闭关锁国的经历，深刻地体会过闭关锁国的教训。历史经验表明，对外开放的情况更有利于中国经济发展，而且有利于世界经济和文明实现共同发展。而闭关锁国则会加剧中国国内问题，并使中国在国际社会和国际事务中处于被动地位。正反两方面的经验对比对中国来说非常深刻。

第二，开放在中国已经被赋予了价值判断的含义。人们认为，开放是正面的，开放意味着开明、包容和先进。

第三，中国实行开放的决心是牢固不可动摇的。习近平总书记强调，要统筹国内国际两个大局，利用好国际国内两个市场、两种资源，促进内外资源优化配置，发展更高层次的开放型经济。人们公认古代中国最发达的时期是唐朝，中国人经常说梦回大唐，因为唐朝是开放、开明、包容的象征，也是世界文明交流大放异彩的时期。

第四，中国在推动全球治理体系变革的过程中，实行的是增量改革，而不是像新自由主义实行的存量改革。中国提出了金砖国家合作，推动金砖国家合作发展，提出了"一带一路"倡议，希望与世界各国共同推动建设，将金砖合作与"一带一路"打造为世界各国共同参与的开放性平台。中国没有任何地缘政治目标，而是真正在为世界和平与发展作贡献。

此外，在开放与合作中推动实现人的全面自由发展，是共产主义政党的价值追求，实行对外开放与中国共产党的世界观是一致的。

清华大学国家战略研究院资深研究员
丁一凡的发言

我想根据自己对全球治理问题的思考和理解，谈三个问题。第一，中国对全球治理的基本立场是通过国际合作来解决世界各国共同面临的难题。第二，中国提出的全球治理方案是合作方案，而不是统领别人的方案。第三，中国共产党对全球治理问题的解决路径，是鼓励市场与政府有机结合，而不是排斥任何一方。

第一，中国通过国际合作来解决共同问题。有一些人指出，中国当前面临着环境问题、人口问题等压力，其中很多问题是全球共同问题。如果没有全球治理框架，很多问题是难以通过一国单独努力解决的。全球性问题的解决，既需要各国提高治理能力，也需要加强全球治理。过去发达国家提供了全球治理框架，但现在，发达国家开始退出这些机制。美国特朗普上台之后采取的行动，越来越背离共同治理框架。会上一些欧洲的代表指出，欧洲当前面临诸多困难，但欧洲解决问题的态度越来越保守内顾。在这种背景下，中国提出的方案是唯一能够解决全球性难题的方案，比如"一带一路"倡议、构建人类命运共同体主张等，都得到了国际社会成员的普遍支持。当然，以美国为代表的一些国家仍对中国提出的方案疑心重重，怀疑中国在全球治理方案中加入了地缘政治考虑和谋划。所以，他们一方面明确不支持中国的方案，另一方面暗中阻挠，极尽所能地阻止这些方案落实。

第二，中国提出的全球治理方案是合作式的方案，而非统领式的方案。中国并不想领导世界，而是秉持共商共建共享的原则，我们提出的"一带一路"倡议等主张，都体现了这一思想。我们希望和大家一起商量和讨论，共同制定出一个发展方案，然后共同执行方案。等方案成功之后，我们再共同享受发展成果。在这种全球治理理念的指导下，我们开展的国际制度建设都是以合作为前提的。我们与金砖国家合作，成立了新开发银行，对世界银行起到补充作用。在新开发银行的合作中，我们借鉴中国协商民主的思路，五个出资国共同协商应该把资金投向哪些领域，共同核定开发项目是否适合，通过协商来做决策，避免了简单多数决定的弊端。亚洲基础设施投资银行也实行这种合作模式，我们不谋求在全球治理机构中占据绝对主导权，这与美国的行径形成鲜明对比。美国在布雷顿森林体系中所起的作用不断衰减，但美国仍然强调其在全球经济体系中的主导权，美国也享有事实上的一票否决权。从这一点，我们可以看到中国提出的全球治理方案与美式方案的显著差异。

第三，我们在推动全球治理与国际合作的过程中，主张政府与市场合作，实现政府与市场的有机结合。美国主导提出"华盛顿共识"，主张弱化政府的作用，靠市场来解决问题。虽然市场在资源配置中起着重要作用，有助于扩大投资和增长，但完全依靠市场起作用将造成社会两极分化，不断拉大贫富差距。市场不会主动规避负面社会后果，更不能自动解决社会问题。中国在融入全球化、推动全球治理的过程中，坚持将政府与市场有机结合，既鼓励市场发挥积极作用，也支持政府进行有效调节。这种思路也体现在中国的国际合作倡议中，比如中国为推动

"一带一路"合作，与外国政府签了大量合作协议。这些协议都是政府间的合作协议，需要政府间加强政策协调与对接，但同时，中国把一部分空间和角色留给市场，允许私人资本进入相关合作领域，鼓励市场和政府有机配合、共同发挥作用。

最后，我想强调，中国在参与全球治理、国际合作的过程中，并不想另起炉灶，彻底颠覆现有国际秩序，而是鼓励对当前国际政治经济体系进行改革，推动全球治理公平化、合理化。在中国的努力下，现有的全球治理体系已经出现一些积极变化。同时，当现有的全球治理制度与合作平台改革难以奏效时，中国也积极推动成立新的机构来推动改革。新开发银行、亚洲基础设施投资银行等就是中国努力的重大成果，它们可以对现有合作平台形成竞争压力，从而促进现有合作平台积极改革，发挥更大效能。我们期待全球治理变得更加公平合理，也愿意为推动这一变革与大家共同努力。

闭幕式

安徽省外办党组书记、主任
孙勇的致辞

各位同志、各位朋友，大家下午好！

作为此次论坛承办单位的负责人，我谨代表安徽省人民政府外事办公室，向参加论坛的各位嘉宾和为论坛服务的工作人员致以真挚的感谢！感谢中央对外联络部选择在小岗举办如此高规格的论坛活动，为安徽搭建了交流合作、展示开放的平台。感谢各位参会的嘉宾从世界各地来到安徽，从各大城市来到乡村，在中国农村改革的发源地，毫无保留地分享关于改革开放的学术研究和理论观点。感谢各位工作人员，为论坛成功举办提供了充分保障和热情服务。

此次万寿论坛从总结中国改革的实践与经验启示开篇，进而探索深化改革与治理体系现代化，新发展理念与乡村振兴路径，以展望国际经济合作与全球治理体系变革来进行收尾，充分体现了改革开放40年来中国从生活贫穷到富裕、从国力落后到强大、从民族觉醒到复兴的不断发展的历史轨迹。事实证明，改革开放是当代中国发展进步的活力之源，更是新时代背景下坚持和发展中国特色社会主义的必由之路。

同样，也正是因为敢为天下先的小岗精神，让安徽大踏步赶上时代步

安徽省外办党组书记、主任孙勇致辞

伐，享受到了改革的红利，坚定了开放的道路。新时代的安徽正在奋力谱写现代化五大发展的美好篇章，更加注重对外开放和经济的高质量发展。由此，地方外事拥有了更加广阔的空间和舞台来服务经济社会发展，比如我们承办万寿论坛这样的活动，搭建对外开放平台，加强领导互访和人文交流，推动对外合作项目，设立"一带一路"研究中心，开展对外交往研究，积极为国际经济合作与全球治理体系的中国方案贡献安徽的力量。

以色列共产党前总书记、政治局委员
伊萨姆·马霍勒的致辞

能够出席此次论坛，我感到非常荣幸。感谢中方的盛情邀请，让我们能够近距离地了解中国取得的历史性的、独一无二的经验。这正是在新时代实现发展所需要的经验，不光是中国特色社会主义需要，也是世界各国共同需要的经验。中国已经从一个贫穷落后的国家，发展成为一个繁荣而强大的国家。习近平总书记在中共十九大上所作的重要报告表明，中国将在未来实现新的更大发展。我们对中国发展前景充满信心。

习近平总书记在十九大报告中提出了下一步发展目标。通过这次访问，我们对中国和中国共产党有了更加深刻的了解，我们相信中国一定能够实现这些宏伟目标。

中国共产党多次指出，中国特色社会主义的目标就是要发展社会生产力，实现人的全面解放和发展，实现国家繁荣，我们此次访问过程中深刻地体会到了这一点，中国共产党一直以行动践行着自己的理想。改革开放 40 年来，中国特色社会主义在中国共产党的领导下不断取得新的成就，极大提高了人民的生活水平，努力回应十几亿人民对美好生活的向往。中国共产党向世界各国提供了绝佳的发展样本和方案，也为世界社会主义运动树立了优秀的榜样。中国特色社会主义始终坚持以人民为中心的发展理念，致力于实现社会公平正义，实现人的全面发展。这就是中国的力量所在，也是社会主义的力量之源。社会主义只有以人民为基础，倾听人民的愿望和诉求，才能真正实现国家经济社会发展与繁荣。

同志们，我们作为共产主义者，应该为中国共产党的成就感到高兴。中国特色社会主义在中国共产党的领导下取得了惊人成功，中国共产党引领了新时代的潮流。中国共产党所取得的经验，不仅仅是中国的经验，也是全世界共产主义政党和工人阶级的共同经验。我们亲眼看到社会主义在中国发扬壮大，看到社会主义在中国由理论变成现实。我们期待共产主义政党和工人阶级领导世界人民实现更大解放。习近平总书记领导中国共产党在这一方面作出重大努力和贡献，在他的英明领导下，中国日益强盛。中国的成功也表明，世界人民可以依靠自力更生、艰苦奋斗来实现发展，可以通过自身努力来实现人民的自由和解放。我认为，世界共产党、工人党都应该学习中国的经验和勇气，通过努力最终实现独立和解放。

各位同志，如果各国共产党、工人党之间缺乏团结合作的机制，社会主义就难以真正实现。加强彼此间的交流合作不仅是中国共产党的责任，也是世界各国共产党、工人党的共同责任。我希望各国政党在未来进一步加强团结，携手抵抗帝国主义的侵略，一道克服资本主义引发的危机和问题，共同努力实现解放。我们要与中国共产党团结起来，学习中国特色社会主义经验，推动实现世界人民的共同解放，完成我们的共同事业。我们期待得到中国朋友的支持！

财政部国际财经中心主任
周强武的致辞

尊敬的各位朋友、女士们、先生们，非常荣幸能有机会参加这场具有特殊意义的论坛。我非常珍惜我们通过交流和讨论建立起来的友谊，今天大家的观点和思想，对于我们将来开展具体工作也具有重要启发意义。我想利用这个宝贵机会与大家分享两点感受。

第一，中国过去 40 年取得成功的最大经验，就是毫不动摇地坚持改革开放。中国改革开放的总设计师邓小平同志说过，中国共产党坚持党的基本路线，一百年不动摇。中国共产党基本路线的核心内容就是坚持以经济建设为中心，坚持改革开放。我个人认为，这一点永远都不会动摇。大家通过此次会议应该能够感受到，过去 40 年中国的改革开放始终围绕着解放和发展生产力进行，根本目标就是为人民创造更多福祉。当然，中国共产党作为执政党，推进的改革是循序渐进的改革，开放也是基于国情、基于世情的有序开放。西方的那一套发展经验，我们是不排斥的，但是也不迷信，更不会照搬照套。世界上不存在什么所谓的最佳实践。在我们看来，只有将马克思主义基本原理与各国实际有机地结合起来，才能走出一条符合自身发展的道路。我认为这一点怎么强调都不过分。

第二，广大发展中国家要继续携手推进全球治理体系朝着更加公平合理的方向发展。习近平总书记指出，中国秉持共商共建共享的全球治理观，积极参与全球治理体系改革和建设，不断贡献中国智慧和力量，这种智慧和力量主要体现在两个方面。一是坚定地站在广大发展中国家一边，支持发展中国家，提升发展中国家在国际体系中的话语权和影响力，同广大发展中国家加强治国理政经验和发展理念分享与交流，互学互鉴。事实已经证明，那些照搬西方发达国家经验而不顾本土国情的政策，往往是水土不服、适得其反。二是积极构建公平合理的国际合作机制。中国推动提出"一带一路"倡议，提出构建人类命运共同体，筹建亚洲基础设施投资银行，推动建立金砖新开发银行等国际机构，这些既是对全球治理体系的补充和完善，一定程度上也倒逼了全球治理体系改革。作为世界第二大经济体，中国也在不断加大对全球治理体系改革的支持和资金投入，承担应尽的责任和义务。我们希望推动国际体系、国际机构能够更有能力、更有效率地为发展中国家提供更优质的服务和支持。

各位嘉宾、朋友，我们所处的时代是变革的时代，也是充满风险和不确定性的时代。尽管全球经济形势总体向好，但个别国家固守自我优

财政部国际财经中心主任周强武致辞

先、单边主义的政策思维，忽视广大发展中国家的发展诉求。这一情况也要求我们在座的各位做好自己，苦练内功。发展才是硬道理，我们要加强团结合作，协同发声，维护我们共同发展的权益，维护和平和发展的时代主流。

最后，再次感谢大家分享这么多精彩的观点，也真诚希望各位的中国之行收获满满。

尼泊尔共产党（马列）总书记
钱德拉·普拉卡什·梅纳利的致辞

同志们、女士们、先生们，感谢主办方邀请我参加此次会议，我想借此机会和大家分享一些自己的感受和看法。

此次访问中国，我们与世界各国共产党、工人党代表齐聚一堂，一起参加了纪念马克思诞辰 200 周年专题会议。在上世纪 90 年代世界社会主义遭遇挫折之后，中国共产党仍然坚持推进社会主义建设，将马克思主义与中国实际相结合，创造性地推动马克思主义中国化，并取得巨大成就。今天我们参加主题为"改革发展与国家治理现代化"的第十九届万寿论坛，具有非常重要的意义。我们得以深入讨论中国推进改革开放与国家治理体系和治理能力现代化的经验。中国在 40 年的时间里，极大促进了经济发展，成为世界第二大经济体，显著提高了人民生活水平。中国共产党一定能够将中国建设为社会主义现代化强国，完成马克思主义政党的伟大使命。

中国特色社会主义道路不仅促进了中国自身的发展，也促进了马克思主义理论和实践的发展和丰富。习近平新时代中国特色社会主义思想是马克思主义中国化的最新成果，进一步为中国发展指明了方向。在这次万寿论坛上，我们讨论改革发展与国家治理现代化，各位政党代表与我们分享了精彩的观点。很多人都谈到对中国共产党所采取政策的一些看法，也提出了自己的建议。从大家的发言可以发现，各国政党都非常支持中国共产党的政策，高度赞赏中国共产党的发展经验和理念。我们党也要向中国共产党学习，创造性地运用马克思主义，发展有尼泊尔特色的社会主义。考虑到尼泊尔本国的具体情况，我们党提出了自己的奋斗目标，希望促进经济发展，实现社会民主，运用马克思主义推动尼泊尔共产主义事业的发展和进步。

复旦大学副校长
陈志敏的致辞

尊敬的各位嘉宾，各位同志，大家好！今天在中国农村改革的发源地，中外政党代表一起研讨"改革发展与国家治理现代化"这个主题，具有特别的意义。在会上，很多同志都对中国的发展经验作了自己的解读和总结。我自己作为研究国际关系和国际政治的一位学者，也作为中国 40 年发展的见证者，针对中国 40 年的发展经验作四点归纳。这些经验基于中国的实践，肯定具有中国特色，但可能对其他发展中国家也会有一定参考价值和借鉴意义。

第一，坚持发展与稳定的有机统一。中国过去 40 年的发展经验告诉我们，必须把坚持改革开放与坚持党的坚强领导有机结合，作为社会主义初级阶段的基本路线。坚持了这一路线，中国在过去的 40 年中做到了改革、发展和稳定的有机统一，没有因为发展而导致国家失去稳定局面，也没有为了稳定而牺牲发展。

第二，坚持经济社会发展与国家治理现代化的有机统一。社会经济的发展需要一个不断现代化的国家治理体系的保证。通过推动国家治理体系和治理能力的发展，来服务经济和社会发展，并把政治的发展与经济社会发展有机统一起来，从而使中国特色社会主义制度不断完善。

第三，坚持本国发展逻辑与现代化发展规律的有机统一。现代化发展有其内在规律性，但要使这些规律得到体现，在改革开放中实现发展目标，就必须与所在国家的历史和社会的实际相结合。只有如此，才能够保证现代化发展的现实有效性。

第四，坚持人民的首创精神与国家的统一意志的有机统一。中国改革开放 40 年，既强调发挥人民的首创精神，又强调坚持党的领导和国家的顶层设计，这就使个体发展的有为有益与整体发展的有效有序有机统一起来，从而在微观和宏观两方面为整个国家和社会发展提供了激发机制。

当今世界正在发生深刻的变化，各国的发展正面临更为艰巨的挑战。但是，一个日益彰显的事实是，我们每一个国家都必须更加牢固地掌握本国发展的主导权，寻求契合本国国情的发展道路。通过此次中外政党间的深入研讨，交流治国理政的经验，我们将更加清楚我们各自前进的方向，也更加知道我们可以如何相互支持，实现共同发展。

能够深度参与本次会议，我和我的同事们都感到非常荣幸。祝贺本次会议取得了圆满成功！希望此次中国之行给各位外国嘉宾和朋友留下美好的记忆！

复旦大学副校长陈志敏致辞

加拿大共产党领袖
伊丽莎白·罗利的致辞

同志们，能够来到这里参加万寿论坛，我感到非常荣幸。非常高兴能有机会与来自世界各地的政党代表深入交流和研讨，特别是其中也有一些女性政党领导人和代表。我想代表加拿大共产党中央委员会向大家致以最诚挚的问候。加拿大是白求恩的家乡，他是一位国际主义者和共产主义者。这次访问中国，对我来说意义非凡，收获颇多。在这里，我看到中国现代化进程取得的巨大成就，比如经济增长，中国的经济增长让世界上所有帝国主义国家都感到嫉妒；再比如中国的全民就业政策、医疗保障政策、环保政策等，它们有助于中国实现更为健康、可持续的发展；还有中国的和平外交政策，包括积极参与全球气变问题治理；等等，中国已经成为国际舞台上维护和平与稳定的重要力量，也是推动解决国际复杂问题的重要力量。

中国快速发展与当前主要资本主义国家包括加拿大所遇到的困境形成了鲜明对比。在加拿大，自由市场发挥绝对主导作用，工人阶级运动陷入瓶颈，人民的权利往往遭到忽视和损害。

历史已经让我们认识到资本主义过度发展的恶果，法西斯主义运动、军事战争就发生在帝国主义扩张最危险的阶段。

我们正在通过斗争积极争取和平环境，推动社会主义发展。在我们纪念马克思诞辰 200 周年之际，我们衷心祝愿中国共产党和中国的劳动人民能够不断取得成功，中国特色社会主义的更大进步也将推动世界和平与稳定。

安徽省凤阳县委书记
徐广友的致辞

尊敬的各位领导、各位来宾，女士们、先生们，大家好！

时至初夏，凤阳高朋满座、群贤毕至，今天第十九届万寿论坛在凤阳县小岗村隆重举行，来自 45 个国家和地区的 66 个政党的代表及国内专家学者，围绕"改革发展与国家治理现代化"这一主题进行坦诚对话和观点碰撞，提出了许多新理念、新观念、新方法，在深入推进思想交流的同时，增进了相互理解和认同，加深了互信和友谊，也让我们受益颇多。

凤阳历史悠久，人文荟萃。小岗村是中国农村改革的发源地，40 年前 18 位农民按下了红手印，拉开了中国农村改革的序幕。2016 年 4 月 25 日，习近平总书记亲临小岗村，在当年农家院落，总书记感慨万千地说，当年提着身家性命干的事成为中国改革的标志。可以说，凤阳小岗是中国发展的缩影，体现了中国改革开放 40 年来的变化和成就。

近年来，我们坚持以习近平新时代中国特色社会主义思想为指导，统筹推进"五位一体"总体布局，协调推进"四个全面"战略布局，积极践行创新、协调、绿色、开放、共享五大发展理念，奋力拼搏，日益进取。我们强力打造"金色——游中都、红色——学小岗、蓝色——走淮河、绿色——览凤阳"特色旅游板块。立足经济发展长足进步，深化改革稳步推进，城乡面貌日新月异，社会大局和谐稳定，人民幸福指数不断提升。

今年是马克思诞辰 200 周年，也是中国改革开放 40 周年，此次万寿论坛"改革发展与国家治理现代化"主题活动在凤阳小岗举行，具有特殊的重要意义。

各位嘉宾来自世界各地，都是凤阳尊贵的客人，我想借此机会诚挚邀请你们多在小岗走一走、看一看，更加深入地了解凤阳。如果能让你们在这里获得一些启发和收获，都将是我们的重大成就。

各位领导、各位来宾，女士们、先生们，第十九届万寿论坛圆满完成各项议程，在即将落幕之时，我想向大家表示衷心的感谢。衷心感谢各位领导，你们对凤阳的充分信任和深切关爱，让凤阳又多了一次展示自己风采的机会。衷心感谢各位媒体朋友！衷心感谢各位嘉宾，受我们地域和条件的限制，我们服务还有许多不足，你们的谅解是对我们最大的鼓励！衷心感谢所有的服务人员，你们的奉献为论坛成功举办奠定了坚实的基础！

谢谢大家！

中共凤阳县委书记徐广友致辞

中共中央对外联络部研究室主任
栾建章的致辞

尊敬的各位嘉宾，各位专家学者，大家好！今天一天，大家展开了热烈而深入的讨论，分享了许多精彩的思想和观点，感谢大家的参与和付出，本次论坛取得了圆满成功。

大家从不同角度谈了自己对"改革发展与国家治理现代化"问题的看法，对我们很有启发。我也想谈一下自己的几点感受和思考。

第一，小岗是安徽的，是中国的，也是世界的。小岗精神既是中国的，也是世界的。小岗精神蕴含的思想内涵和精神动力，对中国推动改革发展和国家治理现代化具有重要作用，对解决世界各国所面临的共同问题，也具有非常重要的促进作用。很多人都谈到了小岗精神，那么什么是小岗精神？我理解的小岗精神，有三大内涵。一是敢为天下先的创新创造精神。当前世界存在诸多问题，不稳定性、不确定性突出，我们需要以小岗精神来推动解决问题。全球治理体系改革不是一两天可以完成的事情，需要不断推进，发展中国家希望提高国际事务发言权的诉求迄今仍未得到切实回应和解决。如何推进和落实好改革？必须发扬小岗精神！要以敢为天下先的小岗精神积极去向前推动、去努力作为。只有这样，才可能推动全球治理体系变革，解决我们面临的共同难题。二是尊重人民的首创精神。要始终尊重和保护人民的主体地位，坚持以人民为中心的发展理念，发展为了人民，发展依靠人民。共产主义政党将实现人的全面发展作为奋斗目标，这也是马克思主义的应有之义。三是担当精神。共产党的领导干部必须要有担当。现在很多国家的政党存在一个普遍问题，即一切着眼于选票，没有一点担当，没有一点长远眼光。这样的政党怎么可能把国家治理好？担当精神也是我们应对国家治理难题和全球治理难题所需要的一种精神。我认为，上述三点都是小岗精神的内涵。当然，小岗精神还有其他丰富含义，对解决各国各党面临的问题都有启发意义。所以，我建议大家明天离开中国的时候，不单是把行李带走，也把小岗精神带走。我们在谈论现代化的时候，不能只谈物质的现代化，更要谈精神的现代化。小岗精神就是精神的现代化一个重要成果和体现。

第二，各国政党加强交流至关重要，特别是治国理政的交流。一些代表指出，中国还太谦虚，应该更加主动、更加积极地介绍自己的经验。其实，中国已经在以开放的姿态展示自己的经验。从深圳到小岗，我们就是在把中国的经验展示给大家。但是中国在介绍自己经验的时候，始终秉持一条基本原则，就是绝不把自己的经验强加给他国。就像我们不能教条主义地对待马克思主义一样，我们也希望各国政党不要教条主义地对待中国经验。正如习近平总书记所倡导的，我们要建立求同存异、相互尊重、互学互鉴的新型政党关系。我们愿意毫无保留地把中国经验介绍给大家，也希望学习各国各党的成功经验和有效做法，在交流合作中更好地促进世界和平稳定与繁荣，促进世界社会主义事业发展。

第三，要充分发挥万寿论坛等国际对话平台的作用。万寿论坛承担着促进中国与世界思想交流和理念沟通的责任，我希望大家关注万寿论坛，一起来讨论我们共同关心的问题。"久久不见久久见，久久见过还想见。"我希望大家能经常来参加万寿论坛，万寿论坛也可以更多地"走出去"，为促进国际交流与合作作出自己的贡献。

感谢各位同志的支持和付出，谢谢大家！

中共中央对外联络部研究室主任栾建章致辞

附录：

第十九届万寿论坛部分新闻报道

第十九届万寿论坛举行 [*]

　　6 月 2 日，由中共中央对外联络部主办的第十九届万寿论坛在安徽省凤阳县小岗村举行。本次论坛以"改革发展与国家治理现代化"为主题，来自 45 个国家和地区的 66 个政党领导人和代表以及国内有关单位的专家学者近 200 人与会。

　　与会嘉宾围绕"中国改革的实践与经验启示""深化改革与治理体系现代化""新发展理念与乡村振兴""国际经济合作与全球经济治理体系改革"等议题深入交流，达成广泛共识。

　　万寿论坛由中联部于 2016 年初发起创办，旨在依托党际交往渠道打造一个开放包容的国际交流与对话品牌。

---

* 《人民日报》2018 年 6 月 3 日。

点赞 40 年改革开放硕果　多国政党齐聚小岗 *

　　6 月 2 日，由中共中央对外联络部主办的第十九届万寿论坛在安徽省凤阳县小岗村举行。本次论坛以"改革发展与国家治理现代化"为主题，来自 45 个国家和地区的 66 个政党领导人和代表，以及国内有关单位的专家学者近 200 人与会。

　　小岗村是中国农村改革的主要发源地。1978 年，18 位小岗村民以"托孤"的方式，冒着极大的风险，立下生死状，在土地承包责任书上按下了红手印，创造了"小岗精神"，拉开了中国农村改革开放的序幕。改革开放以来，小岗村发生了翻天覆地的变化，是改革开放 40 年来中国农村改革的一个缩影。

　　英国共产党总书记罗伯特·格里菲斯表示，在世界上许多国家和地区，乡村很容易会成为在经济与社会发展中被遗忘的角落，导致贫穷、失业和住房问题不断恶化。而中国的农村改革所取得的巨大成就使中国农民的工作和生活条件都得到了极大改善。

　　美国共产党全国主席约翰·巴切特尔表示，实现社会主义现代化的一个标志就是让农村的发展能与城市发展齐头并进，中国共产党充分意识到了这一点，在过去 40 年对乡村经济振兴的重视程度也可见一斑。

　　"中国改革开放 40 年以来取得的成就全世界都有目共睹，中国的经济发展与扶贫成果令我赞叹不已。"巴切特尔说，中国正迈向 2050 年——全面建成社会主义现代化强国，实现现代化的道路已全面铺开，

---

* 人民网北京 2018 年 6 月 2 日，记者刘宁、寇杰。

成果斐然，也为其他发展中国家提供了值得借鉴的宝贵经验。

中联部副部长郭业洲表示，改革开放是中国共产党在新的时代条件下带领全国各族人民进行的伟大社会革命，是习近平新时代中国特色社会主义思想的实践源泉。中国共产党愿与各国政党一道，把握时代特征，顺应人民期待，加强交流合作，以创新理论和发展实践展现马克思主义的真理力量。

本次万寿论坛期间，各国政党领导人和代表围绕"中国改革的实践与经验启示""深化改革与治理体系现代化""新发展理念与乡村振兴""国际经济合作与全球经济治理体系改革"等议题深入交流，达成广泛共识。

俄罗斯联邦共产党中央主席团成员卡姆涅夫表示，中国改革成功的关键是坚持共产党领导和马克思主义指导。习近平新时代中国特色社会主义思想创造性地发展并始终坚持马克思主义，是推动中国繁荣昌盛的重要保证。

巴勒斯坦民主联盟总书记卡迈勒表示，中国共产党带领中国人民不忘传统，奋力开创未来，表明国家民族的命运是可以通过奋斗而改变的。中国的实践告诉，我们马克思主义在 21 世纪依然充满生机活力。

乌拉圭共产党总书记卡斯蒂略表示，以习近平同志为核心的中国共产党不懈奋斗，推动改革开放，正在实现马克思主义 100 多年来勾画的美好未来。我们愿借鉴中共经验，加强交流合作，共同促进世界更加繁荣公正。

万寿论坛由中联部于 2016 年初发起创办，旨在依托党际交往渠道打造一个开放包容的国际交流与对话品牌。

全球 66 个政党代表，为何走进小岗村？ *

　　6 月 2 日，安徽省凤阳县小岗村格外热闹，来自 45 个国家和地区的 66 个政党领导人和代表来到这里，与中国的专家学者一起出席由中联部主办的第十九届万寿论坛。

　　论坛为何要选择在这里举办？这些政党代表们在小岗村走访了哪些地方？又聊了些什么？

　　中联部副部长郭业洲在论坛开幕式上是这样说的："我们希望向大家介绍一个相对比较完整的中国故事，中国共产党领导下中国人民改革开放的故事。"

　　不久前，这些政党代表们在深圳参加了中国共产党与世界政党高层对话会专题会议，了解中国通过改革开放实现新发展的实践和经验。如今，他们又来到中国改革第一村，从小岗村的变化感受改革开放 40 年来中国的农村改革。

　　"改革开放伟大成就充分证明，发展是社会主义的首要和根本任务。"郭业洲说，中国共产党愿与各国政党一道，把握时代特征，顺应人民期待，加强交流合作，不断提高发展能力、改革能力和治理能力。

　　在小岗村的访问行程中，各国政党代表先后参观了沈浩同志先进事迹陈列馆、"当年农家"院落的大包干签字室和大包干纪念馆等，对"小岗精神"进行了全面了解。

　　发展现代农业、开拓乡村旅游、鼓励农村电商、唤醒沉睡的集体资

————————————

＊　新华社，2018 年 6 月 4 日，记者温馨、潘洁。

产……各国政党代表对中国农村改革的成就赞叹不已。

孟加拉国工人党中央委员沙克哈瓦特说，小岗村的发展是中国农村发展的缩影。中国共产党制定了适合中国国情、符合农业生产特点的政策，极大地调动了广大农民的积极性，解放了农村社会生产力。中国在农村发展及消除贫困问题方面的经验将为孟加拉国提供有益借鉴。

"中国改革开放 40 年程度之深、规模之大、变化之快，让我深感震惊，中国在环境、生态方面也取得了很大的进步。"美国共产党全国主席巴切特尔说，中国的改革对国际共产主义运动具有重要意义。

俄罗斯联邦共产党中央主席团成员卡姆涅夫表示，中国改革成功的关键是坚持中国共产党领导。习近平新时代中国特色社会主义思想是马克思主义中国化的最新成果，是推动中国繁荣昌盛的重要保证。

巴勒斯坦民主联盟总书记卡迈勒说，中国在经济、社会治理等方面取得的成就得益于改革开放。在实地走访中看到了中国取得的伟大成就，感受到了中国人民通过奋斗改变自身命运的过程。巴勒斯坦既要借鉴中国经验，也要向中国人民学习这种奋斗精神。

第十九届万寿论坛在小岗村举行 *

6 月 2 日，由中共中央对外联络部主办的第十九届万寿论坛在安徽省凤阳县小岗村举行。本次论坛以"改革发展与国家治理现代化"为主题，来自 45 个国家和地区的 66 个政党领导人和代表、国内专家学者近 200 人参会。与会人士围绕"中国改革的实践与经验启示""深化改革与治理体系现代化""新发展理念与乡村振兴""国际经济合作与全球经济治理体系改革"等议题深入交流，达成广泛共识。

中联部副部长郭业洲在开幕式致辞中说，改革开放是中国共产党在新的时代条件下带领全国各族人民进行的伟大社会革命，是习近平新时代中国特色社会主义思想的实践源泉。改革是社会主义制度的完善和自我革命。我们要始终坚持习近平总书记以人民为中心的重要思想，相信人民、依靠人民、为了人民，把基层党组织建设成为推动改革发展的坚强战斗堡垒。

郭业洲强调，马克思主义是我们的共同信仰，马克思主义所勾画的美好未来是我们孜孜以求的方向。中国共产党愿与各国政党一道，把握时代特征，顺应人民期待，加强交流合作，以创新理论和发展实践展现马克思主义的真理力量。

---

* 《人民日报》安徽滁州 2018 年 6 月 2 日，记者刘华东。

国家民族的命运是可以通过奋斗改变的 *

——国外政党代表和专家学者热议中国改革开放 40 年

不同的肤色、不同的语言、不同的服饰，6 月 2 日，安徽省凤阳县小岗村迎来了一批特殊的客人。在中共中央对外联络部主办的第十九届万寿论坛召开之际，来自 45 个国家和地区的 66 个政党领导人和代表，以及国内专家学者近 200 人会聚小岗村，探讨中国改革的实践与经验启示，共论改革发展与国家治理现代化。

在农村改革第一村回溯中国改革发展源流

"为什么是小岗村？"与会政党领导人和代表在来到小岗村之前，并不明白万寿论坛为什么要在中国内陆的一个小村庄举办。

在到访深圳、北京、合肥后，他们来到这个农村改革开始的地方，回溯中国农村改革的源流。

在参观了大包干纪念馆、沈浩纪念馆以及小岗村政务服务中心以后，他们才真正了解这个村子对于中国 40 年改革巨变的独特意义。

"中国的改革开放取得了巨大成功，积累了很多经验，而这一改革是从农村开始的，是从农业开始的。从农村的土地产权入手，进行大包干改革，不断提高农村生产力，对我们来说，这是一个重要的经验。"埃及阿拉伯民主纳赛尔主义党主席赛义德·阿卜杜勒加尼表示，"中国

---

* 《光明日报》，2018 年 6 月 5 日，记者刘华东。

的发展得益于中国人民的努力和积极参与，如何调动人民投身国家发展进程，也是我们各国政党需要认真思考的，我想这就是中国特色社会主义成功的秘诀所在。"

摩洛哥人民力量社会主义联盟政治局委员马什吉·卡尔克里对此次中国之行感触良多。来到小岗村，他见识了来自中国农村改革的脉动："我们近距离了解了中国经验，了解了中国改革开放的进程，了解了在深圳、安徽取得的巨大成就。特别是在这里，我们还了解了沈浩精神，正是有这样的领导干部，中国的各项政策才能得到很好执行，中国才能领导人民实现巨大的发展成就，造福最广大人民。"

"我们有机会来到期待已久的地方，感受了中国改革开放最前沿的气息、最初始的阶段，我觉得这对于我们来说是非常大的运气。"中国改革开放论坛战略研究中心主任马加力在参观完小岗村后有一个深刻的感受：在当时的生产力水平下，小岗村 18 位村民非常勇敢地走出了第一步，走出了一条求实求真的道路。"从实际出发，从人民群众的利益出发，这是我们党建党的初衷，也是我们党发展的动力。只有适应了现实条件，满足了人民群众的利益，才能够得到发展，才能够得到人民的拥护，人民群众也才能够从中获得自己的幸福。"

中国治理体系现代化带给世界怎样的思考

1978 年，党的十一届三中全会开启了中国改革开放的伟大历史进程，从此中国发生了翻天覆地的变化。35 年后，党的十八届三中全会提出将推进国家治理体系和治理能力现代化作为全面深化改革的总目标。"我认为它标志着中国改革开放进入了一个新的历史阶段。"外交学院国际关系研究所教授卢静表示："我们的改革开放在追求经济发展和国家治理这两方面要相辅相成，相互促进。"

　　中国的深化改革与推进治理体系和治理能力现代化，带给世界怎样的思考呢？

　　"社会主义在世界各国经历了不同的发展路径，产生了不同的结果。中国特色社会主义，特别是改革开放以及习近平总书记推动中国特色社会主义进入新时代，都可以反映出中国走的是一条独特的进步和发展之路。"埃及民族进步统一集团党主席助理穆罕默德·法拉杰表示，中国特色社会主义最重要的特点在于从自身的国情出发，将马克思主义基本原理同中国的具体国情相结合，不断对理论进行创新，来解决中国社会不断出现的新问题。

　　"当然中国还面临着很多的挑战，特别在社会发展当中，包括地区发展不平衡、基层治理问题，但大家不能忘记在过去的时间里，中国已经取得了巨大的发展成就——让几亿人口脱离了贫穷。"葡萄牙共产党中央政治局委员若泽·阿尔维斯表示："从中国建设中国特色社会主义取得的重大进展来看，中国建成富强民主文明和谐美丽的社会主义现代化强国的目标是确实能够实现的。中国共产党在推动改革开放以及实现国家治理体系现代化中的成就和经验，将为葡萄牙推动相关领域的发展提供有益借鉴。"

从乡村振兴中探寻新发展理念的借鉴意义

　　小岗村，引起了来参加万寿论坛的外国政党代表的兴趣，在沈浩纪念馆，与会人士在村民挽留沈浩的联名信展板边驻足良久；在大包干纪念馆，他们在"借地度荒"展区唏嘘不已；在"小岗手印"展区，他们纷纷拿出手机、相机拍照记录。

走进小岗村"当年农家"院落，与会人士先后参观了 20 世纪 70 年代昏暗简陋的农家居所和 20 世纪 80 年代富裕起来的农民建的新房。在这个"当年农家"旁边，修葺一新的白墙灰瓦园舍则展示了新时代中国农村的崭新风貌。与会人士穿梭其间，纷纷感叹改革给中国农村带来的巨大变化。

"中国共产党带领中国人民不忘传统，奋力开创未来，表明国家民族的命运是可以通过奋斗改变的。"巴勒斯坦民主联盟总书记卡迈勒表示，中国的实践告诉我们，马克思主义在 21 世纪依然充满生机活力。

"这个小村庄的发展给我们指明了一条农村发展的道路。"孟加拉国工人党中央委员沙克哈瓦特·侯赛因对小岗村率先举起改革旗帜的事迹赞不绝口。"中国的经验使人民摆脱了贫穷。在中国的新发展理念中，农村农民的基本情况得到了很好的反映。在孟加拉，农民们仍然在艰苦生活，但在提高生产力方面，他们也做了很多创新。我认为每个创新的发展理念都应该是包容性的，都应该是以人为本的，只有这样，才能实现农村的发展。"

"最近几天我们近距离看到中国改革开放取得的成就，这对世界来说是一个好的范例，是世界人民所向往的。"危地马拉全国革命联盟总书记格雷高里奥·查伊表示，这和中国共产党顶层设计的科学性、中国共产党的自我约束力是分不开的。我们从中国获得了很多能量，获得了很多知识，我们将以更大的热情投入到我们的工作当中去。

中国改革　世界经验[*]

　　近日，来自 45 个国家和地区 66 个政党的近百位代表来到中国，走进安徽省小岗村，切身感受中国改革开放以来的发展成果，并在安徽省小岗村参加了由中共中央对外联络部主办的第十九届万寿论坛。与会人士以"改革发展与国家治理现代化"为主题展开讨论，大家纷纷表示，中国的改革成就斐然，为世界各国发展提供了启示和经验。

中国成就得到普遍肯定

　　40 年来，中国共产党领导的改革取得了举世瞩目的发展成就，各国政党代表对此纷纷予以肯定。

　　俄罗斯联邦共产党中央主席团成员吉奥尔吉·卡姆涅夫说："中国共产党领导的改革是令人震撼的。眼见为实，这些天来，我们看到了中国共产党用实践告诉我们应该怎样进行改革。显然，中国的改革经过了慎重和全面的思考，我认为，改革之所以能够成功，是因为中国共产党坚持并创造性地发展了马克思主义学说。"

　　巴勒斯坦民主联盟总书记扎希拉·可迈勒持有类似的看法，他表示，在建设中国特色社会主义的过程中，中国共产党积累了宝贵的经验，这是对马克思主义的创新发展。"中国共产党用创新的、充满活力的方式激活了马克思主义，证明了马克思主义可以结合各国的国情而不

---

* 《经济日报》，2018 年 6 月 4 日，记者袁勇。

断发展。"

"此次访问，我们看到了中国取得的进步和历史性变革，也看到了中国共产党为了加强与其他政党交往所做的努力。"葡萄牙共产党中央政治局委员若泽·阿尔维斯说："中国已经让几亿人口脱离了贫困，人民的温饱、住宿、医疗、教育、就业水平得到了显著提高，国家更加重视对教育的投入，对环保也越来越重视，中国认识到在这些领域仍然面临着巨大的挑战，这就是为什么中国要推进国家治理体系现代化的原因之一。"

黎巴嫩共产党政治局委员卡迈勒·哈姆丹说："中国共产党一直坚持马克思主义，我们对这种坚守以及取得的成就表示赞赏，这对国际社会具有重要的借鉴意义。很多国家没能很好地处理国家与市场之间的关系，也没能够实现可持续发展，中国在中国共产党的领导之下却妥善地处理了政府与市场之间的关系，创造了让世界瞩目的经济发展速度，社会发展基础得到了巩固。此外，中国在保障就业、打击腐败、精准脱贫、不断提高经济发展质量等方面都取得了显著成就。"

秘鲁共产党（团结）全国执委伊尔德布兰多·卡瓦纳表示，建设一个现代化的社会主义国家，需要现代化的治理理念，中国有这样的治理理念，就是追求开放、包容、生态、创新等。"中国注重不同区域之间的协调发展，平衡各个区域之间的利益。强调绿色发展，注重对环境的保护。此外，中国也强调市场的开放，促进国家对外开放水平的提高。在治理国家的过程中，中国共产党充分考虑了国情，每个国家的政府都应该在充分研究自己国家国情的基础上推进自己的政策。"

中国经验得到普遍认可

改革开放 40 年来，中国积累了宝贵的发展经验。各国政党代表表示，中国的发展经验给予世界各国和各政党以重要启发。

"中国的改革在不断的试错和纠错中积累了宝贵经验。中国共产党敢于不断纠正错误，推动国家持续发展，这是非常宝贵的经验。"埃及阿拉伯民主纳赛尔主义党主席赛义德·阿卜杜勒加尼说："中国在反腐倡廉方面取得了显著成绩，人民的脱贫速度在全世界也是绝无仅有的，中国的法治不断完善，中国坚持共产党的绝对领导，不断推动国家治理体系和治理能力的现代化，坚持以人民为中心的发展理念，这些都是中国特色社会主义成功的因素，都是值得我们各国政党认真思考的经验。"

埃及社会主义党总书记艾哈迈德·沙班认为，除了上述这些因素外，中国共产党还非常重视青年人在党内和国家所发挥的作用，使党和国家保持了活力。此外，中国的发展不依靠"等靠要"，而是以自力更生的精神实现国家的进步和社会的发展。

乌拉圭人民参与运动党领袖亚力杭德罗·桑切斯说："中国的经验给我们打开了一扇全新的定义全球化的大门。通过学习中国，我们能够利用好自己的基础资源和能源，促进生产力的提高，促进社会的可持续发展。我们还看到了中国各级政府对于推动'一带一路'倡议的决心，在这个框架下，中国在世界范围内慷慨地介绍自己的发展经验。我们相信这样一个多方合作的倡议，一定能够促进全球性的共同繁荣。"

印度全印前进同盟中央委员会副主席、泰米尔纳德邦委员会总书记戈提拉万·维卢曼迪说："在深圳和小岗村，我们都能找到自己国家需要的经验。我祝愿中国在推进中国特色社会主义建设过程中取得更大的成就，同时希望中国给我们提供更多的发展理念予以借鉴。印度在农村发展方面存在很多问题，中国的农村发展非常好，可以成为印度学习的对象。"

"中国走过的社会主义发展道路是具有典范性的，我相信通过学习中国的经验，我们国家能够探索出一条环境友好型、资源节约型的发展道路，能够制定出真正适合本国的发展策略。"秘鲁共产党（红色祖国）全国执委莱昂尼西奥·阿库里奥说："我们不仅仅需要赚钱，而且要像中国展示给我们的一样，结合自己国家的现实国情，走出适合自己国家的发展道路。"

加强合作　促进互惠

各国政党代表表示，中国的发展不但让自己的人民受益，也促进了全球合作，各国政党应加强合作和交流，推动全球合作朝着更加公平、互惠的方向发展。

捷克和摩拉维亚共产党国际部部长雅罗斯拉夫·罗曼表示，在国际交往中，国际法应该得到普遍的尊重，而不是被某些国家根据自己的利益需求选择用还是不用，这需要世界各国政党共同发挥作用，推广这一理念，不同国家的政党之间应该加强互信和沟通，克服分歧，为世界和平作出贡献。

"中国经济实现了飞速发展，目前已成为世界第二大经济体，中国共产党也致力于让发展成果惠及所有人民，能够更加公平地分配财富和资源。"突尼斯左翼工人联盟党总协调人尼扎尔·阿玛米说："现在，世界很多国家都在追求可持续发展，追求治理体系现代化。中国所提出的'一带一路'倡议，就是在这一方面所作出的全新尝试，致力于实现世界各国的共同发展。我相信中国在全新的全球化方案中能够发挥积极的作用，能够维护世界的和平与稳定。"

毛里塔尼亚进步力量联盟副主席卡利卢·代德说："全球治理体系正面临改革，中国等金砖国家应该通力合作，在各个国际组织的框架内提出倡议，让这个世界变得更加公正，能够实现真正意义上的互惠合作，促进各国治理体系的改革和现代化。"

斯里兰卡共产党政治局委员、国际部部长吉加呐吉·维拉辛哈说："在贸易、网络、贫困、气候变化、恐怖主义等领域，国际合作应该不断加强。中国所提出的'一带一路'倡议，为很多国家提供了更多的合作机遇，使得这些国家之间能够加强互联互通。当前，一些西方国家仍然在采取不公正的贸易措施，不断退出国际合作平台，我认为中国以及其他新兴经济体和发展中国家应该加强团结，提出促进全球经济合作的新举措，推动全球治理向更好的方向发展，这样才能够真正建设人类命运共同体。"

第十九届万寿论坛在安徽凤阳县小岗村举行 *

6月2日，由中共中央对外联络部主办的第十九届万寿论坛在安徽省凤阳县小岗村举行。本次论坛以"改革发展与国家治理现代化"为主题，来自45个国家和地区的66个政党领导人和代表，以及国内有关单位的专家学者近200人与会，围绕"中国改革的实践与经验启示""深化改革与治理体系现代化""新发展理念与乡村振兴""国际经济合作与全球经济治理体系改革"等议题深入交流，达成广泛共识。

中联部副部长郭业洲在开幕式致辞中说，改革开放是中国共产党在新的时代条件下带领全国各族人民进行的伟大社会革命，是习近平新时代中国特色社会主义思想的实践源泉。改革开放伟大成就充分证明，发展是社会主义的首要和根本任务。中共十八大以来，以习近平同志为核心的党中央牢牢把握解放和发展社会生产力这一社会主义的本质要求，提出并践行新发展理念，引领中国特色社会主义进入了新时代。改革是社会主义制度的完善和自我革命。我们要始终坚持习近平总书记以人民为中心的重要思想，相信人民、依靠人民、为了人民，把基层党组织建设成为推动改革发展的坚强战斗堡垒。社会主义的优越性要体现在国家治理现代化上。我们坚持党的领导、人民当家作主、依法治国有机统一，既把中国特色社会主义制度优势转化为管理经济社会事务的效能，又通过国家治理体系和治理能力现代化更好地彰显中国特色社会主义制度的优势。马克思主义是我们的共同信仰，马克思主义所勾画的美好未

---

* 央广网合肥 2018 年 6 月 3 日消息，记者梁明星。

来是我们孜孜以求的方向。中国共产党愿与各国政党一道，把握时代特征，顺应人民期待，加强交流合作，以创新理论和发展实践展现马克思主义的真理力量。

安徽省委副书记信长星在致辞中说，小岗村是中国农村改革的主要发源地，改革开放以来特别是党的十八大以来，小岗村发生了翻天覆地的变化，是改革开放 40 年来中国农村改革的一个缩影，也是安徽改革开放的一个缩影。习近平总书记 2016 年视察安徽时亲临小岗村，主持召开农村改革座谈会并发表重要讲话，勉励小岗村继续在深化农村改革中发挥示范作用，要求安徽加强改革创新、努力闯出新路，在中部崛起中走在前列。近年来，我们按照习近平总书记提出的"一大目标"和"五个扎实"的工作要求，着力推动经济高质量发展，大力实施乡村振兴战略，努力满足人民对美好生活的向往，用心打造内陆开放新高地，推动全面从严治党向纵深发展。信长星表示，安徽及小岗的改革开放实践，有力证明了习近平新时代中国特色社会主义思想的强大真理力量、思想力量和实践力量，充分彰显了中国特色社会主义的无比优越性和强大生机活力，生动地诠释了办好中国的事情，关键在党，中国共产党的领导是中国特色社会主义的最本质特征和最大优势。我们将弘扬改革创新、敢为人先的小岗精神，继续奋力推动习近平新时代中国特色社会主义思想在安徽落地生根、开花结果，以优异的成绩迎接改革开放 40 周年。

俄罗斯联邦共产党中央主席团成员卡姆涅夫表示，中国改革成功的关键是坚持共产党领导和马克思主义指导。习近平新时代中国特色社会主义思想创造性地发展并始终坚持马克思主义，是推动中国繁荣昌盛的重要保证。巴勒斯坦民主联盟总书记卡迈勒表示，中国共产党带领中国人民不忘传统，奋力开创未来，表明国家民族的命运是可以通过奋斗而改变的。中国的实践告诉我们，马克思主义在 21 世纪依然充满生机活力。乌拉圭共产党总书记卡斯蒂略表示，以习近平同志为核心的中国共产党不懈奋斗，推动改革开放，正在实现马克思主义 100 多年来勾画的美好未来。我们愿借鉴中共经验，加强交流合作，共同促进世界更加繁荣公正。

万寿论坛由中联部于 2016 年初发起创办，旨在依托党际交往渠道打造一个开放包容的国际交流与对话品牌。

外国政党代表走进中国改革第一村[*]

6 月 1 日，来自 45 个国家和地区 66 个政党的代表，来到安徽凤阳县小岗村。他们先后走访了 40 年前签署大包干协议的"当年农家"旧址、为小岗村建设鞠躬尽瘁的原村党委第一书记沈浩纪念馆、大包干纪念馆、村委会等地，对中国农村改革发源地的"小岗精神"有了全面了解。

由中共中央对外联络部主办的第十九届万寿论坛将于 6 月 2 日在安徽省凤阳县小岗村举行。本次论坛以"改革发展与国家治理现代化"为主题，将就"中国改革的实践与经验启示""深化改革与治理体系现代化""新发展理念与乡村振兴""国际经济合作与全球治理体系变革"等议题进行深入交流。

---

* 国际在线报道 2018 年 6 月 1 日，记者单立娟、许丹丹、曹琦。

第十九届万寿论坛举行
各国政党领导人齐聚安徽省凤阳县小岗村 *

6月2日，由中共中央对外联络部主办的第十九届万寿论坛在安徽省凤阳县小岗村举行。来自45个国家和地区的66个政党的领导人和代表，与国内专家学者齐聚一堂，共商"改革发展与国家治理现代化"相关议题。

1978年冬天，安徽省凤阳县小岗村的18位农民郑重按下鲜红的手印，分田到户，率先实行农业大包干，从此拉开了中国农村改革的序幕。40年后的今天，中联部主办的第十九届万寿论坛选择在小岗村举行，别有一番用意。安徽省委副书记信长星在开幕致辞中说："应该说小岗村的变化是改革开放40年来中国农村改革的一个缩影。40年来中国农村在农业生产、农民生活、农村面貌等方面所发挥的重大变化，使广大农民看到了走向富裕，过上美好生活，实现伟大中华中国梦的光明前景，坚定跟着中国共产党，走中国社会主义道路的信心。"

本次论坛以"改革发展与国家治理现代化"为主题，吸引了来自45个国家和地区的66个政党的领导人和代表与会。论坛开始前，各政党代表先后走访了40年前签署大包干协议的"当年农家"旧址、为小岗村建设鞠躬尽瘁的原村党委第一书记沈浩纪念馆、大包干纪念馆、村委会等地，对"小岗精神"有了全面了解。意大利共产党人党中央政治局委员、国际部协调员弗朗切斯科·马林焦说："一路沿途看到的农家屋舍使我想到了西方国家的农村地区，但更令我触动的还是这里发生的

---

* 国际在线报道2018年6月2日，记者单立娟、许丹丹、曹琦。

巨大变化，与西方国家相比，村民的居住环境在短短几十年里便实现了质的飞跃。现在的中国年轻人大多能听到来自老一辈有关贫穷的记忆，这种代际更替是非常迅速的。中国共产党用自己的具体行动让人民感受到了生活的巨大改善。"

在对中国农村改革有了直观了解之后，各政党代表和中国专家齐聚一堂，围绕"中国改革的实践与经验启示""深化改革与治理体系现代化""新发展理念与乡村振兴""国际经济合作与全球经济治理体系改革"等议题深入交流。俄罗斯联邦共产党中央主席团成员卡姆涅夫表示："中国共产党的改革是令人震撼的，我们这些天来所看到的说明中国共产党用自己的实践告诉我们应该怎样进行改革。创造性的发展马克思主义学说，建设中国特色社会主义，落实开放政策，是中国共产党所取得的最重要的成就之一。习近平新时代中国特色社会主义思想创造性地发展并始终坚持马克思主义，是推动中国繁荣昌盛的重要保证。"

在万寿论坛这个开放包容的党际对话平台，与会代表通过充分交流，达成广泛共识。代表们纷纷指出，希望把更多中国共产党治国理政的经验带回自己的国家。老挝行政学院副院长沙穆通·宋帕尼表示，老挝是中国的"好邻居、好朋友、好同志、好伙伴"，老挝希望能从中国的发展中获益。他说："比如说正在建设中的中老铁路，是'一带一路'建设中的重要项目。预计 2021 年建成后，中国和老挝的关系将更加紧密，中老两国的交流也将更加频繁，同时将有更多的中国人和外国人来老挝旅游，这必将促进老挝的经济发展。"

参加本次论坛的各政党代表先行考察了深圳特区，中联部研究室主任栾建章介绍说，从中国改革开放的前沿阵地回到改革的出发点小岗村，就是希望让与会代表们更全面地了解中国改革开放的进程，希望为政党之间的合作交流创造新契机。他说："从深圳到小岗，我们让大家看到的就是要把中国的经验展示给大家。我们要建立一种新型的政党关系，求同存异、相互尊重、互学互鉴，特别是在新的时代至关重要，目的是为了更好地促进世界和平的发展，更好地促进世界社会主义的事业。"

第十九届万寿论坛在皖开幕
意大利政党代表走进中国改革第一村 *

6 月 2 日，由中共中央对外联络部主办的第十九届万寿论坛在安徽省凤阳县小岗村举行。本次论坛以"改革发展与国家治理现代化"为主题，吸引了来自 45 个国家和地区的 66 个政党领导人和代表，以及国内专家学者近 200 人参与。受邀参加论坛活动的意大利共产党人党中央政治局委员、国际部协调员弗朗切斯科·马林焦和意大利重建共产党全国书记毛里奇奥·阿切尔博首次来到中国农村改革发源地小岗村，零距离感受了马克思主义在中国农村的实践与发展。

今年是中国改革开放 40 周年。40 年前，18 位农民在土地承包责任书上按下了红手印，由此开启了中国农村改革的序幕。论坛开幕前夕，弗朗切斯科·马林焦和毛里奇奥·阿切尔博与其他与会代表一同来到中国改革第一村——安徽省凤阳县小岗村，先后走访了当年签署大包干协议的"当年农家"旧址、为小岗村建设鞠躬尽瘁的原村党委第一书记沈浩纪念馆、大包干纪念馆、村委会等地，对"小岗精神"进行了全面的实地了解。弗朗切斯科·马林焦称，在小岗村的所见所闻给他带来了很大的触动。他表示："沿途看到的农家屋舍使我想到了西方国家的农村地区，但更令我触动的还是这里发生的巨大变化。村民的居住环境在短短几十年里便实现了质的飞跃，这个过程——从非常落后到可与西方国家比肩——仅仅通过几代人就实现了。现在的中国年轻人大多能听到来自老一辈有关贫穷的记忆，这种代际更替是非常迅速的。"

---

* 国际在线报道 2018 年 6 月 2 日，记者徐丹丹。

意大利重建共产党全国书记毛里奇奥·阿切尔博对中国经济发展背后的运行机制怀有强烈的兴趣，他表示，中国在各个方面都拥有令人瞩目的发展成果，在现代化治理、对外开放方面都堪称典范，他说："中国治国理政的经验在全世界范围内都是独一无二的。"值此马克思诞辰 200 周年之际，来自全世界各国的共产党和左翼政党代表齐聚中国，人数之多，自 1956 年中共八大以来尚属首次。两位意大利代表一致认为，中国共产党在践行马克思主义的过程中，充分结合了具体国情，总结出了一套富有成效的中国特色社会主义发展模式。作为中国人民的好朋友，弗朗切斯科·马林焦以一个旁观者的角度表达了自己对这一发展模式的赞许和钦佩。他说："中国社会主义道路的发展充满了创新元素，与其独有的社会和历史特色完美地结合在了一起，这一点非常重要，因为马克思主义对中国来说是舶来品，中国不仅很好地吸收了它的精华，还因地制宜地将其本土化，顺应了中国的具体国情。中国共产党这种学习、借鉴、本土化和创新的能力给我留下了深刻的印象。"

在万寿论坛上，各国政党代表围绕"中国改革的实践与经验启示""深化改革与治理体系现代化""新发展理念与乡村振兴"和"国际经济合作与全球经济治理体系改革"议题进行了广泛的交流和深入的探讨。代表们纷纷表示，希望把中国共产党更多治国理政的经验带回自己的国家。中共中央对外联络部主任宋涛建章解释称，改革开放所取得的成果以中国特色为起点，深化了对人类发展规律的认识，也深化了对社会主义发展规律的认识，这些共性的东西可以拿出来与国际社会一同分享。他将这些共性做了三点总结："第一是处理好独立自主与参与全球化之间的关系，要在坚持独立自主的前提下积极参与经济全球化；第二是处理好政府与市场的关系，充分发挥政府在市场化中的指导作用；第三是处理好公平与效率之间的关系，要以人为本，以人民为中心。"针对以人为本，弗朗切斯科·马林焦在论坛发言时谈到，中共十九大以来，中国共产党做出了继续推动深化改革的决定，并强调了要充分发挥个人的作用来促进共同富裕。他表示，除中国外，世界上没有任何一个国家在一份政治文件中将人放在第一位，这一言论不仅极大地鼓励了中国人民，还鼓励了很多西方人，这意味着中国希望为全世界人民提供一个更加和平和安全的环境。

对习近平 2017 年在达沃斯论坛上提出的人类命运共同体倡议，他由衷地表示赞同。弗朗切斯科·马林焦说："习近平主席倡导人类命运共同体为意大利，乃至整个国际社会的良好政治生态创造绝佳的条件。它通过国家与人民之间的对话、合作，而非对抗、武力和经济制裁等方式共同应对全球性挑战。这一倡议向全世界表明，在危机和挑战面前，战争与冲突并不是不可避免的，我们还可以通过另一种方式和平解决问题。"

毛里奇奥·阿切尔博也非常赞赏中国在世界舞台上所扮演的角色，他表示，中国在积极倡导建立人类命运共同体的过程中，表现出了一个负责任的大国形象。他说："在人类命运共同体方面，我尤其赞赏习近平主席在环境议题上的主张，他公开邀请国际社会一道积极主动面对全球环境问题与挑战，这一做法十分令人称道。作为一个世界经济巨头，中国发展生态经济将为世界做出巨大的贡献。"

据悉，万寿论坛由中联部于 2016 年初发起创办，旨在依托党际交往渠道打造一个开放包容的国际交流与对话品牌。

老挝国家行政学院副院长沙穆通：
中国改革开放很多经验值得老挝借鉴 *

由中共中央对外联络部主办的第十九届万寿论坛 2 日在中国农村改革的发源地安徽省凤阳县小岗村举行。与会的老挝国家行政学院副院长沙穆通·宋帕尼会后在接受记者专访时表示，中国的改革开放和中国特色社会主义，有很多经验值得老挝借鉴。

今年是中国改革开放 40 周年。曾多次来华的沙穆通表示，自己也是中国发生巨变的一名见证者。他说，改革开放 40 年来，中国发展成为世界第二大经济体，人民生活水平不断提高。老挝目前正在为实现到 2020 年摆脱不发达状态的目标而努力，中国的成功发展为老挝提供了很多宝贵的经验。他说："对老挝来讲，中国的改革开放以及建设中国特色社会主义的经验，有很多可以借鉴。我们每年都会派人到中国各地学习中国的发展经验，他们回到老挝后把这些宝贵经验运用到实际工作之中。我认为，坚持走社会主义道路、大力发展工业、吸引外国投资、在国际上广交朋友，都是我们从中国的发展中借鉴到的经验。"

沙穆通认为，中国制造也是中国改革开放的一个重要成果。他说，以往中国生产的商品给人以质次价廉的印象，而现在中国制造成为创新和畅销的代名词。他特别提到了在老挝市场上大受欢迎的两个中国品牌——比亚迪汽车和华为手机。他说："比亚迪汽车在老挝占据了不小的市场份额，汽车产品种类很多，尤其是新能源技术已经发展得很成熟。而华为的专卖店则遍布老挝。其实华为手机在刚进入到老挝市场的

---

* 国际在线报道 2018 年 6 月 2 日，记者曹琦。

时候销量并不是很好，但是经过这些年的发展创新，产品线非常丰富，质量提升也很快，尤其是摄像功能甚至超过了苹果和三星，同时价格也很有吸引力，华为已经成为在老挝最受欢迎的手机品牌了。"

沙穆通认为，中国的改革发展不仅惠及了本国，也惠及了世界，尤其对与中国山水相连的老挝而言。他说："中国和老挝是好邻居、好朋友、好伙伴。老挝能从中国的发展中获益。比如说正在建设中的老中铁路，是'一带一路'建设中的重要项目。预计 2021 年建成通车后，老挝与中国的关系将更加紧密，老中两国的交流也将更加频繁，同时将有更多的中国人和外国人来老挝旅游，这必将促进老挝的经济发展。"

沙穆通还积极评价本届万寿论坛。这届论坛以"改革发展与国家治理现代化"为主题，吸引了来自 45 个国家和地区的 66 个政党的领导人和代表与会。沙穆通说："这届万寿论坛让与会嘉宾了解到中国先进的改革和治国理念，同时也为来自世界各地的政党提供了一个交流的平台，大家增进了相互之间的了解。我回国以后要将这次在中国的见闻介绍给老挝国家行政学院的学生们。"

全球 66 个政党齐聚小岗村：
"眼见为实"纠偏外界对中共认知 *

6 月 1 日，45 个国家和地区的 66 个政党领导人和代表来到了安徽凤阳的小岗村，他们一路上都在问，为什么参观小岗村，为什么不是别的村？

"我们的工作人员为他们解释，带他们实地了解小岗大包干的故事，了解沈浩的故事，看到了这里发生的翻天覆地的变化，自然也就明白了为什么要来小岗。"中共中央对外联络部（以下简称"中联部"）研究室主任栾建章 6 月 2 日在接受澎湃新闻在内的媒体采访时表示，特别是当这些外宾和 40 年前发起大包干的几个村民见面时，他们受到的触动是很大的。

这又是中国共产党对外讲好自己故事的一次探索和实践。

6 月 2 日，由中联部主办的第十九届万寿论坛在小岗村举行，论坛以"改革发展与国家治理现代化"为主题，上述政党领导人和代表及国内有关单位的专家学者近 200 人与会。

澎湃新闻从中联部了解到，此次与会的外宾主要来自世界各地的共产党和工人党，他们以在深圳举行的"纪念马克思诞辰 200 周年专题研讨会"为起点，经过北京，最后抵达小岗。

栾建章说："从深圳一路走到小岗，外宾们看到了改革开放给深圳、小岗带来的翻天覆地的变化，讲好中国故事就是要对外呈现这样一些具体、生动、个性化的内容，通过一个个看似碎片化的信息，最后呈现一

---

* 澎湃新闻，2018 年 6 月 4 日，记者汤琪。

个完整的图景，展示故事背后的深层逻辑。"

"为什么是小岗?"

改革开放 40 年后，小岗村成为对外讲好中国共产党故事的一个窗口，此次万寿论坛选择在小岗举行也是出于同样的目的。

官方资料显示，万寿论坛由中联部于 2016 年初发起主办，旨在依托政党外交渠道，打造一个开放包容的国际交流与对话品牌。

论坛会邀请中外政党政要、智库学者、民间组织代表围绕主题进行坦诚对话和观点碰撞，促进各方相互认知与战略沟通，为更好地推动中国与世界的相互了解与互学互鉴作出贡献。

作为主办方，中联部研究室主任栾建章感到，如果让外宾们一来到小岗村就直接开会，他们肯定"蒙圈"。

论坛当天，栾建章在接受澎湃新闻在内的媒体采访时透露，外宾们这一路都在问，为什么参观小岗，为什么不是参观别的村。

因此，为了讲好中国故事，在论坛的前一天，主办方组织外宾们前往位于小岗村的沈浩纪念馆、大包干纪念馆、"当年农家"茅草屋等地参观，向他们讲述新中国农村改革的历史。

时间拉回到 40 年前。1978 年冬，正是在小岗村，18 位村民以"托孤"的方式立下生死状，将村内土地分开承包，实施大包干，联产承包责任制在农村改革的实践中应运而生。

当时，邓小平同志充分肯定和大力支持农民的创造，引发了中国农村改革的大潮。

1983 年 1 月 2 日，中共中央发出了《当前农村经济工作中的若干问题》的文件，该文件充分论述了联产承包责任制的优越性，认为联产承包制是"马克思主义农业合作化理论在我国实践中的新发展"，是"在党的领导下我国农民的伟大创造"。

此后，中共不断稳固和完善家庭联产承包责任制，鼓励农民发展多种经营，使广大农村地区迅速摘掉贫困落后的帽子，逐步走上富裕的道路。

安徽省委副书记信长星在论坛开幕式上表示，习近平总书记在2016年4月亲临小岗村视察，并主持召开农村改革座谈会时作了精辟的论述。总书记指出，我国改革是从农村起步的，小岗村是农村改革的主要发源地，小岗村发生的翻天覆地的变化是我国改革开放的一个缩影，看了让人感慨万千。

在小岗村举行万寿论坛的意义，由此不言而喻。

6月1日下午，在大包干纪念馆内，当年在契约上摁下手印的几名村民一起迎接外宾的到来。澎湃新闻注意到，当时外宾们纷纷停下了参观的脚步，和这些历史的亲历者们合影留念。

美国共产党全国主席约翰·巴切特尔在参观完小岗村后，感受到这些村民们的勇气。

6月2日，他在接受澎湃新闻在内的媒体采访时表示，村民当时的做法是"反传统、反常规的"。同时他认为，中国共产党是具有远见的政党，他们鼓励这种方式并在全国进行扩展，体现了中国共产党坚定的领导。

巴勒斯坦人民斗争阵线总书记艾哈迈德·马吉达拉尼也对媒体表示，参观中令他印象最深刻的是，中国农村的改革是从小岗村开始的，中国是从这里开始新的崛起，40年来在小岗村发生的一切就是中国特色社会主义理论与实践的结晶。

讲好中国共产党的故事

显然，此次在小岗村举行的万寿论坛，又是一次中国共产党对外讲好自己故事的实践和探索。

中联部副部长郭业洲在论坛开幕式的致辞中表示："前一段时间，我们在深圳学习了马克思主义的崇高精神和光辉思想，后来我们又到了北京，今天我们齐聚在小岗村，这个中国农村改革发源地，这三个部分组成一个整体，我们希望向大家介绍一个相对比较完整的中国故事，中国共产党领导中国人民实施改革开放的故事。"

据栾建章介绍，这些外国政党的领导和代表们已经充分认识到此行设计的意图，他表示："我们想借此告诉全世界的共产党人，中国共产党是如何通过改革开放来进一步坚持和发展马克思主义的，是如何把马克思主义进一步推向21世纪的。"

栾建章认为，党的十八大以来，国际社会对中国共产党的认知发生了转折性的变化，从过去的不理解到理解，从过去的偏见到趋向客观，表明中国共产党的形象在国际上得到了改观。

但他同时指出，由于信息的不对称，由于意识形态不同，国际社会对中国共产党的认知依然存在偏见，因此，如何讲好中国共产党的故事也将影响到中国崛起的进程，影响中国发展的进程。

"这对中联部来讲，肯定是非常重要的职责"。栾建章坦言，在全球化和信息化的时代背景下，要针对这个时代的特点来讲好故事，一味地灌输是不行的。

以参观大包干纪念馆为例，栾建章表示，外宾们见到了历史亲历者，见到了"活人"，这对他们的触动"还是很大的"。

他进一步解释说，"中国人讲故事要克服抽象，要呈现具体、生动、个性化的内容，通过一个个看似碎片化的信息，最终呈现一片完整的图景。"

约翰·巴切特尔也对媒体表示，了解中国的发展必须是"眼见为实"。

他坦言："中国 40 年来的发展变化程度之大、速度之快都令我难以置信，我注意到中国在扶贫减贫以及在保护生态环境上都有很大的进步，这一切都对我们所进行的共产主义事业增加了自信。"

首次到访中国的尼泊尔共产党中央政治局候补委员贾甘纳特·卡蒂瓦达 6 月 2 日在接受媒体采访时也表示，来中国之前，他对中国的了解其实很少，来到中国之后，亲眼看到了中国巨大的发展成就，这和他最初的期待是相符的。

分享经验而非输出模式

澎湃新闻注意到，此次万寿论坛围绕"中国改革的实践与经验启示""深化改革与治理体系现代化""新发展理念与乡村振兴""国际经济合作与全球经济治理体系改革"等议题深入交流，达成广泛共识。

复旦大学副校长陈志敏在论坛上总结中国 40 年的发展经验时归纳道："中国过去 40 年的发展经验告诉我们，我们必须要把坚持改革发展与坚持党的坚强领导有机结合，中国在过去的 40 年当中，做到了发展和稳定的有机统一，没有因为发展而导致国家陷入混乱，也没有为稳定而牺牲发展。"

陈志敏还强调，坚持经济社会发展与国家治理现代化的有机统一。"社会经济的发展需要现代化国家治理体系的保证，通过推动国家治理体系和治理能力的不断加强来服务社会和经济发展，并把政治发展和社会经济发展有机统一，从而使得中国特色社会主义制度不断取得完善。"

"社会主义也是可以实现现代化的，中国特色社会主义的不断发展拓宽了迈入现代化的基本路径。"栾建章表示，通过在小岗的研讨，让世界各国的政党领导和代表们感受到通往现代化的道路有很多，其中，中国开创的这条路对世界是有意义的。

栾建章进一步解释说："经过40年的发展，中国特色社会主义中属于'特色'的部分越来越具有时代性，所谓的'特色'是结合中国国情进行的探索，但我们之所以成功不是因为'中国特色'，而是它深化了对人类社会发展规律的认识，深化了对社会主义建设规律的认识，深化了对共产党执政规律的认识，这些规律本身对其他国家无疑具有借鉴意义。"

值得注意的是，当今世界正从与中国共享经济发展红利走向了更高层次的思想理念的共享，但同时，在西方社会仍会存在"中国对外输出发展模式"的焦虑。

2017年12月，中共中央总书记习近平在人民大会堂出席中国共产党与世界政党高层对话会开幕式，并发表题为《携手建设更加美好的世界》的主旨讲话。

习近平强调，中国共产党是为中国人民谋幸福的党，也是为人类进步事业而奋斗的党。我们要把自己的事情做好，这本身就是对构建人类命运共同体的贡献。我们也要通过推动中国发展给世界创造更多机遇。我们不"输入"外国模式，也不"输出"中国模式，不会要求别国"复制"中国的做法。

乌拉圭共产党总书记卡斯蒂略在论坛期间表示，以习近平同志为核心的中国共产党不懈奋斗，推动改革开放，正在实现马克思主义100多年来勾画的美好未来，他们愿借鉴中共经验，加强交流合作，共同促进世界更加繁荣公正。

"毫无疑问所有国家都可以从中国改革开放和农村振兴的经验中获益。"上述受访者艾哈迈德·马吉达拉尼如是说道，但他同时强调，在这个借鉴过程中，要和自己本国的国情相结合，要有一个清晰的理念和方略，要有一个英明的领导，才能取得成功。

上述受访者约翰·巴切特尔还对媒体提出了自己的期待，他认为，此次中国之行能鼓励他更多地去了解中国。他说，"未来令我非常关注的还有中国年轻人的思想和文化，中国的年轻一代人已经生活在一个相对现代化的环境当中，所以我想了解这些年轻人是如何认识、理解并坚持中国特色社会主义的，他们将会在社会主义建设中扮演什么样的角色。"

"小岗精神"的海外拥趸 *

2018 年 6 月 1 日至 2 日，来自 45 个国家和地区的 66 个政党领导人和代表以及中国学者近 200 人到访中国农村改革发源地——安徽省凤阳县小岗村。

他们见到 40 年前签下大包干责任书并按下红手印的部分小岗村民，参观大包干纪念馆、沈浩纪念馆和当年农家，参加中共中央对外联络部（下简称中联部）主办的第十九届万寿论坛，探讨改革发展与国家治理现代化，体会中国改革开放 40 年来的农村变迁和经济社会发展经验。

此前在中国改革开放的窗口深圳体验了中国的人工智能、医疗器械等先进行业的发展，在北京与中国共产党领导人座谈后，初到凤阳县小岗村的大多数外国政党代表，并不十分了解小岗村在中国农村改革中的特殊意义。

与大包干带头人见面

6 月 1 日下午，在代表团从凤阳县驱车前往小岗村的路上，南非共产党政治局委员安东尼·马丁斯（Benedict Anthony Martins）看着高速路旁的果园和鱼塘，问第一财经记者："这是中国大部分农村的样子吗?"在得知小岗村是中国农村改革的主要发源地后，马丁斯对小岗村

---

* 第一财经，2018 年 6 月 3 日。

非常期待，并与记者讨论南非历史遗留的土地问题，以及南非共产党的政治经济社会主张。

一走进大包干纪念馆，看到如今仍然健在的 8 位 40 年前按下红手印冒险大包干的小岗村民，多位国际共产党和左翼政党的代表团成员感到非常亲切，纷纷和当年大包干的亲历者握手合影并久久不愿离去。

1978 年，18 位农民在一个农家小屋按下红手印，这一见证了大包干首创精神的签字室被保留至今。房间狭小，不足 10 平方米，近百位政党代表需要排队等候才能通过不足一人高的土墙拱门，进入屋内参观。

在挂着玉米辣椒的土坯墙茅草屋前，不少政党代表一边拍照，一边唏嘘 40 年的巨变难以置信。

此行是希腊共产党中央委员格里格奥里斯·利尔尼斯第一次来到中国。在参观小岗村的整个过程中，他一肩挎着背包，脖子上挂着相机，手中拿着笔记本和笔，耳戴同传翻译设备，时而拍照，时而笔记，不愿错过任何重要信息，不仔细看还以为是随团的外国记者。

在成为希腊共产党中央委员前，利尔尼斯是一名拥有博士学位的工程师，目前他也是党内经济事务负责人。参观小岗村引起了他对中国农村改革的兴趣，并询问哪里可以读到写小岗村历程的英文著作，并建议大包干纪念馆出版相关书籍。

"我们不仅想知道中国的发展理念和改革成就，还非常想了解中国对当今世界的看法。"利尔尼斯告诉第一财经记者。

的确，和利尔尼斯一样，很多国家的政党代表，一方面希望借鉴中国自身发展经验，另一方面希望通过自身政党加强其所在国与中国的合作，特别是探索出互利共赢的新的国际合作模式。

意大利共产党中央政治局委员、国际部协调员弗朗切斯科·保罗·马林焦多次来到中国，对中国比较熟悉，在万寿论坛的发言中，他引用中国唐代诗人白居易的诗"只要功夫深，铁杵磨成针"来勉励中国共产党把实现中国梦的使命一代代传下去。

马林焦已经是微信的深度使用者。从 2015 年开始，他就在朋友圈分享他在中国和意大利的见闻感受。

利尔尼斯则在接受第一财经记者采访后，有些犹豫地说有一事相求：他从深圳开始一直尝试下载微信，没有成功，希望记者帮忙。利尔尼斯说，微信不仅能让他和中国的朋友们保持联系，还能联系到同行的其他国家的政党朋友。

马林焦告诉第一财经记者，中国在世界的角色越来越重要，中国发展本身就向世界展示了另一种发展模式的可能，并且可以取得成功。虽然中国的发展看起来像是奇迹，但并不是奇迹，而是中国的选择并为之努力的结果。

除党务工作外，马林焦还在意大利成立了一个协会推动意大利与中国共建"一带一路"，探索真正有利于双方人民的新型国际合作模式。

来自巴勒斯坦的解放巴勒斯坦民主阵线副总书记盖斯·海德尔表示，相信一个更强大更富裕的中国，将会帮助世界各国人民更好地构建人类命运共同体。

传承"小岗精神"

代表团还在小岗村文化广场观看了凤阳花鼓、黄梅戏、徽剧等文艺节目，看完凤阳的花鼓姑娘和小伙演绎的《春风吹绿花鼓乡》，很多政党代表跃跃欲试。孟加拉国民族社会党（伊努派）联合总书记、全国工会主席乃姆·阿桑首当其冲，虽然在短时间内没有完全掌握花鼓姑娘传授的打击技巧和舞步配合，仍然在不断尝试，并用自己熟悉的方式拿着凤阳花鼓舞动了起来。

阿桑告诉第一财经记者，孟加拉国的经济在迅速发展，很多外国企业从中日韩和越南转移到孟加拉国，因此他的政党特别注重孟加拉国工人权益的保护，同时也要保证孟加拉国的经济吸引力，因此希望借鉴中国在吸引外资对外开放和提高人民生活水平中的发展经验。

参观过小岗村后，马丁斯和第一财经记者分享了他的感受："中国过去这 40 年的发展在 1978 年看来都是不可置信的。当时小岗村农民和大多数中国农民一样仍面临温饱问题，而今天他们都能吃饱穿暖，住在很好的房子里，过着现代的生活。"

马丁斯认为，农村改革是中国改革开放非常重要的一部分，小岗村的实践体现出，处于实际情境中的人民能最先洞察到出路。生活在农村的农民最了解他们的实际情况，拥有良好愿景的领导人做出的政策应该基于身处一线人民的感受与建议，这正说明实践是理论的来源。

让美国共产党全国主席约翰·巴切特尔印象最深的是当年 18 位小岗村农民签订了大包干合同。同时看到中国共产党是有远见的政党，看到了（农民的探索）对制度有利的一面，并加以利用指导改革并在全国推广。"这其中最重要的，一是农民的创造和勇气，二是中国共产党坚定的领导。"

巴切特尔认为："小岗精神"意味着，只要有勇气，没有问题无法解决。这对面临前所未有挑战的当今世界尤为重要，"我们应该把'小岗精神'创新地应用到各国具体环境中。"

中联部研究室主任栾建章对第一财经等媒体表示，小岗精神是敢为天下先的创新精神，是尊重人民主体地位的体现，是勇于担当的精神。小岗是中国的也是世界的。小岗精神，对中国推动改革发展有重要意义。推动全球治理体系改革，也要发扬小岗精神。

"希望各国政党离开小岗的时候，把行李带走的同时，也把'小岗精神'带走。"栾建章说。

从深圳到小岗，外国政党探秘改革开放 *

——45 个国家和地区的 66 个政党代表，
探寻中国高速发展 40 年背后的秘密

从深圳到北京，再到安徽省凤阳县小岗村，直线距离 3000 余公里。

5 月底到 6 月初，来自 45 个国家和地区的 66 个政党领导人和代表，"穿越大半个中国"，探寻中国高速发展 40 年背后的秘密。

他们的最后一站，是被称为"中国改革第一村"的小岗村。对绝大多数外国政党代表来说，他们以前甚至没有听说过小岗村。

与 1978 年按下红手印冒险大包干的小岗村民面对面、实地走访改革开放给小岗带来的变化，在离开中国前，美国共产党全国主席约翰·巴切特尔告诉南都记者："小岗精神归根到底就是一句话：没有什么是解决不了的！"

在他看来，当今世界所面临各种问题，诸如气候变化、疾病、分配不均等问题，都需要小岗精神，可以将它创造性地运用到具体问题的破解当中。

60 多个外国政党首次走进"村里"

刚抵达小岗村，80 余位外国政党代表便搭乘大巴，前往大包干纪

---

* 《南方都市报》，2018 年 6 月 6 日。

念馆。

他们当中绝大多数人都是第一次来到小岗，很多人甚至从未听说过这个被视作中国改革开放起点的村庄。

老挝国家行政学院办公室副主任因塔翁·阔班雅也是一样。他来中国已经 5 次了，去过北京、广东、广西、山东等多个省份，这是他第一次来到安徽。

一上车，因塔翁·阔班雅就一直打量着窗外，"我来之前并不知道小岗村这个地方。"因塔翁·阔班雅告诉南都记者。

"小岗和我的国家挺像的，都是两三层的小平房。"这是因塔翁·阔班雅对小岗的第一印象。

这也是小岗村第一次被推到全球如此之多的外国政党代表面前，作为一个"窗口"来观察中国改革开放给农村带来的变化。

40 年前，小岗村的 18 位农民在大包干契约上按下红手印，触动中国最基础的生产关系和劳动分配方式的调整，其后，改革开放迅速从农村向城市延伸，中国的高速发展被外界视作"奇迹"。

6 月 1 日，应中联部邀请，因塔翁·阔班雅同其他 80 余名外国政党代表一起在小岗村参加第十九届万寿论坛，就"改革发展与国家治理现代化"进行探讨和交流。

"今年是马克思诞辰 200 周年、《共产党宣言》170 周年、中国改革开放 40 周年，在这样背景下讨论改革开放，见证在马克思主义指导下中国取得的成绩，本身就具有特殊意义。"中联部研究室主任栾建章告诉南都记者，改革开放以来，首次有如此之多的共产党和左翼政党来到中国，共同纪念和交流如何坚持和发展马克思主义。

与按下红手印冒险大包干的村民面对面

在小岗两天的时间里，远道而来的 80 多位外国政党代表首先是"看"：参观沈浩纪念馆、大包干纪念馆，还参观了村子里保留下来的一处 40 年前的土坯墙农家小屋。

1978 年，18 位农民在农家小屋按下红手印，见证了大包干首创精神的签字室被保留至今。

那是一个不足 10 平方米的狭小房间，80 多位政党代表们甚至需要排队等候，逐个通过土墙拱门，进入屋内参观。

让外国政党代表们"眼前一亮"的是，农家小屋的一面墙的正中央，并排挂着马克思、恩格斯、列宁、斯大林和毛泽东的画像，代表们纷纷驻足举起手机拍摄。

这几位马克思主义先驱，对 80 多位不同语言的外国政党代表而言，代表着一种"共同语言"。当天的参观中，一位英国的政党代表还特意穿了一件印有列宁和斯大林头像的 T 恤。

在大包干纪念馆，外国政党代表们还见到了按下红手印冒险大包干的 8 位仍在世的老人。

尽管语言不通，外国政党代表们仍旧围在他们身边，与他们握手，热切表达自己的感想。不少人还请身边的人帮忙跟老人们合影。

在其后的讨论交流中，"18 个红手印"被外国政党代表频频提起。

"18 个农民在当年签署联名状的勇气给我的印象最为深刻。从大包干，到后来发展成为家庭联产承包责任制，这种反传统、反常规的勇气和创造力让人印象深刻。"美国共产党全国主席约翰·巴切尔说。

尼泊尔共产党（马列）总书记钱德拉·普拉卡什·梅纳利也对大包

干赞叹不已："这是中国农民一个非常大胆的创新。当时采取大包干的做法其实是冒着风险的，但他们愿意承担所有的后果。这种勇气应当得到所有人尊重。"

透过"18 个红手印"，英国共产党总书记罗伯特·格里菲斯看到的是乡村贫困问题。

"乡村的贫困很容易被忽视，在脱贫中，重要的是要创造就业机会，将农村与周围的城镇联系起来。"罗伯特·格里菲斯向南都记者感慨：大包干非常有必要，它能给农民带来真正的动力，刺激他们去工作、发展、走向现代化，"给予他们对土地真正的控制和保障权力，从而真正激活农业"。

"没有什么是解决不了的"

小岗是外国政党代表 10 天中国行的第三站。

作为此行的组织方，中联部研究室主任栾建章向南都透露，外国政党代表们首先在中国改革开放的试验田深圳，感受改革开放的成果；其后在北京进行交流、了解改革开放的顶层设计情况；最后一站来到小岗，实地探访，了解改革是如何启动的。

10 天的行程下来，不少外国政党代表也体会到了小岗在改革开放中的特殊地位。

"中国的改革开放是从小岗开始的，小岗将田地分给农户等做法，是对生产关系的一次革新，也是对生产力的一次最大程度的解放，这种解放也推广到了其他省份。"巴勒斯坦人民斗争阵线总书记艾哈迈德·马吉达拉尼向南都记者谈道。

在他看来，同样是改革开放的"先行者"，小岗与深圳展现出的是改革开放的两个维度。

"深圳的基础设施和工业化水平更高，在深圳，感受到的改革开放进程和取得成绩更显著一些；而在小岗，更多感受到的是农业农村方面的改革。"艾哈迈德·马吉达拉尼说。从数据来看，深圳的经济总量、人均收入和生活水平已接近欧洲一些发达国家的水平；而在参观旧屋时他发现，当年小岗的人均收入不足 40 元，"这些翻天覆地的变化，都得益于精准改革的政策和长远眼光，也证明了改革开放的成功"。

"共产党的历史是和农村、和农民联系在一起的"。小岗之行临近尾声时，栾建章向外国政党代表做出梳理和解读。他说，小岗精神的内涵体现在三个方面：一是创造创新、敢为天下先，当前世界面临着很多问题，包括全球治理体系的改革、发展中国家发言权不足等，都需要有这样的精神来推动问题的解决；其次是尊重人民的主体地位；此外是担当精神，不能"为了选票，就没有一点担当，没有一点长远的眼光"。

在栾建章看来，在全球化、信息化的时代背景下，中国走过的很多路，也是对世界上其他国家面临的一些共性问题的探索。中国改革开放之所以能够成功，并不仅仅是因为"中国特色"，而是对人类社会发展规律认识的深化，这其中的经验，对其他国家和政党，也具有借鉴意义。

对此巴切特尔深有同感："我理解，小岗精神归根到底就是一句话：没有什么是解决不了的！"

"当今世界所面临的各种问题，诸如气候变化、疾病、分配不均等，都需要小岗精神，可以将它创造性地运用到具体问题的破解当中。"巴切特尔说。

中国共产党如何"讲故事"：
从"来了就开会"到"让世界亲眼目睹"*

"这次来小岗的路上，外宾一路在问，为什么来小岗？"

邀请外国政党代表探讨交流"改革发展与国家治理现代化"，会场选择在一个绝大多数外宾未听说的小村庄，中联部的这一安排，让与会者颇为好奇。

据了解，这也是中联部自 2016 年举办万寿论坛以来，第一次将这一国际间党际交往交流的平台搬到村里来办。

在复旦大学政党建设与国家发展研究中心主任郑长忠看来，在此背后，是中国共产党"讲故事"方式的一种变化。

小岗之行中，除了邀请外宾们实地参观大包干纪念馆、沈浩纪念馆、当年农家，还将曾经按下红手印的大包干亲历者请到外宾面前。这跟此前"来了就开会"的日程安排，完全不同。

复旦大学中国研究院研究员宋鲁郑也观察到了这种转变。他曾多次参加中国共产党与世界政党对话活动。

"一向低调谦逊、注重'三人行必有我师'的中国，却长期面临讲不好自己故事的尴尬。"宋鲁郑告诉《南方都市报》记者，让他印象深刻的是，一次与外宾赴地方走访，当地干部对发展建设情况了如指掌，讲解让人信服，可当来宾询问起成功经验，却"突然不会说话了"，"张口就是'正确领导''贯彻精神'，很难讲出他们的具体经验。"

宋鲁郑发现，近年来，这一状况正悄然转变。

---

* 《南方都市报》，2018 年 6 月 6 日，记者卜羽勤。

"在深圳的中国共产党与世界政党高层对话会专题会议上，讲到中国改革开放的故事，邀请了当地 7 位企业家，从改革开放亲历者的角度来讲故事，外宾当场就听懂了。"宋鲁郑举例说。在他看来，讲故事不仅要有实实在在的内容，更要有机会让世界亲眼目睹。

"来了就开会，肯定蒙圈。"中联部研究室主任栾建章也向《南方都市报》记者谈到，在信息化时代，中国共产党讲故事的方式也需要与时俱进，要通过具体、生动、个性化的方式来讲故事，也可以通过一连串看似碎片化的信息呈现出一个完整的图景，"别着急，慢慢聊。"

栾建章发现，近年来，随着中国快速发展和对外开放，国际社会对中国、中国共产党的认知也在发生变化：从不理解到逐渐理解，从过去的偏见趋向客观，从片面走向系统、全面。

在信息传播的不对称、意识形态不同的情况下，怎样更好地向世界讲述中国共产党的故事？

郑长忠认为，会上的经验分享和实地走访调研，都是应该使用的方式。"一个是理性认识、间接经验；一个是感性认识、直接经验，两者有着不同的意义。"

"这次如此之多的外国政党领导人和代表来中国参观、参会，是整体性、批量性的政党外交方式。在他们对中国有了全面认识后，下一步可以在此基础上，就具体领域进一步双边交流。"郑长忠建议，下一步的政党外交应有更多维度、更多层次，表述中国经验背后的共同原理，与世界各国政党共同分享、互相借鉴。

小岗精神，触动"洋代表"思索中国[*]

编者的话："知道中国的改革开放吗？""知道。""听说过小岗村吗？""第一次听说。"——6 月 1 日至 2 日，来自 45 个国家和地区的 66 位共产党及左翼政党领导人和代表参观小岗村，并在这里出席第十九届万寿论坛。

40 年前，小岗村凭借大包干一夜之间成为"中国改革开放第一村"。然而与沿海地区的深圳、上海相比，同样处于改革开放最前沿的小岗村对大部分外国政党而言是个陌生的名字。即便如此，当听到小岗村的发展故事时，中国改革开放走过的壮丽之路依然能让这些外国人激动不已。他们期待，小岗村乃至中国改革开放的宝贵经验能应用到自己国家。正如中共中央对外联络部研究室主任栾建章在万寿论坛上所言，"敢为天下先"的小岗精神，既是中国的，也是世界的。

"这个村子确实不一样，我看到了"

小岗村距离安徽凤阳县大约 30 公里。一路上，捷克和摩拉维亚共产党国际部部长杰洛斯拉夫·罗曼一直透过车窗观察沿途的农田和劳作的农民。罗曼告诉《环球时报》记者，这是他第一次来到中国农村，看到中国农村就好像看到自己家乡的农村，"似乎没什么不一样"。当记者告诉罗曼，小岗村被誉为"中国改革开放第一村"时，他饶有兴趣地连

---

* 《环球时报》，2018 年 6 月 6 日，记者赵觉程。

续抛出问题，"为什么小岗村是第一"，"什么是大包干"，"小岗村现在什么样"……

这些问题很快就有了答案。来到小岗村的大包干纪念馆，这些外国政党代表仿佛回到 40 年前的中国。1978 年一个冬夜，小岗村 18 名农民以"托孤"的形式，冒着巨大的风险按下红手印，将村集体土地"分田到户"，拉开中国农村改革的序幕。

听着纪念馆讲解员介绍大包干和小岗精神，外国代表纷纷掏出手机和相机拍下展览内容。其中一名政党代表拿着小型摄像机，一边拍摄一边用本国语言讲解她看到的各种东西。"我希望能将这些重要的资料带回国，和我的同事分享。"她对《环球时报》记者表示。

6 月 1 日，当年按下手印的 8 位仍在世的老人来到纪念馆，这让不少外国政党代表很激动，纷纷上前与他们握手、合影甚至拥抱，并用来自世界各地的不同语言向老人们问候。

"这 18 名农民的勇气令我震撼，正是这种不同凡响的行动让中国实现了家庭联产承包责任制。"美国共产党全国主席约翰·巴切特尔见到这些中国改革开放的"开拓者"十分兴奋，他还拿出该党的徽章送给老人和纪念馆讲解员。

40 年前，小岗村经历了一场巨变，如今，这里已是一座现代化农村。由中国著名社会学家费孝通题写的"凤阳县小岗村"牌楼后面，一幢幢白色房屋沿着村内的主干道友谊大道整齐排列。然而在村中，依然特意留下数座土坯茅草屋，其中既有当年完成大包干创举的签字室，也有反映改革开放前村民生活的"当年农家"。这些茅草房外挂着辣椒、玉米，里面狭小、阴暗，几十名代表排着队参观其中的景象。

一新一旧的鲜明对比让不少外国代表颇为感慨。巴勒斯坦人民斗争阵线总书记艾哈迈德·马吉达拉尼对《环球时报》记者说，他很难想象，今天看到的小岗村在 40 年前人均年收入还不到 40 元，"这是翻天覆地的变化"。走出"当年农家"后，罗曼主动对记者说，"这个村子确实不一样，我看到了"。

"执政党应该给人民希望和信心，中国共产党做到了"

中国改革开放的起点在农村，农村改革的起点在小岗村。"敢为天下先"，小岗村展现的小岗精神让外国政党代表深受触动。

老挝国家行政学院办公室副主任因塔翁·阔班雅对小岗村的发展历程印象深刻，因为在几乎同一时期，老挝的农村也在发生同样的故事。因塔翁对《环球时报》记者说，1975 年建国后，老挝于 1978 年在全国展开农业合作化运动，实施与中国人民公社类似的政策，但农民对此并不欢迎。小岗村推行大包干后的第八年，老挝也提出改革开放，逐步取消了农业合作化的政策。

尼泊尔共产党（马列）总书记钱德拉·普拉卡什·梅纳利是第一次来到中国。"看到中国改革开放的发展成就后，我发现很多现实和我的期待相符。"梅纳利表示，尼泊尔的经济先后受几次政治转型拖累，依然处于较贫穷的阶段。"尼泊尔作为南亚地区唯一共产党执政的国家，很想学习小岗村，发展与中国类似的社会主义市场经济。"他告诉记者，尼泊尔总理奥利不久后将访华，希望他届时能来安徽和小岗村看看。

南非共产党政治局委员安东尼·马丁斯对《环球时报》记者说，农村改革是中国改革开放非常重要的一部分。小岗村的实践体现出人民往往能最先洞察到出路，生活在农村的农民最了解实际情况，拥有良好愿景的领导人做出的决策应该基于身处一线人民的感受与建议。

"中国将农村问题放在第一位，这是为何小岗村的改革能够引领整个改革开放的原因。"土耳其爱国党副主席贝汉·伊尔德里姆一直对中国的改革开放与治国理念抱有浓厚兴趣，在接受《环球时报》记者采访时，他还从行李箱中拿出一本土耳其语的《习近平谈治国理政》。贝汉认为，小岗村与中国农村改革的成功既依赖于农民的创新精神，也取决于中国共产党的睿智决策和坚定领导。"执政党应该给人民希望和信心，中国共产党做到了。"

"我有更多问题想要问中国"

"中国模式""中国经验""中国理念"，这些词汇在发展中国家政党代表出席万寿论坛的发言中以及接受采访时频繁出现。小岗村、凤阳县以及安徽省展现的改革开放成就，让他们意识到如果本国国情能同中国理念与智慧结合，也能带来同样的繁荣发展。乌拉圭共产党总书记胡安·卡斯蒂略对《环球时报》记者表示，"中国的理念应该在世界各地开花结果"。

这样的需求不仅来自与中国有相似国情的社会主义国家或发展中国家，来自发达国家的政党代表也表达了他们对中国经验的渴望，尤其是在农村发展领域。

到小岗村参观的半个多月前，澳大利亚共产党副主席大卫·马特斯曾前往新南威尔士州中部的一个村庄参加聚会。当地村民告诉马特斯，虽然他们很热爱自己的村子，但在那里生活越来越难。如果想要获得医疗设施和其他公共服务，村民必须驱车前往附近规模更大的镇上。"澳大利亚政府可能并不知道这样一个村庄的存在，也没有给他们足够的关注。"马特斯说。

奥地利共产党联邦委员会、主席团成员米夏埃尔·拉格贝也提到同样的问题。他表示，虽然奥地利算是发达国家，政府也重视农村的公共服务，但那里的农村仍然面临邮局、学校等公共事业逐渐关闭的困境。

带着这些问题来到小岗村，各国政党代表发现，在农村发展领域，"中国给出了中国的答案"。葡萄牙共产党中央政治局委员若泽·阿尔维斯表示，中国不仅让农村地区的几亿人口摆脱贫困，还用自己的方式为人民提供住房、医疗、教育和就业，在他看来这是中国特色社会主义取得成功的最好证据。

"经过 40 年发展，中国特色社会主义中属于'特色'的部分越来越具有国际化。"中共中央对外联络部研究室主任栾建章对《环球时报》记者表示，中国 40 年探索出来的这条道路，不仅因为是有"中国特色"才获得成功，更是因为中国在实践中发现了人类社会发展的规律。以色列共产党前总书记伊萨姆·马霍勒认为，"中国的实践不仅是中国一国的问题，也是世界各国人民的共同实践。未来，世界各国将会有更多的协调、磋商、团结、互助"。

栾建章表示，加强国与国之间治国理政经验的交流至关重要，邀请各国政党代表来到小岗村，就是要把中国的经验展示给大家。"但中国始终不会将经验强加于人，也不希望各国政党教条地对待中国的经验"。

来自美国的巴切特尔对《环球时报》记者表示，这次参观小岗村解答了他对中国的许多问题，但也让他对中国的发展之路产生了更多问题。"我想去看看更多的中国城市，我想了解中国的法治、环保、社会服务以及中国的年轻一代……我有更多问题想要问中国。"

中国改革开放具有世界意义 *

——各国共产党、工人党代表高度评价中国发展成就

　　由中共中央对外联络部主办的第十九届万寿论坛日前在安徽省凤阳县小岗村举行。来自 45 个国家和地区的共产党、工人党领导人和代表，以及国内专家学者近 200 人齐聚中国农村改革的主要发源地之一，围绕"改革发展与国家治理现代化"的主题展开深入交流和探讨。代表们纷纷点赞中国改革开放 40 年来所取得的伟大成就，并表示将借鉴中国改革开放经验，推动本国发展繁荣和世界文明进步。

郭业洲（中共中央对外联络部副部长）

中国成就展现制度优势

　　改革开放伟大成就充分证明，发展是社会主义的首要和根本任务。

　　中共十八大以来，以习近平同志为核心的党中央牢牢把握解放和发展社会生产力这一社会主义的本质要求，提出并践行新发展理念，引领中国特色社会主义进入了新时代。

　　我们要始终坚持习近平总书记以人民为中心的发展思想，相信人民、依靠人民、为了人民，把基层党组织建设成为推动改革发展的坚强战斗堡垒；社会主义的优越性要体现在国家治理现代化上。

　　我们坚持党的领导、人民当家作主、依法治国有机统一，既把中国

---

* 《人民日报》，2018 年 7 月 30 日。

特色社会主义制度优势转化为管理经济社会事务的效能，又通过国家治理体系和治理能力现代化更好地彰显中国特色社会主义制度的优势。

信长星（中共安徽省委副书记）

小岗是改革开放缩影

改革开放以来特别是党的十八大以来，小岗村发生了翻天覆地的变化，这是改革开放 40 年来中国农村改革的一个缩影，也是安徽改革开放的一个缩影。

习近平总书记 2016 年视察安徽时亲临小岗村，主持召开农村改革座谈会并发表重要讲话，勉励小岗村继续在深化农村改革中发挥示范作用。近年来，我们按照"一大目标"和"五个扎实"的工作要求，着力推动经济高质量发展，大力实施乡村振兴战略，努力满足人民对美好生活的向往，用心打造内陆开放新高地，推动全面从严治党向纵深发展。

安徽及小岗的改革开放实践，有力证明了习近平新时代中国特色社会主义思想的强大真理力量、思想力量和实践力量，充分彰显了中国特色社会主义的优越性和强大生机活力，生动诠释了办好中国的事情关键在党，中国共产党领导是中国特色社会主义最本质的特征和最大优势。

我们将弘扬改革创新、敢为人先的小岗精神，继续奋力推动习近平新时代中国特色社会主义思想在安徽落地生根、开花结果，以优异的成绩迎接改革开放 40 周年。

伊萨姆·马霍勒（以色列共产党前总书记、政治局委员）

行之有效的"中国方案"

经过 40 年的改革开放，中国已经从一个相对贫穷落后的国家，发展成为一个强大、繁荣的现代化国家。中国在改革开放过程中取得的独一无二的成功经验，符合世界大势和时代潮流，对继续建设中国特色社会主义具有指导意义，国际社会也充满期待。

这是中国共产党向世界各国提供的一个非常好的发展样本和方案。它充分体现了中国特色社会主义致力于发展、繁荣、共享、公正，以及以人民为中心、维护绝大多数人民共同利益等突出特点，也为世界社会主义运动提供了一个切实可行和行之有效的"中国方案"。

改革开放可以说是全世界各国人民的共同实践。下一阶段将是世界各国人民团结互助的阶段，要与世界各国在发扬国际主义精神的基础上团结起来，克服资本主义所带来的危机和问题。

格雷高里奥·查伊（危地马拉全国革命联盟总书记）

中国的榜样力量

中国改革开放所取得的巨大成就，对世界来说是一个好范例，深为大家所钦佩和向往。我们知道这和中国共产党顶层设计的科学性，同中国共产党的自我约束力是分不开的。中国共产党充分信任人民群众，人民群众也充分信任中国共产党。

我们高度赞赏中国共产党在改革开放进程中进行的艰苦奋斗，以及通过奋斗所取得的累累硕果。我们也相信中国共产党在未来的工作中将会取得更多成果。中国 40 年来的改革开放政策给了我们很多启发。我们要充分重视维护国家主权，要让人民群众拥有体面的生活，我们要敬畏自然、保护环境。

我们从中国汲取了很多正能量，获得了很多知识，正因为有了中国和中国共产党的榜样力量，我们才有更大的热情和激情投入到工作当中去。

伊丽莎白·罗利（加拿大共产党领袖）

世界和平繁荣离不开中国

通过改革开放，中国现代化进程取得了巨大成就。尤其是实现了长足的经济增长，让世界上很多国家由衷钦佩。科学的就业政策、医疗保障政策、环境保护政策，使中国拥有强劲的可持续发展动力。

中国一贯奉行和平外交政策，逐渐成为解决复杂国际问题、有效维护国际和平稳定的重要力量。中国近年来在应对气候变化方面采取了一系列积极举措。中国的稳步发展与一些资本主义国家所遭遇的严重困境形成鲜明对比。

当今世界战争风险仍在，穷兵黩武、极端主义、恐怖暴力等不断蔓延，世界的和平、稳定、繁荣很大程度上离不开中国。我们衷心祝愿中国共产党继续发展壮大，祝愿中国特色社会主义事业不断取得更大进步。

菲利普·叶仲齐康（留尼汪共产党中央委员）

对中国和世界未来充满信心

中国的改革开放之所以取得巨大成功，其中一个重要原因在于它

"共享"的特质。在国内，它由人民共同制定政策，发展成果由人民共同分享。在国际社会，它本着共商共建共享的原则，积极融入世界经济大潮，不断为全世界的繁荣稳定和发展进步贡献力量。

因此，中国的改革开放事业不仅关乎中国人民，也关乎世界人民的福祉。习近平总书记提出的"一带一路"倡议和构建人类命运共同体的主张，集中体现了这样一种世界情怀，并与联合国的可持续发展计划不谋而合。在改革开放政策的指引下，我们对中国和世界的未来充满信心。

扎希拉·卡迈勒（巴勒斯坦民主联盟总书记）

奋斗可以改变命运

40年来，中国已经发展成为一个先进的现代化国家，在政治、经济、国家治理等各方面都取得了长足的进展。

所有这些成就的取得，都得益于实施了改革开放政策。改革开放的成功实践，表明中国共产党领导的中国人民一直致力于实现国家的发展和创造更加美好的未来。

改革开放是对马克思主义的创新发展，同时也充分说明，命运是可以通过奋斗改变的。我们希望能就治国理政相关问题同中国共产党进一步加强沟通交流，更好地学习和借鉴中国经验，通过深入结合我们自身国情，努力追求平等公正，提升人民生活水平和质量。

约翰·巴切特尔（美国共产党全国主席）

"小岗精神"激励世人

习近平新时代中国特色社会主义思想集中体现了当代中国马克思主

义的最新成果。在习近平总书记领导下，中国和中国人民所取得的社会主义改革和建设成就不但深刻改变着中国社会，也深刻改变着中国共产党自身和整个世界。

以勇于创新、勇于担当、尊重人民的历史主体地位为核心要义的小岗精神让人印象深刻。它集中体现的是贯穿中国改革开放 40 年全过程的敢为人先的优秀品质。小岗精神不仅适用于以小岗村为代表的中国农村改革，也适用于世界上其他进步力量在不同行业和领域所进行的广泛斗争，以及共同推动整个世界社会主义运动不断向前发展的伟大事业。

若泽·阿尔维斯（葡萄牙共产党中央政治局委员）

中国经验具有借鉴意义

改革开放 40 年来，中国已经让几亿人脱离了贫困，进入全面建成小康社会决胜期。中国教科文卫各项事业也稳步发展。这些都是中国特色社会主义建设取得历史性成就的明证。

我们认为中国建设富强、民主、文明、和谐、美丽的社会主义现代化强国的目标一定能够实现。中国共产党在推进改革开放以及国家治理体系和治理能力现代化过程中的一系列成就与经验，对包括葡萄牙在内的其他国家也具有相当大的借鉴意义。

当前整个世界面临着诸多不稳定性和挑战，深刻复杂变化的国际形势将会对我们产生重要影响。我们愿意在相互尊重、相互理解、独立和团结的基础上，同中国共产党加强交流，携手推进公平、正义、均衡的世界社会主义实践不断深入开展。

国际回声

中国改革开放成功的关键在于坚持中国共产党的领导。习近平新时代中国特色社会主义思想既坚持又创造性地发展了马克思主义，是推动中国繁荣昌盛的重要保证。

——俄罗斯联邦共产党中央主席团成员吉奥尔吉·卡姆涅夫

中国将马克思主义基本原理同中国的具体国情有机结合，在 40 年前开启了改革开放这一重要历史进程。时至今日，改革开放各项事业成就斐然，中国特色社会主义已经成为世界瞩目的一道亮丽风景。

——印度全印前进同盟中央委员会副主席戈提拉万·维卢曼迪

现在大多数中国年轻人对贫困的印象，只能来自老一辈的回忆。中国特色社会主义的发展充满了创新元素。马克思主义诞生在欧洲，但中国不仅很好地吸收了它的精华，还因地制宜地将其本土化，顺应了中国的具体国情，将其与中国独有的社会背景和历史文化结合在一起。中国共产党学习、借鉴，吸收和创新的能力令我印象深刻。

——意大利共产党中央政治局委员弗朗切斯科·马林焦

在世界上许多国家和地区，乡村很容易成为在经济与社会发展中被遗忘的角落，导致贫穷、失业和住房问题不断恶化，甚至引发严重的政治动荡和社会后果。中国却截然不同，通过大包干，保障了农民的权益，给农民带来真正的动力，鼓励他们去工作、发展、逐步实现现代化，从而真正激活农业、解放了生产力。中国农村改革所取得的巨大成就，使中国农民的工作和生活条件都得到了极大改善。

——英国共产党总书记罗伯特·格里菲斯

我们今天看到的中国改革开放所取得的进步，是中国共产党的成功，是中国人民的成功，也是中国特色社会主义的成功，更是马克思主义中国化的巨大成功。

——尼泊尔共产党中央政治局候补委员贾甘纳特·卡蒂瓦达

中国共产党始终以人民为中心，坚持依法治国，下大力气在反腐败、"三农"等与人民生活息息相关的问题上战胜挑战，使得中国经济社会取得长足发展，人民生活质量明显提高。中国共产党的创举给其他国家的改革发展增强了信心和勇气。

——乌拉圭共产党总书记胡安·卡斯蒂略

中国的改革是从农村开始的，是从小岗村开始的。小岗大包干的做法，是对生产关系的革新，也是对生产力最大程度的解放。小岗村从当时人均收入不足 40 元，到现在的生活富足，这些翻天覆地的变化，都得益于中国共产党锐意改革的勇气和长远的战略眼光，也证明了中国改革开放的成功。40 年来在小岗村发生的一切，就是中国特色社会主义的理论与实践的结晶。毫无疑问所有国家都可以从中国改革开放和乡村振兴的经验中获益。

——巴勒斯坦人民斗争阵线总书记艾哈迈德·马吉达拉尼

中国共产党一直致力于服务中国人民，推动社会的公平正义和国家的全面发展。中国共产党带领中国人民选择的中国特色社会主义道路，根据具体国情制定的改革开放政策，突出体现了中国共产党的巨大政治勇气。

——摩洛哥人民力量社会主义联盟政治局委员马什吉·卡尔克里

中国的改革开放给我们打开了一扇了解中国特色社会主义的大门，让我们对这一概念有了崭新的认识，并深信通过积极吸收借鉴中国的成功经验，我们能够利用好各自国家丰富的资源，有效提高生产力，促进社会可持续发展，通过自己的努力改变命运。

——乌拉圭人民参与运动党领袖亚历杭德罗·桑切斯

中国改革开放有几大经验值得深入学习借鉴：坚持以人民为中心，所有政策方针都以实现和不断增进人民福祉为第一要义；坚决践行马克思主义，并以此为指导思想，结合本国实际，创造性地运用和发展马克思主义；不断推动经济社会发展，提升国家治理水平和能力。

——埃及社会主义党总书记艾哈迈德·沙班

改革有不同的方式和手段。无论采取何种形式，改革都应该着眼于推进国家的全面发展，否则就失去了它的应有之义。在改革中国家和政党需要制定相应的战略，需要边改革边注意随时重新审视，及时发现新问题并逐步予以完善。

——叙利亚统一叙利亚共产党政治局秘书处成员福阿德·哈里里·拉哈姆

小岗村的发展是中国农村发展的缩影。中国共产党制定了适合中国国情、符合农业生产特点的政策，极大地调动了广大农民的积极性，解放了农村社会生产力，使数亿人民摆脱了贫困。新时代中国的新发展理念，为广大农村和农民的权益提供了坚实的保障。中国在农村发展及消除贫困问题方面的经验将为孟加拉国提供有益借鉴。

——孟加拉国工人党中央委员沙克哈瓦特·侯赛因

中国的改革开放取得了巨大成功，积累了很多经验。对我们来说，中国的改革从农村开始、从农业入手，通过进行大包干改革，不断提高农村生产力，这是一个重要的经验。中国的改革进程，是中国共产党不断通过改善国家治理体系和提高治理能力促进发展的过程。中国的发展得益于中国人民的同心协力和积极参与。如何调动人民投身国家发展进程，是我们各国政党需要认真思考的问题。小岗村的实践让我们看到，中国共产党始终坚持以人民为中心、尊重人民的首创精神，我想这就是中国特色社会主义成功的秘诀所在。

——埃及阿拉伯民主纳赛尔主义党主席赛义德·阿卜杜勒加尼

责任编辑：曹　春　余　平

封面设计：汪　莹

图书在版编目（CIP）数据

21 世纪马克思主义与新时代中国特色社会主义／宋涛 主编 . —北京：
人民出版社，2019.6

ISBN 978－7－01－019854－5

I. ① 2⋯　II. ①宋⋯　III. ①马克思主义 – 发展 – 研究 – 中国

IV. ① D61

中国版本图书馆 CIP 数据核字（2018）第 223663 号

21 世纪马克思主义与新时代中国特色社会主义

21 SHIJI MAKESIZHUYI YU XINSHIDAI ZHONGGUO TESE SHEHUIZHUYI

宋　涛　主编

人 民 出 版 社 出版发行

（100706　北京市东城区隆福寺街 99 号）

北京汇林印务有限公司印刷　新华书店经销

2019 年 6 月第 1 版　2019 年 6 月北京第 1 次印刷

开本：710 毫米 ×1000 毫米 1/16　印张：23.75

字数：310 千字

ISBN 978－7－01－019854－5　定价：98.00 元

邮购地址 100706　北京市东城区隆福寺街 99 号

人民东方图书销售中心　电话（010）65250042　65289539